B E R T R A N D   R U S S E L L, Ehe und Moral

Der Verleger dieses Buches hat mich gebeten, meine Gründe zu formulieren, warum ich ihm den Vorschlag machte, das seit vielen Jahren vergriffene Buch neu aufzulegen:

Ich bin 23 Jahre alt, Physikstudent. Ich hab' das Buch im April 84 zufällig in die Hände bekommen, als ich nach Büchern von Russell suchte, den ich wahnsinnig gern lese. Ich war damals sehr gefesselt von dem Buch, hab' es innerhalb von zwei Tagen ausgelesen und hatte einfach großen Spaß dabei. Warum war ich so fasziniert?

Nun, da sind zum einen die Persönlichkeit Russells, seine große Bildung, seine Rationalität und nicht zuletzt sein Humor, die mich begeistern. Es ist auch einfach interessant zu lesen, wie es zu den alten Moralvorstellungen kam, worin ihr Sinn in der Gesellschaft bestand, wie/warum sie sich überholt haben und wie die Entwicklung weitergehen wird/könnte. Und da das Buch schon 1929 geschrieben worden ist, ist es interessant zu sehen, welche Entwicklungen Russell richtig voraussah, welche seiner Thesen heute selbstverständlich sind und welche (noch) nicht.

Zum anderen setzt er sich für die romantische Liebe ein: Er sagt z.B. auf Seite 53: "Ich persönlich bin der Auffassung, daß die romantische Liebe die Quelle der höchsten Wonnen ist, die das Leben zu bieten hat. (...) Ich halte es für wichtig, daß die Gesellschaftsordnung diese Freuden gestattet, obgleich sie nur eine Würze des Lebens und nicht dessen Hauptzweck sein können". Nach meiner Erfahrung lehnen heute viele junge Leute diese These ab (u.a. weil sie bitterste Enttäuschungen hinter sich haben). Ich glaube das Buch könnte hier weiterhelfen und Denkanstöße geben.

Außerdem löst Russell auch heute noch engagierte Diskussionen aus: Ich hab' damals ein paar Stellen aus dem Buch rausgeschrieben, fotokopiert und an Freunde gegeben. Allein diese Zitate lösten bei Männern und Frauen kontroverse und damit interessante Diskussionen aus. Und wenn Russell das heute noch bringt, dann sollten sich doch Leser für eine Neuauflage finden lassen! (Die Zitate liegen übrigens als Faltblatt dem Buch bei).

Darmstadt, August 1984 — Wolfgang Röhrig

Bücher in deutscher Sprache von Bertrand Russell, die zur Zeit in der Bundesrepublik lieferbar sind:

Quelle: Verzeichnis lieferbarer Bücher 84/85
German Books in Print

Russell, Bertrand: Das ABC der Relativitätstheorie. 1972. (rororo sachb. 6787) 'Rowohlt TB' Kt 7,80 ⟨3-499-16787-5⟩ GW KÖ U [A-Le]

Russell, Bertrand: Autobiographie. 'Suhrkamp/KNO' [A-M]
Tl 1: 1872 - 1914. Aus d. Engl. v. Kahn, Harry. 1972. 416 S. (st 22) 7,- ⟨3-518-36522-3⟩ GW KÖ [A-M]
Tl 2: 1914 - 1944. Aus d. Engl. v. Kirchner, Julia. 1973. 416 S. (st 84) 8,- ⟨3-518-36584-3⟩ GW KÖ [A-M]

Russell, Bertrand: Eroberung des Glücks. Neue Wege zu einer besseren Lebensgestaltung. Autorisierte Übers. v. Kahn, Magda. 1977. (st 389) 'Suhrkamp/KNO' Kt 8,- ⟨3-518-36889-3⟩ GW KÖ U [A-M]

Russell, Bertrand: Lob des Müßiggangs. 260 S. 'Zsolnay, P/LibriF' Jubiläumsausg. Ln 16,80 (sfr 15,70 /S 120,-) ⟨3-552-01453-5⟩ [A-Le]

Russell, Bertrand: Macht. Aus d. Engl. v. Hermlin, Stephan. 1973. 264 S. 'Europa Vlg Wien' Ln 24,- (sfr 28,- /S 168,-) ⟨3-203-50441-3⟩ KÖ

Russell, Bertrand: Mein Leben. 'Europa-Vlg Zürich'
Bd 1: 1872-1914. 1967. Ln PaA (sfr 27,70) ⟨3-85665-411-9⟩

Russell, Bertrand: Philosophie des Abendlandes. Ihr Zusammenhang mit der politischen und der sozialen Entwicklung. 13.-15.Tsd 1978. 888 S. - 24 × 16 cm. 'Europa Vlg Wien' Ln 70,- (sfr 70,- /S 498,-) ⟨3-203-50539-8⟩ GW KÖ

Russell, Bertrand: Philosophische und politische Aufsätze. (Reclams UB 7970 /[3]) 'Reclam' Kt 6,90 ⟨3-15-007970-5⟩ GW KÖ U [A-MC]

Russell, Bertrand: Probleme der Philosophie. Aus d. Engl. v. Bubser, Eberhard. 1973. 152 S. (es 207) 'Suhrkamp/KNO' Kt 8,- ⟨3-518-10207-9⟩ GW KÖ [A-M]

Russell, Bertrand: Satan in den Vorstädten. Erzählungen. 1983. (Ullstein Bücher 20330) 'Ullstein TB/VVA' Br 5,80 ⟨3-548-20330-2⟩ GW KÖ U [A-MC]

Russell, Bertrand: Unpopuläre Betrachtungen. 2.Aufl. 1973. 'Europa-Vlg Zürich' Pb PaA (sfr 19,-) ⟨3-85665-502-6⟩

Russell, Bertrand: Warum ich kein Christ bin. Über Religion, Moral und Humanität. Von der Unfreiheit der Christenmenschen. Neu hrsg. v. Pirani, Felix. (rororo sachb. 6685) 'Rowohlt TB' Kt 8,80 ⟨3-499-16685-2⟩ GW KÖ U [A-Le]

Russell, Bertrand: Wege zur Freiheit. Sozialismus, Anarchismus, Syndikalismus. 1974. 184 S. (es 447) 'Suhrkamp/KNO' Kt 9,- ⟨3-518-10447-0⟩ GW KÖ U [A-M]

Russell, Bertrand → Bertrand Russell

Russell, Bertrand → Bertrand Russell sagt seine Meinung

Russell, Bertrand → North Withehead, Alfred /Russell, Bertrand

Russell, Bertrand → Thiel, Manfred: Methode

Bertrand Russell. A Bibliography of his Writings /Eine Bibliographie seiner Schriften. 1895-1976. Compiled by Martin, Werner. 1981. XLV,332 pages. 'Saur, K G/SVK' Pb 48,- ⟨3-598-10348-4⟩ GW **[A-Ha]**

Bertrand Russell in Selbstzeugnissen und Bilddokumenten → *Sandvoss, Ernst R*

Bertrand Russell sagt seine Meinung. Eine Stimme moderner **Aufklärung. Aus d. Engl. übers. u. hrsg. v. Schwarz, Günther. Vorwort v. Leonhardt, Rudolf W. Anhang v. Edwards, Paul. 1976. 228 S., 4 Abb. 'Darmstädter Blätter' 16,80 ⟨3-87139-034-8⟩**

Bertrand Russel

Ehe

UND

MORAL

Verlag Darmstädter Blätter

Originaltitel: MARRIAGE AND MORALS.Copyright by Allen & Unwin,London,1929. Die deutsche Übersetzung,1951, wurde mit freundlicher Genehmigung des W.Kohlhammer Verlages verwendet.

CIP-Kurztitelaufnahme der Deutschen Bibliothek

Russell,Bertrand:
Ehe und Moral / Bertrand Russell.(Einzig berecht. dt.Übers.von U.C.A.Krebs. Einl.u.neue Er=kenntnisse zu "Ehe und Moral" von Kenneth Blackwell ...). - 2.Aufl.-Darmstadt : Darmstädter Blätter, 1984.
Einheitssacht: Marriage and morals (dt.)
1.Aufl.im Kohlhammer-Verl.,Stuttgart
ISBN 3-87139-082-8

1984
2.Auflage

Gedruckt in der Druckerei E. Lokay, Reinheim i/O.

Verlag Darmstädter Blätter, Schwarz & Co.
61 Darmstadt, Haubachweg 5

"Ich verdanke den Frauen, die ich geliebt habe, viel. Ohne sie wäre ich viel engstirniger gewesen."

Bertrand Russell

Alys Pearsall Smith (1894-1911

Dora Black (1921-1935)

Patricia Helen Spence (1936-1952)

Edith Finch (1952-1970)

Bertrand Russell neu entdecken

Vorbemerkungen einer Entdeckerin wider Willen

"Kennen Sie Russell? - Nein?! - Ein englischer Philosoph, er starb 1970 im Alter von 97 Jahren", so etwa mein Gesprächspartner beim Nachmittagskaffee im sommerlichen Garten seines Hauses: "Ein ganz unglaublicher Mann, nicht nur Philosoph, zuerst Mathematiker, dann Soziologe und Politiker, nicht zuletzt Sozialkritiker, schließlich eine Art Weltgewissen. Ungemein scharfsinnig und klar in seinen Gedanken, respektlos gegenüber Konventionen und Tabus, furchtlos gegenüber allen Autoritäten. Hat eine Unzahl von Büchern geschrieben, von denen manche leider schon fast vergessen sind. Für sein (in Deutschland seit Jahren vergriffenes) unerhörtes Buch 'Marriage and Morals' von 1929 erhielt er übrigens 1950 den Nobelpreis. - Kennen Sie 'Ehe und Moral'?" - Wiederum Kopfschütteln. - "Das müssen Sie unbedingt lesen! Denn es ist heute noch so aktuell wie damals, denke ich. Deshalb muß es wieder aufgelegt werden. Eine moderne junge Frau wie Sie sollte dieses Buch gelesen haben. Ich wäre auf Ihre Meinung sehr gespannt, die Meinung einer Frau zu diesen bemerkenswerten Auffassungen eines Mannes, er wie Sie mitten im Leben, damals und heute ... Vielleicht schreiben Sie, was Sie darüber denken." - Trotz der erstaunlichen Begeisterung meines sonst vielleicht eher zurückhaltenden jungen älteren Freundes verspüre ich noch immer wenig Lust zu dieser nun so nachdrücklich empfohlenen Lektüre: "Ehe und Moral", - schon dieser Titel kann mich nicht reizen, was soll ich mit einem solchen Buch von 1929, zumal von einem Mathematiker und Philosophen? Darüber sogar schreiben?! Und als sogenannte moderne Frau, wie mein überaus charmanter Gastgeber glaubt, will ich mich übrigens im Augenblick auch nicht fühlen.

Zum Glück wendet sich die nachmittägliche Gesprächsrunde nun anderen Themen zu, ich bin erleichtert. Doch mit freundlicher Hinterlist kommt mein hartnäckiger Gastgeber jetzt unversehens mit einem Buch über Russell und zeigt mir darin eine Fotografie des gepriesenen Autors: Ich sehe einen alten Herrn, dunkle, sehende Augen, Gelassenheit, Würde, irgendwie monumental. Unter dem Bild ein Zitat: "Ich verdanke den Frauen, die ich geliebt habe, viel. Ohne sie wäre ich viel engstirniger gewesen." - Ich lese diese Sätze zweimal. Erstaunlich. - "... den Frauen, die *ich* geliebt habe..."! - Ich versuche zu verstehen, was er meint. Der erste Satz ist schon bemerkenswert genug, der offene Plural zum Beispiel, erst recht der zweite, eine Interpretation des ersten, ein starkes Bekenntnis insgesamt. Ich bin fasziniert, nun doch plötzlich interessiert: "Ehe und Moral" muß ich lesen! Das Kaffeegespräch geht zu Ende, mein Gastgeber verabschiedet uns zufrieden und heiter. - Schreiben? Mal sehen.

"Drei einfache, doch übermächtige Leidenschaften haben mein Leben bestimmt: das Verlangen nach Liebe, der Drang nach Erkenntnis und ein unerträgliches Mitgefühl für die Leiden der Menschheit ... Nach Liebe trachtete ich, eimal, weil sie Verzückung erzeugt, eine Verzükkung so gewaltig, daß ich oft mein ganzes, mir noch bevorstehendes Leben hingegeben haben würde für ein paar Stunden dieses Überschwangs. Zum anderen habe ich nach Liebe getrachtet, weil sie von der Einsamkeit erlöst, jener entsetzlichen Einsamkeit, in der ein einzelnes erschauerndes Bewußtsein über den Saum der Welt hinabblickt in den kalten, leblosen, unauslotbaren Abgrund. Und letztens habe ich nach Liebe getrachtet, weil ich in der liebenden Vereinigung, in mystisch verkleinertem Abbild die Vorahnung des Himmels erschaute, wie er in der Vorstellung der Heiligen und Dichter lebt. Danach habe ich gesucht und, wiewohl es zu schön erscheinen mag für ein Menschenleben: ich habe es - am Ende - gefunden." (Zit. n. E. R. Sandvoss 1980, S. 7.) Dieses so typische Bekenntnis Bertrand Russells habe ich erst später gelesen.

"Ehe und Moral" war gar nicht leicht zu bekommen und wird schließlich von einer entfernten Universitätsbibliothek ausgeliehen. Ich lese mich ein, zunächst noch mit wechselndem Interesse, fühle mich dann mehr und mehr gefesselt von den vielen vergleichenden Daten und Fakten, von dieser kritischen Geschichte und Soziologie der Ehe und Moral, von diesem ebenso schlichten wie geschliffenen Stil. Ich bin immer wieder von der Aktualität dieser Schrift überrascht, zum Beispiel von der Idee der "Kameradschaftsehe", die hier "Probeehe" heißt: "Es ist ein Versuch, Beständigkeit an Stelle der augenblicklichen Promiskuität in die sexuellen Beziehungen der Jugend zu bringen." Und: "Ich bin der Ansicht, daß alle geschlechtlichen Beziehungen, bei denen keine Kinder mitsprechen, als reine Privatangelegenheit betrachtet werden sollten, und daß es niemand außer die Beteiligten selbst etwas anginge, wenn ein Mann und eine Frau beschließen, zusammen zu leben." (B. Russell 1951, S. 111 u. 113.)

Ist dies wirklich schon 1929 geschrieben? Ich blättere überflüssigerweise zurück: Tatsächlich! Eigentlich unglaublich, finde ich, - lese dazu in der Russell-Biographie von Ernst R. Sandvoss: "Das Buch 'Ehe und Moral' erlebte seit 1929 etwa zwanzig Auflagen. Es lieferte aber auch 1940 in New York Material für Angriffe auf Russell."

"... Richter McGeehan ... kam zu dem Ergebnis, daß die Berufung (Bertrand Russells), eine Beleidigung der Einwohner der Stadt New York sei. Der Ausschuß sei im Begriff gewesen, einen 'Lehrstuhl für Unanständigkeit' zu errichten ... Die Berufung wurde rückgängig gemacht mit der Begründung ... seine Lehren stifteten zur Verletzung des Strafgesetzes an. Akademische Lehrfreiheit bedeute nicht akademische Zügellosigkeit." (Vgl. E. R. Sandvoss 1980, S. 84 u. 90.)

Kein Wunder, denke ich. Und was hat sich seit damals verändert? Gewiß, in vielen Lebensbereichen sehr vieles und auch in Ehe, Moral und Sexualität nicht wenig, vor allem durch die revolutionären modernen Verhütungsmittel, deren Erfindung Bertrand Russell schon seinerzeit vorausgesehen hatte. Aber Verhütungsmittel sind nicht alles. - Gleichwohl: "Die Lehre, daß an der Sexualität etwas Sündhaftes sei, hat dem Charakter des einzelnen unaussprechlichen Schaden zugefügt, und zwar einen Schaden, der in früher Kindheit beginnt und das ganze Leben hindurch anhält. Indem sie die geschlechtliche Liebe in ein Gefängnis sperrte, hat die konventionelle Moral viel dazu beigetragen, alle anderen Formen gütiger Empfindungen einzukerkern, und die Menschen weniger großzügig und freundlich, dafür aber selbstsüchtiger und grausamer zu machen. Wie auch die Sexualethik aussehen mag, die schließlich Geltung erlangt: Sie muß frei von Aberglauben sein und klare und beweisbare Gründe zu ihren Gunsten haben. Die Sexualität kann ebensowenig auf eine Ethik verzichten wie das Geschäftsleben oder der Sport oder die wissenschaftliche Forschung oder irgendein anderer Zweig menschlichen Tuns. Sie kann aber auf eine Ethik verzichten, die ausschließlich auf uralten Verboten beruht, wie sie ungebildete Menschen in einer von der unsrigen gänzlich verschiedenen Gesellschaft aufgestellt haben." (B. Russell 1951, S. 206.)

Ist aber diese Sexualethik heute, nach mehr als einem halben Jahrhundert, schon verwirklicht? Wohl kaum, trotz vieler einschlägiger Ansätze und Versuche. Daß junge Menschen heute auch unverheiratet zusammenleben können, beispielsweise am Wochenende, während der Ferien oder sogar in einer eigenen Wohnung, ist schon nicht mehr außergewöhnlich; dennoch ist dies noch immer nicht "Privatsache" und hat für viele Zeitgenossen etwas Anrüchiges behalten. Auch "Mein Lebensgefährte" oder "Meine Lebensgefährtin" klingt noch immer befremdlich. Das Alltagsleben ist voll von krassen wie subtilen Beispielen für den noch immer vorherrschenden Konflikt zwischen der alten und neuen Sexualmoral, ein Konflikt übrigens, der von so vielen noch immerzu sehr leidvoll erfahren wird. Gerade diese Russell-Lektüre könnte vielen Menschen, und zwar jüngeren wie älteren, Mut und Selbstvertrauen geben, denke und schreibe ich.

Bertrand Russell wies schon 1929 auf den Zusammenhang von Sexualität und individuellem Wohlbefinden hin, und staunend lese ich, was er wohl nur aus seinen eigenen Beobachtungen und Erfahrungen geschrieben haben kann, - sehe plötzlich meine Kindheit und Jugendzeit (großbürgerlich, behütet, sehr konservativ) vor mir, erinnere mich an Fragen ohne Antworten, an böse kindliche Nöte, jugendliche gewaltsame Verdrängungen, an Furcht und Angst schon vor der eigenen Sexualität. Wie die allermeisten Kinder wurde ich wohl genau so erzogen, wie bereits die Eltern erzogen worden waren, eben im Sinne einer "konventionellen

Behandlung der Sexualität". Aber genau diese hatte freilich schon der Generation meiner Mutter nicht nur eheliches Elend, sondern auch persönliche Unlust, Kummer und Bitterkeit beschert. Doch: "Kinder als Frucht der Freude und gegenseitiger Erfüllung können in einer Weise geliebt werden, die gesünder und robuster, mehr im Einklang mit den Wegen der Natur, unkomplizierter, unmittelbarer und animalischer, aber doch selbstloser und fruchtbringender ist, als es verhungerte und gierige Eltern können, die von den hilflosen Jungen einige Brocken der ihnen in der Ehe versagt gebliebenen Nahrung erbetteln und dadurch den kindlichen Geist verbilden und den Grund für die gleichen Leiden bei der nächsten Generation legen. Die Liebe zu fürchten, bedeutet das Leben zu fürchten, und wer das Leben fürchtet, ist bereits zu drei Vierteln tot." (B. Russell 1951, S. 191.)

Ich bin mehr und mehr beeindruckt und bewegt von der Lektüre dieses Buches mit dem scheinbar so trockenen Titel "Ehe und Moral", von der packenden Analyse der damaligen Lebensumstände, - die eigentlich Lebensnotstände waren und es wohl teilweise auch heute noch sind -, fasziniert aber auch von der hier formulierten lebensnahen und lebenswerten neuen Sexualmoral, die mir auch hier und jetzt als humane Wegweisung zur Selbstverwirklichung erscheinen will. Warum? - "In erster Linie muß erreicht werden, daß zwischen Mann und Frau soviel wie möglich von der tiefen, ernsten Liebe aufblüht, welche die gesamte Persönlichkeit beider Menschen umfaßt und zu einer Verschmelzung führt, durch die jeder von ihnen bereichert und gesteigert wird." (B. Russell 1951, S. 210.) In der Tat. Das heißt Mut zu vitaler Liebe und mithin Kultivierung der Sexualität, heißt Lebensfülle, ein erfülltes partnerschaftliches Leben für sich und seine Kinder, ihnen unsinnige Ängste ersparen, das Leben, sich selbst und die Mitmenschen lieben lernen und lehren. Übrigens: "Es ist keineswegs richtig, daß die Auflösung einer Ehe unweigerlich vom Standpunkt der Kinder das Schlimmste ist, was geschehen kann. Im Gegenteil, es ist nicht halb so schlimm wie das Erlebnis erhobener Stimmen, wütender Anschuldigungen und vielleicht sogar Tätlichkeiten, dem Kinder in schlechten Familien ausgesetzt sind." (B. Russell 1951, S. 211.)

Den drei großen Leidenschaften, die, wie Bertrand Russell selbst bemerkte, sein Leben von Anfang bis zu Ende beherrscht hätten, nämlich der Sehnsucht nach Liebe, dem Drang nach Erkenntnis und dem Mitgefühl mit den Leiden der Menschheit, müssen wohl Mitgefühl und Erkenntnisdrang aus seiner Liebe erwachsen sein, die schließlich im Sinne seiner Moral ihre Erfüllung fand: "Das Wesen einer guten Ehe ist die Achtung vor der Persönlichkeit des anderen, gepaart mit der tiefen körperlichen, geistigen und seelischen Intimität, die aus der echten Liebe zwischen Mann und Frau das fruchtbarste alles menschlichen Erlebens macht. Wie alles, was groß und kostbar ist, erfordert eine solche Liebe ihre eigene Moral." (B. Russell 1951, S. 213.) Das ist eine humane Botschaft, die heute um so mehr gehört und gelebt zu werden verdient, denke ich nun doch als durchaus moderne Frau. Jetzt bin ich meinem klugen und weisen Freund tatsächlich dankbar, daß er mich zur Lektüre dieses wichtigen Buches so liebenswürdig überlistet hat. Mich hat "Ehe und Moral" bereichert; ich habe es zum erstenmal, aber sicherlich nicht zum letzenmal gelesen. Ich hätte es als junges Mädchen lesen sollen. Aber es stand leider nicht im Bücherschrank des Vaters. Mitten in solchen Gedanken läutet das Telefon: "Haben Sie das Buch inzwischen zu Ende gelesen?" - Ja, ich bin noch ganz außer Atem! - "Und haben Sie auch etwas darüber geschrieben?" - Was sollte ich machen?! Was kann man in einem kleinen Vorwort über ein großes Buch schon schreiben?

13. September 1984 Mirjam H. Hausen

VORWORT zur zweiten deutschen Ausgabe

Der Sinn von "Ehe und Moral" liegt darin, zu bestimmen, welches sexuelle Verhalten allgemeines Glück und Wohlbefinden am meisten fördert. Russell selbst hatte jahrelang ein puritanisches Leben geführt und dann die Vorteile freier Liebe entdeckt.

Überraschenderweise argumentierte er gegen die freie Liebe. Als Mann ist er der Ansicht, es sei höchst wünschenswert, daß die Frauen schwer zu erobern, aber nicht unerringbar seien. Deshalb sollte die sexuelle Liebe romantisch bleiben, wobei das Werben, die Einbeziehung der ganzen Person (des ganzen Menschen) wichtig ist. Russell wurde zu Unrecht als Kämpfer für absolute Individualität angesehen. Statt dessen ist er der Ansicht, daß Liebe "die harten Mauern des Ego niederreißt, wodurch ein neues Wesen entsteht, das zwei Wesen in sich vereint".

Der Gegenstand des Buches ist nicht Sex an sich, sondern die Ehe, und der einzige die Öffentlichkeit interessierende Faktor, so Russells Ansicht, sollte das Vorhandensein von Kindern sein. Eine Eheschließung sei an sich wertvoll, weil die Geschlechter viel voneinander zu lernen hätten. Nur falls Kinder vorhanden sind, sollte eine Ehescheidung durch Gesetz beschränkt werden. In einem Absatz, der Schwierigkeiten in seiner eigenen Ehe zu dieser Zeit voraussagt, hofft Russell, daß "jeder Teil fähig sein sollte, mit zeitweiligen Phantasien fertig zu werden, wie sie immer vorkommen können". Eifersucht sollte überwunden werden.

Trotz der Vernünftigkeit einiger seiner Schlußfolgerungen und der offensichtlichen Undurchführbarkeit anderer wurde Russell durch dieses Buch weithin berüchtigt. Aber bei der Jugend wurde es populär, und in seiner englischen Ursprungssprache ist es weiterhin lieferbar. Russell war schon ein berühmter Philosoph und politischer Kommentator, als er es im Jahre 1929 schrieb. Seine streng rationale Einstellung hilft jungen Menschen, ihre vorurteilsbeladene Erziehung zu überwinden und ihre Probleme selbst zu lösen. Andere Themen von großer Wichtigkeit - wie Krieg und Religion - behandelte Russell mit derselben erleuchteten Rationalität, die er in seinen mathematischen Studien entwickelt hatte.

Das RUSSEL-ARCHIV enthält kein Manuskript von "Marriage and Morals" ("Ehe und Moral"), weil dieses diktiert worden war. Es gibt aber eine umfassende Verlagskorrespondenz und zahlreiche Rezensionen, einschließlich vieler Rezensionen dieser deutschen Übersetzung, die im Jahre 1951 zum ersten Mal veröffentlicht wurde. Diese noch erhaltenen Papiere werden Studenten und Gelehrte in die Lage versetzen, das Buch in den größeren Zusammenhang von Russells Leben einzuordnen.

"The Conquest of Happiness",ein Jahr später (1930, London) veröffentlicht und im Jahre 1932 übersetzt ("Eroberung des Glücks/Neue Wege zu einer besseren Lebensgestaltung", Suhrkamp TB 3897), ist ein Begleitband. Dieser setzt die Erforschung und Integration der menschlichen Persönlichkeit fort, wie sie in der Beschreibung der Liebe in "Ehe und Moral" begonnen wurde, "als ein Baum, der tief in der Erde wurzelt, aber seine Zweige hoch zum Himmel ausstreckt".

Kenneth Blackwell
The Bertrand Russel-Archiv
McMaster University
Hamilton, Ontario, Kanada
12. September 1984

Original-Telex
Dr. Kenneth Blackwell, The Betrand Russell Archives, Mills Memorial Library, McMaster University, Hamilton, Ont., Canada, L8S 4L6.

Forword

The purpose of Marriage and Morals is to determine what sexual morality would be best for general happiness and well-being. Russell himself had practised a puritanical approach for years, and recently had explored the advantages of free love. Surprisingly, he argues against free love. Speaking as a male, he holds that "what is most to be desired is that they [women] should be difficult but not impossible of access" (p. 60). Thus sexual love is to remain in the sphere of romance, in which the process of courtship, the involvement of the whole being, is important. Russell has been wrongly seen as the champion of absolute individuality. Instead, he holds here that love "breaks down the hard walls of the ego, producing a new being composed of two in one" (p. 99).

The subject of the book is not sex *per se*, but marriage, and the only public factor, Russell asserts, should be the existence of children. Marriage is valuable on its own account, because the sexes have much to learn from one another. Only when there are children should divorce be restricted by law. In a passage presaging a difficulty in his own marriage at the time, Russell hopes that "each party should be able to put up with such temporary fancies as are always liable to occur" (p. 182). Jealousy should be overcome.

Despite the reasonableness of some of his conclusions and the apparent impracticality of others, this work brought Russell much notoriety. But it was popular among the young, and it remains in print in its original language. Russell was already a famous philosopher and political commentator when he wrote it in 1929. His severely rational approach is helpful in enabling young people to transcend a prejudicial education and decide issues for themselves. On other topics of great importance--such as war and religion--Russell applied the same luminous rationality that he developed in his mathematical studies.

Russell's archives do not contain the manuscript of *Marriage and Morals*, for it was dictated. But relevant publishing correspondence and reviews abound, including many reviews of this German translation when it was first published in 1951. The preservation of these papers will assist students and scholars to fit the book into the greater context of Russell's life. *The Conquest of Happiness*, published the next year and translated in 1932, is a companion volume. It continues the exploration and integration of the human personality begun in the description in *Marriage and Morals* of love as "a tree whose roots are deep in the earth, but whose branches extend into heaven" (p. 224).

Kenneth Blackwell

The Bertrand Russell Archives

McMaster University

Hamilton, Canada

BERTRAND ARTHUR WILLIAM RUSSELL

von Paul Edwards

Aus: "The Encyclopedia of Philosophy" hrsg. von Paul Edwards, Vol. VII. The Macmillan Company & The Free Press, New York, 1967 entnommen. Zitiert nach "Bertrand Russell sagt seine Meinung", Darmstadt 1976 IBSN 3 - 87139 - 034 - 8.

Es läßt sich durchaus sagen, daß es seit Voltaire keinen Philosophen mit einer so riesigen Leserschaft gegeben hat. Russell teilt auch mit Voltaire einen glänzenden und anmutigen Prosastil und einen köstlichen Sinn für Humor. Vielleicht ist es ebenso sehr Russells heitere Respektlosigkeit wie der Gehalt seiner ketzerischen Ansichten, was mehrere Generationen von Moralisten und religiösen Konservativen so tief gekränkt hat.

Einstellung zur Sowjetunion

"Rußland", schrieb er später, "schien mir ein einziges riesiges Gefängnis zu sein, in dem die Aufseher grausame Mitläufer sind. Als ich sah, daß meine Freunde diese Menschen als Befreier begrüßten und das Regime, das sie errichteten, als ein Paradies ansahen, fragte ich mich bestürzt, ob diese meine Freunde seien oder ob ich verrückt sei."

Erziehung und Sexualmoral

Die wahrscheinlich umstrittensten Ansichten Russells beziehen sich auf die Erziehung und die Sexualmoral. Diese Ansichten waren eng mit seinen Beobachtungen der Begeisterung verbunden, die die Menschen beim Kämpfen und Töten im Krieg erlebten. Russell schrieb, er glaube, die inneren und äußeren Niederlagen zu sehen, die zu Grausamkeit und Bewunderung von Gewalttätigkeit geführt hätten, und daß diese Niederlagen ihrerseits weitgehend die Folge dessen wären, was diese Menschen erlebt hätten, als sie sehr jung waren. Eine friedliche und glückliche Welt könnte nicht ohne drastische Veränderungen in der Erziehung zustande kommen. In sexuellen Angelegenheiten, wenn auch nicht nur bei diesen, seien irrationale Verbote und Unehrlichkeit äußerst nachteilig. "Ich glaube, schrieb er in 'Marriage and Morals', " daß neun von zehn Menschen, die auf konventionelle Weise erzogen worden sind, in ihren frühen Jahren in gewissem Grade unfähig zu einer anständigen und vernünftigen Einstellung zu Ehe und Sexus im allgemeinen geworden sind." (p. 249) Die konventionelle Erziehungsweise wurde in sehr vielen anderen Beziehungen ebenso falsch beurteilt. Ihre allgemeine Tendenz gehe dahin, schöpferische Impulse zu hindern und den Geist kritischer Neugierde zu entmutigen. Während Disziplin in bestimmtem Maße notwendig sei, ließe sich sehr viel traditionell angewandter Zwang nicht rechtfertigen. Ein Kind, das gezwungen wird, "neigt dazu, mit Haß zu reagieren, und wenn es ihm, wie üblich, nicht möglich ist, seinem Haß freien Lauf zu lassen, schwärt dieser innerlich und könne mit allen möglichen seltsamen Folgen für den Rest des Lebens ins Unbewußte dringen."

Obwohl puritanische Sittenprediger von Russells Ansichten über Sexus und Erziehung heftig schockiert wurden oder behaupteten, es zu sein, muß betont werden, daß seine Empfehlungen nicht extrem sind und daß er im Gegensatz zu seinen Gegnern seine Einstellung maßvoll und ohne Zuflucht zu persönlicher Beschimpfung äußerte. Russell könnte vielleicht als radikaler Verfechter der Freiheit in der Erziehung charakterisiert werden, aber er stand in starker Opposition zu der Anschauung anderer pädagogischer Pioniere, die die Wichtigkeit intellektueller Anstrengung abwerteten und die Originalität ermutigten, ohne auf dem Erwerb fachlicher Tüchtigkeit zu bestehen. Obwohl er ganz angemessen als Befürworter der freien Liebe bezeichnet werden kann, wäre es ähnlich grob irreführend, Russell einen Befürworter der "wilden Ehe" zu nennen. Im Gegenteil verwarf er alle solche Absichten. Er schrieb:

> "Die Moral, die ich befürworten möchte, besteht nicht einfach darin, Erwachsenen oder Jugendlichen zu sagen: 'Folgt euren Impulsen und tut, was ihr möchtet'. Man muß im Leben konsequent sein; es muß eine ständige Bemühung vorhanden sein, die nicht auf unmittelbar nützliche Ziele gerichtet und nicht in jedem Augenblick verlockend ist; man muß auf andere Rücksicht nehmen; und es sollte bestimmte Normen der Rechtschaffenheit geben."
> ("Marriage and Morals", p. 43)

Aber dies bedeutet nicht, daß wir "von Ängsten beherrscht sein sollten, die moderne Entdeckungen als unvernünftig erkannt haben." Russell konnte in geschlechtlichen Beziehungen vor der Ehe nichts Schlechtes sehen, und er befürwortete kinderlose Kameradschaftsehen für die meisten Universitätsstudenten. "Dies", schrieb er, "würde eine Lösung für den Geschlechtstrieb liefern, der weder rastlos noch unerlaubt, weder selbstsüchtig noch beliebig und von solcher Art ist, daß er keine Zeit verbraucht, die der Arbeit gewidmet sein sollte". ("Education in the Modern World", pp. 119-20). Es wäre falsch, Russell als Feind der Institution der Ehe anzusehen. Er protestierte in der Tat gegen die Aufrechterhaltung einer Ehe, wenn keine Liebe übriggeblieben ist, und, was manche schockierte, er bemerkte, daß eine "dauerhafte Ehe" vorübergehende Episoden nicht auszuschließen brauche; aber er betonte auch nachdrücklich, daß "die Ehe die beste und wichtigste Beziehung ist, die zwischen zwei Menschen bestehen kann ... etwas viel Ernsteres als das Vergnügen zweier Menschen an der Gesellschaft des anderen." (Marriage and Morals, p. 115)

Russells Ansichten über Sexualmoral spielten eine Hauptrolle in dem berühmten New-York-City-Fall vom Jahre 1940. Als seine Ernennung mitgeteilt wurde, schrieb Bischof Manning von der Episkopalen Kirche einen Brandbrief an alle in New York City erscheinenden Zeitungen, in dem er Russells Subjektivismus in der Ethik und seine Einstellung zur Religion und Moral anprangerte. Es sei undenkbar, daß "ein Mann, der als Propagandist sowohl gegen die Religion als auch gegen die Moral bekannt ist und der insbesondere den Ehebruch verteidigt, vor unserer Jugend als verantwortlicher Lehrer der Philosophie" auftreten dürfe. Der Brief des Bischofs war der Anfang eines Feldzuges der Verleumdung und Einschüchterung, der in einer demokratischen Nation in neuerer Zeit unüberboten ist. Die kirchlichen Zeitschriften, die Hearst Presse und zahlreiche demokratische Politiker vereinigten sich im Chor der Beschimpfung. Russell wurde als "Teufelsgehilfe für die Menschen" bezeichnet, als Befürworter "der Verstaatlichung der Frauen", als "Propagandist der freien Liebe und des Elternhasses", und ebenso, unnötig zu sagen, als Vertreter des Kommunismus.

Der Höhepunkt des Feldzuges war die Klage der Steuerzahlerin Mrs. Jean Kay aus Brooklyn, die verlangte, daß Russells Ernennung rückgängig gemacht werden sollte. Der Fall wurde vor dem Richter McGeehan behandelt, der vorher durch den Versuch, ein Bild Martin Luthers von einer Wand des Gerichtsgebäudes, die die Rechtsgeschichte veranschaulichte, zu entfernen, seine Vorstellung von Toleranz gezeigt hatte. In seiner aufsehenerregenden Entscheidung, die von Rechtsexperten in vieler Hinsicht als durchaus unrichtig kritisiert wurde, hob McGeehan Russells Ernennung aus drei Gründen auf: Erstens sei seine Einstellung ohne Prüfung von Konkurrenten erfolgt; zweitens sei er Ausländer, und es gebe keinen Grund, anzunehmen, daß die fragliche Stelle nicht von einem sachkundigen amerikanischen Bürger ausgefüllt werden könne; und schließlich, die Ernennung würde die Errichtung "eines Lehrstuhls für die Unanständigkeit" bedeuten. Ausführliche Argumente wurden zugunsten dieser letzteren Behauptung beigebracht. Unter anderem wurde behauptet, Russells Lehren seien dazu geeignet, seine Studenten "und in einigen Fällen ihre Lehrer und Erziehungsberechtigten mit dem Strafgesetz in Konflikt zu bringen". Auf eine vom Richter nicht näher erläuterte Weise würde Russells Ernennung zu Verführung und Vergewaltigung führen. Russells Gegnerschaft gegen die Gesetze, die Homosexualität zum Verbrechen stempeln, wurde mißdeutet als Befürwortung eines "verdammungswürdigen Verbrechertums ... das Gefängnisstrafen bis zu zwanzig Jahren in New York State rechtfertigt". Ablenkende Ausflüchte des Bürgermeisters von New York, Fiorello LaGuardia, verhinderten jedoch wirksamen Appell gegen diese haarsträubende Entscheidung, und Russell konnte seine Stellung am City College nie antreten. Kurz nachdem er den Nobelpreis erhalten hatte, kehrte er im Jahre 1950 nach New York zurück, um die Machette-Vorlesungen an der Columbia University zu halten. Er erhielt einen begeisternden Empfang, den die Anwesenden sicher nicht vergessen werden. Er wurde mit dem Empfang verglichen, der Voltaire im Jahre 1784 bei seiner Rückkehr nach Paris bereitet wurde, dem Ort, wo er ins Gefängnis gesteckt und von wo er später verbannt worden war. Was McGeehan anlangt, so läßt sich mit Sicherheit sagen, daß er als kleiner Inquisitor in die Geschichte eingehen wird, der seinen kurzen Augenblick im Licht der Öffentlichkeit dazu nützte, einen großen und ehrlichen Mann zu besudeln und zu beleidigen. McGeehan fällte kein Urteil über Russells Kompetenz als Philosoph, aber andere Gegner der Ernennung waren nicht so zurückhaltend. So beschrieb Joseph Goldstein, der Rechtsanwalt von Mrs. Kay, Russell als einen "wollüstigen, unzüchtigen, sinnlichen, liebestollen, geschlechtsgetriebenen, ehrfurchtslosen, engstirnigen, unwahrhaftigen und moralisch haltlosen Menschen." Nach einigen grundlosen Lügen über Russells Privatleben schloß er:

"Er ist kein Philosoph im herkömmlichen Sinne; kein Weisheitssucher; kein Forscher jener Universalwissenschaft, deren Ziel es ist, alle Phänomene des Universums durch letzte Ursachen zu erklären ... alle seine angeblichen Lehren, die er Philosophie nennt, sind nur billige, wertlose, abgedroschene, aufgeplusterte Fetische und Aussagen, ausgedacht zur Irreführung der Menschen."

In der vorliegenden Encyklopädie wird eine recht andere Ansicht über den Wert von Russells Philosophie vertreten. Einige seiner wichtigsten Theorien zur Erkenntnislehre und Metaphysik werden im nächsten Abschnitt erörtert, seine Beiträge zur Logik und den Grundlagen der Mathematik werden im darauf folgenden Abschnitt und seine Ansichten über Ethik und Religion werden im letzten Abschnitt behandelt. Dennoch werden eine Anzahl von Russells interessanten Gedanken entweder überhaupt nicht oder im vorliegenden Artikel nur kurz behandelt. Viele von ihnen werden an anderer Stelle in der Encyklopädie erörtert.

FRAUEN IN DER SOWJETUNION

Befreit, aber nicht emanzipiert.

> Um eine völlige Emanzipation (der Frau) zu erreichen und sie dem Mann gleichzustellen, ist Sozialisierung und die Eingliederung der Frauen in den allgemeinen Produktionsprozeß erforderlich. Dann werden Frauen die gleiche Stellung wie Männer haben.
>
> Lenin, 1919

Schon die stalinistische Verfassung von 1936 gab ihnen "gleiche Rechte wie den Männern auf allen Gebieten des wirtschaftlichen, staatlichen, kulturellen, öffentlichen und politischen Lebens" - also jene Rechte, für deren Aufnahme in die amerikanische Verfassung die amerikanischen Frauenrechtlerinnen noch heute kämpfen. Auf dem Papier haben die sowjetischen Frauen es geschafft. Sie sind offiziell befreit. Schwangerschaftsunterbrechungen sind legal. Vier Monate Mutterschaftsurlaub sind gesetzlich vorgeschrieben, und junge Mütter behalten ein Jahr lang ein Anrecht auf ihren früheren Arbeitsplatz. Staatlich unterstützte Kinterhorte gibt es im ganzen Land; sie betreuen tagsüber zehn Millionen Vorschüler. Gleicher Lohn für gleiche Arbeit ist als Prinzip eingeführt. In der Sowjetunion arbeiten verhältnismäßig mehr Frauen als in anderen Industriestaaten, und ein bescheidener Prozentsatz hat Karriere gemacht. Zahlreiche Frauen haben studiert und arbeiten in Wissenschaft, Industrie und Verwaltung mit Männern zusammen.

Aber trotz dieser Fortschritte und des lauten Propagandageschreis in den sowjetischen Medien sind die russischen Frauen ganz entschieden Menschen zweiter Klasse. Wenn ein großer Teil der sowjetischen Bevölkerung durch das System ausgebeutet worden ist, dann sind es vor allem die Frauen. Selbst drei Jahrzehnte nach dem Zweiten Weltkrieg, also in einer Zeit, in der gebildete Städterinnen auf ihre schlanke Linie achten, sich nach westlicher Mode kleiden und sich mehr Sorgen über ihre Weiblichkeit machen, als die meisten russischen Frauen sich aus Zeitmagel jemals machen konnten, leisten Frauen noch immer den größten Teil der schlechtbezahlten, mühsamen, schmutzigen Handarbeit. Sie schleppen eine schwere Arbeitslast, zu der noch die "häusliche Sklaverei" kommt, wie Lenin sie gekannt hat. Deshalb ist es kein Wunder, daß sie über die Doppelbeanspruchung durch Beruf und Familie klagen. . .

Ich kenne keine Amerikanerin, die noch mit einer Russin tauschen würde, wenn sie lange genug in der Sowjetunion gelebt hätte, um das dortige Leben beurteilen zu können. Wie manche Russinnen selbt zugeben, liegt das hauptsächlich daran, daß der freie Zugang zum Arbeitsmarkt sich im Gegensatz zu Lenins Vorhersage nicht als das Allheilmittel erwiesen hat, für das er - und einige westliche Feministinnen - ihn gehalten haben. In vieler Beziehung hat er das Leben schwieriger gemacht. Manche Russinnen fühlen sich sogar so benachteiligt, daß eine von ihnen einer mir bekannten Amerikanerin freimütig gestand: "Ich hoffe, daß mein Kind kein Mädchen, sondern ein Junge wird. Als Junge hat er's im Leben viel leichter".

Trotz der ausdrücklich bekräftigten marxistisch-leninistischen Verpflichtung zur Gleichberechtigung der Frau hat der männliche Chauvinismus im russischen Leben nach wie vor eine große Tradition, die selbst durch den Kommunismus kaum abgeschwächt worden ist. Daß noch immer männliche Überlegenheit und weiblicher Gehorsam vorausgesetzt werden, zeigt sich im russischen Humor, der oft grundlegende Strömungen erkennen läßt. ...

In den meisten russischen Familien übernehmen die Frauen so völlig die Verantwortung für die Haushaltsführung, daß die Männer ihnen wie selbstverständlich ihre Lohntüte geben und ihnen alles andere überlassen. ...

Fast ein Viertel der sowjetischen Akademiker sind Frauen, und Frauen stellen nahezu ein Drittel der gewöhnlichen Richter, fast ein Drittel der 1517 Mitglieder des Obersten Sowjets, etwa drei Viertel aller Ärzte und ungefähr 15 000 Mitglieder in den Berufsverbänden der Journalisten, Schriftsteller, Künstler, Architekten, Komponisten und Filmschaffenden. Über fünf Millionen Frauen besitzen höhere Schulbildung, kaum weniger als Männer. Das ist zum Teil auf den starken Frauenüberschuß der Nachkriegsjahre zurückzuführen. Aber selbst als starke Geburtenjahrgänge den Männermangel wieder ausglichen, setzte der Staat seine intensive Werbekampagne fort, um möglichst viele Hausfrauen in den Arbeitsprozeß einzugliedern. Tatsächlich stellen die Frauen heute einen größeren Prozentsatz in der Gesamtzahl der Beschäftigten als 1950. In den sechziger Jahren nahmen über 16 Millionen Frauen zum erstenmal eine Stellung an - eine erstaunlich hohe Zahl. Obwohl die Zuwachsraten in den siebziger Jahren stagnierten, weil die Reserve von unbeschäftigten Frauen erschöpft war, arbeiteten 1974 rund 60 Millionen Frauen: fast 85 Prozent aller arbeitsfähigen Frauen, was den höchsten Prozentsatz in allen Industrieländern darstellte (in den USA waren es zur gleichen Zeit knapp 50 Prozent).

Die meisten sowjetischen Frauen halten es inzwischen für ganz normal zu arbeiten und finden es unerträglich, sich ein bloßes Hausfrauendasein vorzustellen. Diese Arbeitsmoral sitzt so tief, daß es als Schande gilt, nur Hausfrau zu sein. Durch massive Propaganda wird die Pflicht zur Arbeit ständig betont. ...

Diese Einstellung ist auch eine Folge der sowjetischen Lebensweise. Die dortige Gesellschaft legt es nicht nur darauf an, möglichst viele Frauen mitarbeiten zu lassen, sondern das Leben zu Hause hat - besonders in den Städten - viel weniger zu bieten als im Westen. Die Wohnungen sind klein und wenig behaglich. Die meisten in den Städten lebenden Familien haben nur ein Kind. Sport und andere Freizeitbeschäftigungen sind in der Mehrzahl aller Fälle ein Luxus. Die vielfältigen Möglichkeiten, die den Frauen im Westen offenstehen, sich in Wohltätigkeitsorganisationen oder bei Gemeinschaftsprojekten zu betätigen oder sich weiterzubilden, kennt die Russin nicht. Nur am Arbeitsplatz können die meisten Frauen ihr eigenes Leben führen. ...

Die meisten Kinderhorte und Kindertagesstätten, die in der sowjetischen Propaganda ständig als Beweis für die positive Haltung des Staates gegenüber der Frauenrechtsbewegung hingestellt werden, sind in Wirklichkeit notwendig, damit möglichst viele Frauen in ihrem Beruf bleiben. Mehrere Russinnen haben mir gegenüber ziemlich verbittert festgestellt, das ganze Netz staatlicher Säuglingsheime, Kindergärten und Ferienlager diene weniger ihrer Selbstverwirklichung als der Erfüllung des Arbeitssolls in ihrer Fabrik. Tatsächlich haben westliche Wirtschaftswissenschaftler berechnet, daß in den letzten 15 Jahren ein beachtlicher Teil des sowjetischen Wirtschaftswachstums nur dadurch erzielt werden konnte, daß besonders Frauen - und Rentner - in den Arbeitsprozeß eingegliedert wurden. ...

Während die Amerikanerinnen nach außen dagegen rebellieren, Hausfrauen sein zu müssen, rebellieren die Russinnen innerlich dagegen, Geldverdienerinnen sein zu müssen, weil diese Notwendigkeit aus Arbeit , die der Selbstbestätigung dienen und Unabhängigkeit bringen soll, eine Plackerei machen kann. ...

Die Propagandisten werden nie müde, mit sowjetischen Frauen in Schlüsselpositionen zu prahlen, obwohl in Wirklichkeit die Männer die Entscheidungen treffen. Die Presse verkündet beispielsweise oft triumphierend, daß im Obersten Sowjet mehr Frauen als "in allen Parlamenten der Welt der kapitalistischen Staaten zusammen" sitzen. Aber dieser Vergleich hinkt gewaltig. Der Oberste Sowjet ist ein Scheinparlament , eine Beruhigungspille für Frauen (oder nationale Minderheiten) , von der sich Ausländer oft täuschen lassen. Dieses Parlament von Jasagern hat bisher noch jede Beschlußvorlage einstimmig angenommen. ...

Die hohe Scheidungsquote (1974 etwa 28 Prozent , in Moskau allerdings ungefähr 50 Prozent) ist ein weiterer Beweis für die Belastungen, denen Stadtbewohner heute ausgesetzt sind - und die durch den Druck, unter dem arbeitende Frauen stehen, und die Wohnungsnot, die kaum ein Privatleben gestattet, noch weiter verstärkt werden. ...

Im Alltag lebt die Familie notwendigerweise sehr eng zusammen. Mit einer b a b u s c h k a wird die Wohnung zwar noch enger, und ihre Anwesenheit führt oft zu Streit, aber sie ist eine unersetzliche Gehilfin der arbeitenden Mutter, so daß nur sehr wenige Familien sich freiwillig von ihr trennen. Für die Alten hat das den Vorteil, daß die Familien in einer Gesellschaft, die in dem Ruf steht, für ihre Bürger von der Wiege bis zur Bahre zu sorgen, die aber meines Wissens nur wenige und nicht sonderlich attraktive Altenheime errichtet hat, ihre alten Angehörigen zu Hause mitversorgen. Paradoxerweise stärken die Mängel des Systems auf diese Weise den Familienzusammenhalt in beiden Abschnitten des Lebens - in der Kindheit und im Alter....

Aus: Hedrik Smith D i e R u s s e n

Wie die russischen Menschen-
von Kiew bis Wladiwostok -
leben, wovon sie träumen,
was sie lieben
und wie ihr Alltag wirklich aussieht

Abdruck mit freundlicher Erlaubnis des Scherz Verlages, Bern,
bei Droemer Knauer, München, 1979

Inhalt

Erstes Kapitel

Einleitung

Für die Deutung einer Kultur, gleichgültig ob diese dem Altertum oder der Moderne angehört, sind zwei recht eng zusammenhängende Faktoren von besonderer Wichtigkeit: einmal das Wirtschaftssystem, zum anderen das Familiensystem. Heute gibt es zwei einflußreiche Lehrmeinungen: eine, die alles aus wirtschaftlichen Ursachen herleitet, während die andere alles auf die Familie, das heißt auf sexuelle Quellen zurückführt; die erste Richtung geht von Marx, die zweite von Freud aus. Ich persönlich bin weder ein Anhänger der ersten noch der zweiten Schule, weil die wirtschaftlichen und sexuellen Motive so eng verflochten sind, daß mir, vom Verhältnis Ursache–Wirkung her gesehen, keines der beiden eindeutig zu überwiegen scheint. Ein Beispiel: zweifellos hat die industrielle Revolution einen tiefgehenden Einfluß auf die Geschlechtsmoral gehabt und wird ihn auch künftig haben; umgekehrt aber war die sexuelle Tugendhaftigkeit der Puritaner psychologisch notwendig als Mitursache für die industrielle Revolution. Es liegt mir fern, entweder dem wirtschaftlichen oder dem sexuellen Faktor den Haupteinfluß zuzuerkennen, ganz abgesehen davon, daß eine auch nur annähernd klare Trennung der beiden undurchführbar ist. Der Wirtschaftsgedanke ist im wesentlichen auf die Beschaffung von Nahrung gerichtet, aber bei menschlichen Wesen erfolgt die Nahrungssuche selten zum ausschließlichen Vorteil desjenigen Individuums, das die Nahrung beschafft; sie erfolgt vielmehr für die Familie, und wenn sich das Familiensystem ändert, so ändern sich damit ebenfalls die wirtschaftlichen Motive. Es ist einleuchtend, daß nicht nur die Lebensversicherung, sondern auch die meisten Formen des privaten Sparens nahezu aufhören würden, wenn die Kinder ihren Eltern weggenommen und vom Staat aufgezogen würden wie in Platos *Staat;* das heißt, wenn der Staat die Rolle des Vaters übernähme, so würde der Staat ipso facto zum einzigen Kapitalisten werden. Konsequente Kommunisten haben oft umgekehrt behauptet, daß wenn der Staat zum einzigen Kapitalisten werden sollte, die Familie, wie wir sie kennen, ihre Lebensfähigkeit verlieren würde. Selbst wenn man das für übertrieben hält, so kann man doch unmöglich eine enge Verquickung zwischen Privateigentum und Familie leugnen; es besteht tatsächlich eine wechselseitige Verquickung, so daß man nicht sagen kann, das eine sei Ursache und das andere Wirkung.

Bei näherer Untersuchung stellt sich heraus, daß die Geschlechtsmoral der Gemeinschaft aus mehreren Schichten besteht. Da sind erstens einmal die ausdrücklich im Gesetz verankerten Bestimmungen wie zum Beispiel Monogamie in diesen und Polygamie in jenen Ländern. Dann folgt eine Schicht, in der das Recht keinen Einfluß hat, dagegen die öffentliche Meinung betont ist. Und schließlich gibt es eine Schicht, die dem persönlichen Ermessen überlassen bleibt, jedenfalls in der Praxis, wenn auch nicht in der Theorie. In keinem Land der Welt und in keiner Periode der Weltgeschichte sind Geschlechtsethik und im Geschlechtsleben wurzelnde Institutionen von rationellen Erwägungen bestimmt worden, mit Ausnahme Sowjetrußlands. Ich möchte damit nicht unterstellen, daß die sowjetrussischen Institutionen in dieser Hinsicht vollkommen seien; ich meine nur, daß sie nicht das Ergebnis von Aberglaube und Tradition sind, wie wenigstens teilweise die Institutionen aller anderen Länder aller Zeitalter. Zu ermitteln, welche sexualethischen Richtlinien vom Gesichtspunkt des allgemeinen Lebensglücks und Wohlbefindens aus die besten sind, ist außerordentlich schwierig. Die Beantwortung dieser Frage wird je nach einer Reihe von Umständen verschieden ausfallen müssen. In einer industriell hochentwickelten Gemeinschaft wird sie anders lauten als bei einer primitiven landwirtschaftlichen Gesellschaftsform. Sie wird da, wo die Wirkungen von wissenschaftlicher Medizin und Hygiene die Sterblichkeitsziffer drosseln, anders sein als dort wo Seuchen und Pestilenzen einen großen Teil der Bevölkerung vor dem

Erwachsenenalter dahinraffen. Wenn wir in unserer Untersuchung weiter gediehen sind, werden wir vielleicht sagen können, daß das Urteil darüber, welches die beste Sexualethik ist, je nach dem Klima verschieden ausfallen wird; ebenso wird die Ernährungsweise Abweichungen bedingen.
Die Auswirkungen einer Sexualethik sind von sehr mannigfacher Art; sie beziehen sich auf die Person, die Ehe, die Familie, das Volk und sind sogar international. Es kann sehr wohl sein, daß die Auswirkungen in manchen dieser Beziehungen gut, in anderen wieder schlecht sind. Bevor wir entscheiden können, was wir per Saldo von einem bestimmten System halten sollen, muß alles genau untersucht werden. Beginnen wir mit dem rein Persönlichen, das heißt mit den Auswirkungen, die von der Psychoanalyse erforscht werden. Wir dürfen hier nicht nur das von Recht und Moral diktierte Verhalten des Erwachsenen in Betracht ziehen, sondern müssen gleichfalls die Erziehung von frühester Kindheit an berücksichtigen, soweit sie darauf abzielt, Gehorsam einem Diktat gegenüber zu erzwingen. Wie jeder weiß, können sich frühe Tabus in diesem Bereich eigenartig und auf Umwegen auswirken. An dieser Stelle der Betrachtung befinden wir uns auf der Ebene des persönlichen Wohlbefindens.
Die nächste Stufe unseres Problems beginnt, wenn wir die Beziehungen von Mann und Frau betrachten. Es ist klar, daß gewissen Beziehungen zwischen den Geschlechtern größere Bedeutung zukommt als anderen. Die meisten Leute werden zugeben, daß eine Geschlechtsmoral von stark seelischer Betontheit besser ist als eine rein körperliche. Die Anschauung, die von den Dichtern ausgehend in das allgemeine Bewußtsein zivilisierter Männer und Frauen eingedrungen ist, geht tatsächlich dahin, daß die Liebe desto höher einzuschätzen ist, je mehr das Innenleben der Betreffenden beteiligt ist. Die Dichter haben auch viele Menschen gelehrt, die Liebe nach ihrer Intensität zu werten. Dies ist jedoch eine Frage, über die man erheblich streiten kann. Die meisten modernen Menschen werden wohl der Meinung sein, daß Liebe eine für

beide Seiten gleichwertige Beziehung sein muß und daß aus diesem, wenn aus keinem anderen Grunde, zum Beispiel die Polygamie nicht als ein ideales System anzusehen ist. In diesem Teil des Fragenkomplexes müssen wir sowohl eheliche als außereheliche Beziehungen untersuchen, da die außerehelichen Beziehungen verschiedener Art sind, je nachdem, was für ein Ehesystem gebräuchlich ist.

Als nächstes kommen wir zur Frage der Familie. In den verschiedenen Zeiten und Gegenden hat es viele voneinander abweichende Arten von Familiengemeinschaften gegeben. Die patriarchalische Familie überwiegt sehr stark, und darüber hinaus hat sich die monogame patriarchalische Familie mehr und mehr gegenüber der polygamen durchgesetzt. Es ist das Grundmotiv der seit vorchristlichen Zeiten im westlichen Kulturkreis bestehenden Sexualethik gewesen, jenen Grad von weiblicher Tugendhaftigkeit zu gewährleisten, ohne den die patriarchalische Familie unmöglich wäre, da andernfalls die Vaterschaft nicht mit Sicherheit feststünde. Das Christentum hat die Forderung männlicher Tugendhaftigkeit hinzugefügt – ein Motiv, das seinen psychologischen Ursprung in der Askese hat, und das in neuester Zeit durch weibliche Eifersucht, die mit der Emanzipation der Frau mächtig an Bedeutung gewonnen hat, verstärkt wurde. Doch scheint dieses letztere Motiv nur vorübergehend wirksam zu sein, denn die Frauen werden, wenn wir die Anzeichen richtig beurteilen, auf die Dauer ein System bevorzugen, das beiden Geschlechtern Freiheit zubilligt, anstatt den Männern die Beschränkungen aufzuerlegen, die bisher nur von den Frauen ertragen werden mußten.

Innerhalb der monogamen Familie gibt es allerdings zahlreiche Variationen. Ehen können von den Beteiligten selbst oder von deren Eltern geschlossen werden. In einigen Ländern wird die Braut gekauft, in anderen, zum Beispiel in Frankreich, der Bräutigam. Dann kann es alle möglichen Unterschiede hinsichtlich der Scheidung geben, vom katholischen Extrem, das keine Scheidung gestattet, bis zum Gesetz Alt-

Chinas, das einem Mann das Recht auf Trennung von seiner Frau zuerkannte, weil sie ein Schnattermaul war. Treue oder annähernde Treue in den geschlechtlichen Beziehungen findet man bei Tieren ebenso wie unter menschlichen Wesen dort, wo die Beteiligung des Männchens für die Aufzucht der Jungen notwendig ist, um die Art zu erhalten. Vögel zum Beispiel müssen ununterbrochen auf ihren Eiern sitzen, um sie warm zu halten, müssen aber auch etliche Stunden am Tage auf die Nahrungssuche verwenden. Bei vielen Arten ist es für einen Vogel allein unmöglich, beides zu schaffen, und daher ist die männliche Beteiligung erforderlich. Die Folge davon ist, daß die meisten Vögel Muster von Treue sind. Bei den Menschen ist die Beteiligung des Vaters ein großer biologischer Vorteil für die Nachkommenschaft, besonders in unsicheren Zeiten und unter einer unruhigen Bevölkerung. Mit der Entwicklung der modernen Zivilisation aber wird die Rolle des Vaters mehr und mehr vom Staat übernommen, und es besteht alle Veranlassung zu der Ansicht, daß der Vater in absehbarer Zeit aufhören wird, biologisch von Nutzen zu sein, jedenfalls bei der Klasse der Lohnempfänger. Wenn dieser Fall eintreten sollte, müssen wir mit einem völligen Zusammenbruch herkömmlicher Moralvorstellungen rechnen, weil ja doch für eine Mutter kein Grund mehr vorliegt, absolute Sicherheit über die Vaterschaft ihres Kindes zu haben. Plato möchte, daß wir noch einen Schritt weitergehen, indem wir den Staat nicht nur an die Stelle des Vaters, sondern auch an die der Mutter setzen. Ich persönlich bin weder ein so großer Bewunderer des Staates noch so begeistert von den Wonnen des Waisenhauses, daß ich ein enthusiastischer Anhänger dieses Vorschlages sein könnte. Andererseits ist es nicht ausgeschlossen, daß wirtschaftliche Kräfte zu seiner mindestens teilweisen Verwirklichung führen werden.

Die Rechtsprechung beschäftigt sich mit Fragen des Geschlechtslebens in zwei verschiedenen Richtungen: einerseits verfolgt sie das Ziel, der jeweiligen, von der betreffenden Gesellschaft angenommenen Sexualethik Geltung zu verschaffen; andererseits sucht sie die Grundrechte der Person im sexuellen Bereich zu schützen. Diese bestehen hauptsächlich im Schutz von Frauen und Kindern vor Sittlichkeitsverbrechen und schädlicher Ausbeutung, ferner in der Verhütung von Geschlechtskrankheiten. Keines dieser beiden Ziele wird im allgemeinen um seiner selbst willen und daher auch ganz so durchgreifend verfolgt, wie es sein könnte. Was den Schutz betrifft, so haben hysterische Kampagnen gegen den Mädchenhandel zu der Verkündung von Gesetzen geführt, die von Gewohnheitsverbrechern leicht umgangen werden, während sie der Möglichkeit zu Erpressungen harmlosen Menschen gegenüber Tür und Tor öffnen. Und die Anschauung, daß eine Geschlechtskrankheit nur die gerechte Strafe für eine Sünde sei, verhindert das Ergreifen von Maßnahmen, die aus rein medizinischen Gründen am wirksamsten wären. Die allgemeine Einstellung, daß eine Geschlechtskrankheit eine Schande sei, führt dazu, daß sie verheimlicht und daher nicht rechtzeitig oder gründlich behandelt wird.

Als nächstes kommen wir zur Frage der Bevölkerung – ein riesenhaftes Problem, das von vielen Gesichtspunkten aus betrachtet werden muß. Da ist die Frage der Gesundheit der Mutter, die Frage der Gesundheit der Kinder, die Frage des seelischen Einflusses großer und kleiner Familien auf die Charakterbildung der Kinder. Diese Fragen könnte man die hygienische Seite des Problems nennen. Dann gibt es wirtschaftliche Gesichtspunkte, persönliche und auch solche, die die Allgemeinheit angehen: die Frage des Vermögens und Einkommens pro Kopf einer Familie oder Gemeinde, bezogen auf die Größe der Familie oder die Geburtenziffer der Gemeinde. In engem Zusammenhang damit steht die Einwirkung der Bevölkerungsfrage auf die internationale Politik und die Möglichkeit des Weltfriedens. Schließlich ergibt sich das rassenhygienische Problem der Verbesserung oder Verschlechterung des Rassegutes durch die verschiedenen Geburten- und Sterblichkeitsziffern der einzelnen Gesellschaftsschichten. Keine Sexualethik kann aus stichhaltigen Gründen bejaht oder verurteilt werden, wenn sie nicht von allen obengenannten Gesichtspunkten aus untersucht worden ist. Reformatoren und Reaktionäre haben die gleiche Gepflogenheit, nur eine oder höchstens zwei Seiten des Problems zu berücksichtigen. Besonders selten findet man eine Verbindung privater und politischer Gesichtspunkte; und doch kann man unmöglich behaupten, der eine Gesichtspunkt sei wichtiger als der andere. Wir können nicht a priori sicher sein, daß ein System, das vom Privaten her gesehen gut ist, auch vom Politischen aus gut sein müßte oder umgekehrt. Meine eigene Anschauung ist die, daß meistens dunkle seelische Kräfte die Menschen zu der Einführung von Systemen veranlaßt haben, die eine gänzlich unnötige Grausamkeit mit sich brachten, und daß dies noch heute bei den zivilisierten Rassen der Fall ist. Ich glaube ferner, daß die Fortschritte auf den Gebieten der Medizin und Hygiene Änderungen in sexualethischen Anschauungen sowohl vom privaten wie vom öffentlichen Gesichtspunkt her erstrebenswert gemacht haben. Gleichzeitig wird, wie bereits angedeutet, durch die wachsende Beteiligung des Staates an der Kindererziehung der Vater allmählich bedeutungslos in einem Maße, wie er es in historischen Zeiten nie gewesen ist. Wir haben demzufolge bei der Kritik der heute gültigen Ethik eine doppelte Aufgabe: erstens müssen wir die oft unterbewußten abergläubischen Momente ausschalten und zweitens müssen wir jene gänzlich neuen Faktoren in Betracht ziehen, welche die Weisheit vergangener Zeitalter zur Torheit anstatt zur Weisheit der Jetztzeit machen.

Um die richtige Perspektive zum jetzigen System zu erhalten, werde ich zuerst einige Systeme analysieren, die in der Vergangenheit bestanden haben oder heute bei den weniger zivilisierten Teilen der Menschheit bestehen. Ich werde dann zur Charakterisierung des Systems übergehen, das jetzt im westlichen Kulturbereich herrschend ist, um schließlich die Punkte zu beleuchten, in denen dieses System verbesserungsbedürftig ist, und die Gründe aufzuzeigen, die zur Hoffnung auf eine solche Besserung berechtigen.

Zweites Kapitel

Mutterrechtliche Gesellschaftsformen

Für die Institution der Ehe war das Zusammenwirken von drei Faktoren bestimmend: Instinkt, wirtschaftliche Notwendigkeit und Religion. Ich will nicht sagen, daß sich diese scharf unterscheiden ließen; dies ist hier ebenso wenig möglich wie auf anderen Gebieten. Daß die Geschäfte am Sonntag geschlossen sind, hat einen religiösen Hintergrund, ist aber heute eine wirtschaftliche Tatsache; ebenso ist es mit vielen Gesetzen und Bräuchen, die zur Sexualität in Beziehung stehen. Ein nützlicher Brauch, der einen religiösen Ursprung hat, bleibt häufig auf Grund seiner Nützlichkeit bestehen, auch wenn die religiöse Basis längst untergraben ist. Die Unterscheidung zwischen dem, was aus religiösem Antrieb und dem, was aus Instinkt kommt, ist ebenfalls schwierig. Bei Religionen, die einen sehr starken Einfluß auf das praktische Handeln der Menschen ausüben, spielt im allgemeinen der Instinkt eine Rolle. Sie unterscheiden sich jedoch durch das mehr oder weniger große Gewicht der Tradition und durch die Tatsache, daß sie unter den verschiedenen Handlungen, die instinktmäßig möglich sind, bestimmte Arten bevorzugen. Liebe und Eifersucht sind beispielsweise beides instinktive Regungen, aber die Religion bestimmt, daß Eifersucht eine tugendhafte Regung ist, der die Gemeinschaft Vorschub leisten sollte, während Liebe im besten Falle entschuldbar ist.

Der Instinktfaktor ist bei sexuellen Beziehungen viel geringer als gewöhnlich angenommen wird. Ich habe nicht die Absicht, mich in diesem Buch auf das Gebiet der Anthropologie zu begeben, es sei denn, soweit erforderlich, um Probleme der Jetztzeit zu veranschaulichen. Aber es gibt einen Punkt, an dem diese Wissenschaft für unseren Zweck sehr notwendig ist, nämlich um zu zeigen, wieviele Gewohnheiten, die wir eigentlich als instinktwidrig ansehen müßten, über lange Zeiträume bestehen bleiben können, ohne irgendeinen wesentlichen oder augenfälligen Konflikt mit dem Instinkt hervorzurufen. Zum Beispiel ist es nicht nur bei Wilden sondern auch bei einigen verhältnismäßig zivilisierten Völkern allgemein gebräuchlich gewesen, daß die Jungfrauen von Amts wegen (manchmal sogar öffentlich) durch Priester defloriert wurden. In christlichen Ländern war man der Auffassung, die Entjungferung sei ein Vorrecht des Bräutigams, und die meisten Christen würden, jedenfalls bis vor kurzem, ihren Abscheu vor dem Brauch der Defloration auf religiöser Grundlage als instinktiv bezeichnet haben. Die Sitte, einem Gast die eigene Ehefrau aus Gastfreundschaft zur Verfügung zu stellen, kommt dem modernen Europäer gleichfalls als instinktiv abstoßend vor, und doch ist sie sehr weitverbreitet gewesen. Vielmännerei ist ein weiterer Brauch, der dem unbelesenen weißen Manne als der menschlichen Natur zuwiderlaufend erscheint. Kindstötung tut dies vielleicht in noch stärkerem Maße; doch beweisen die Tatsachen, daß dazu ohne weiteres dort gegriffen wird, wo es aus wirtschaftlichen Gründen als vorteilhaft erscheint. Tatsache ist, daß der Instinkt, jedenfalls beim Menschen, außerordentlich vage ist und leicht von seiner natürlichen Bahn abgedrängt wird. Dies ist ebenso bei Wilden wie bei zivilisierten Völkern der Fall. Das Wort „Instinkt" ist also kaum geeignet, etwas so wenig Festumreißbares wie das menschliche Verhalten in sexuellen Dingen zu bezeichnen. Die einzige Handlung auf diesem ganzen Gebiet, die man in streng psychologischem Sinne instinktiv nennen kann, ist der Akt des Saugens beim Kleinkind. Ich weiß nicht, wie es bei wilden Völkern ist, aber zivilisierte Menschen müssen die Technik des Geschlechtsaktes erst lernen. Es ist durchaus nicht ungewöhnlich, daß Ärzte von seit mehreren Jahren verheirateten Ehepaaren um Rat gefragt werden, wie man Kinder bekommt. Bei der Untersuchung stellt sich dann heraus, daß das Paar keine Ahnung davon hatte, wie man den Koitus vollzieht. Der Geschlechtsakt ist daher im engsten Sinne nicht instinktiv, obgleich selbstverständlich ein natürlicher Trieb und ein Verlangen besteht, das ohne den Geschlechtsakt nicht befriedigt werden kann. Wenn es sich um menschliche Wesen handelt, begegnen wir jedenfalls nicht den charakteristischen Formen des Verhaltens, wie sie bei Tieren genau feststellbar sind. Hier wird der Instinkt in diesem Sinne durch etwas ganz anderes ersetzt. Was wir bei menschlichen Wesen feststellen können, ist in erster Linie ein Unbefriedigtsein, das Handlungen von meist absichtsloser und unvollkommener Art auslöst, aber allmählich mehr oder weniger durch Zufall zu einer Handlung führt, die Befriedigung gewährt und deshalb wiederholt wird. Instinktiv ist also nicht so sehr die Handlung an sich als vielmehr der Trieb, diese zu erlernen. Oft liegt die Handlung, die Befriedigung bringen würde, in keiner Weise von vornherein endgültig fest, obgleich die biologisch vorteilhafteste Handlung in der Regel die vollkommenste Befriedigung bereitet, vorausgesetzt sie wird erlernt, ehe andere Gewohnheiten angenommen wurden.

In Anbetracht der Tatsache, daß alle zivilisierten modernen Gesellschaftsformen in der patriarchalischen Familie ihre Grundlage haben und daß der Begriff der weiblichen Keuschheit nur gebildet wurde, um die patriarchalische Familie möglich zu machen, muß die Frage nach den natürlichen Trieben aufgeworfen werden, die zur Weckung des Vaterschaftsgefühles geführt haben. Die Beantwortung dieser Frage ist keineswegs so einfach wie es Menschen, die sich mit der Sache nicht eingehend beschäftigt haben, annehmen mögen. Das Gefühl einer Mutter ihrem Kinde gegenüber ist nicht schwierig zu verstehen, da ein enges physisches Band besteht, jedenfalls bis zum Zeitpunkt der Entwöhnung von der Muttermilch. Aber die Beziehung von Vater zu Kind ist indirekt und beruht auf Vermutungen und Schlußfolgerungen; sie ist mit dem Vertrauen auf die Treue der Frau verknüpft und gehört infolgedessen in einen zu verstandesmäßigen Bereich, als daß sie noch im eigentlichen Sinne instinktiv genannt werden könnte. Wenigstens würde man so denken müssen, wenn man annähme, daß sich das Vaterschaftsgefühl hauptsächlich auf die eigenen Kinder des Mannes erstreckt. Das ist jedoch keineswegs zwangsläufig der Fall. Die Melanesier wissen nicht, daß Menschen Väter haben, und doch lieben dort die Väter ihre Kinder mindestens ebenso wie da, wo es den Vätern bewußt ist, daß die Kinder vom eignen Fleisch und Blut sind. Neues Licht auf die Psychologie der Vaterschaft ist durch Malinowskis Bücher über die Bewohner der Trobriand-Inseln geworfen worden. Insbesondere drei Bücher – *Geschlecht und Verdrängung bei wilden Völkern*[1], *Der Vater in der primitiven Psychologie*[1] und das *Geschlechtsleben der Wilden in Nordwest-Melanesien*[2] – sind gänzlich unentbehrlich für das Verständnis des komplexen Gefühls, das wir das Gefühl der Vaterschaft nennen. Es bestehen nämlich zwei vollständig verschiedene Beweggründe, die einen Mann veranlassen können, sich für ein Kind zu interessieren: sein Interesse an dem Kind kann darauf beruhen, daß er es *für sein eigenes hält* oder aber darauf, daß es *das Kind seiner Frau ist.* Das zweite dieser Motive spricht dort als einziges mit, wo der Anteil des Vaters an der Zeugung unbekannt ist.

Daß die Bewohner der Trobriand-Inseln tatsächlich nicht wissen, daß die Menschen Väter haben, ist von Malinowski eindeutig festgestellt worden. Er fand zum Beispiel, daß ein Mann, der ein Jahr oder länger auf einer Reise und somit von seiner Familie abwesend war, sich mächtig freut, wenn er bei der Rückkehr seine Frau mit einem neugeborenen Kind antrifft, und daß er gänzlich unfähig ist, die Anspielungen von Europäern auf die fragwürdige Treue seiner Frau zu verstehen. Und was vielleicht noch überzeugender ist: er fand, daß ein Mann, der eine besonders gute Schweinezucht besaß, alle männlichen Tiere kastrierte und sich dann wunderte, daß hierdurch die Zucht vernichtet war. Man glaubt, daß Geister die Kinder bringen und sie in die Mütter hineinpraktizieren. Man ist sich klar darüber, daß Jungfrauen nicht empfangen

---

[1] Diese Werke sind bisher nur in englischer Sprache erschienen. Von Malinowski liegen neu in deutscher Sprache vor *Sitte und Verbrechen bei den Naturvölkern* und *Kultur und Freiheit,* beide Humboldt-Verlag, Stuttgart.

[2] Deutsch von E. Schumann, Leipzig 1929.

können, nimmt aber an, es käme daher, daß das Hymen der Tätigkeit der Geister ein physisches Hindernis entgegenstellt. Unverheiratete Männer und Mädchen führen ein Leben vollständig freier Liebe, aber aus irgendeinem unbekannten Grunde werden unverheiratete Mädchen nur sehr selten schwanger. Eigenartigerweise betrachtet man es als eine Schande, wenn der Fall eintritt, obgleich die Mädchen ja nach der eingeborenen Lebensanschauung nichts getan haben, was für ihr Schwangerwerden verantwortlich wäre. Früher oder später werden die Mädchen der Abwechslung überdrüssig und heiraten. Die junge Frau zieht in das Dorf ihres Mannes, aber sie und ihre Kinder werden immer noch als zu dem Dorf gehörig betrachtet, aus dem sie stammt. Ihrem Ehemann schreibt man keinerlei Blutsverwandtschaft mit den Kindern zu, und die Herkunft wird ausschließlich in der weiblichen Linie abgeleitet. Die Autorität über die Kinder, welche anderswo von den Vätern ausgeübt wird, steht bei den Bewohnern der Trobriand-Inseln dem Onkel mütterlicherseits zu.

Hier stellt sich jedoch eine sehr eigentümliche Komplikation ein. Das Bruder-Schwester Tabu ist außerordentlich streng, so daß Bruder und Schwester, nachdem sie erwachsen sind, niemals miteinander über ein Thema sprechen dürfen, das mit sexuellen Dingen auch nur entfernt zusammenhängt. Obgleich der Onkel mütterlicherseits die Autorität über die Kinder innehat, sieht er diese infolgedessen wenig, es sei denn ohne die Mutter oder außerhalb des elterlichen Hauses. Dieses bewundernswerte System sichert den Kindern Liebe ohne Züchtigung in einem Ausmaße, das anderenorts unbekannt ist. Der Vater spielt mit ihnen und ist nett zu ihnen, hat aber nicht das Recht, sie herumzukommandieren, während der Onkel mütterlicherseits, der das Recht hätte, sie herumzukommandieren, wieder nicht das Recht hat, bei ihnen zu sein.

Trotz der Auffassung, daß keine Blutsbande zwischen dem Kind und dem Ehemanne der Mutter bestehen, wird merkwürdigerweise angenommen, daß die Kinder dem Ehemann der Mutter mehr ähneln als der Mutter selbst oder den Geschwistern. So gilt es als sehr unhöflich, auf die Ähnlichkeit zwischen Bruder und Schwester oder zwischen Mutter und Kind hinzudeuten, und sogar die auffallendsten Ähnlichkeiten werden heftig abgeleugnet. Malinowski ist der Meinung, daß die Zuneigung der Väter zu ihren Kindern durch diesen Glauben an die Ähnlichkeit mit dem Vater anstatt mit der Mutter gefördert wird. Er fand die Beziehung von Vater zu Sohn harmonischer und inniger, als es meist unter zivilisierten Völkern der Fall ist, und entdeckte, wie zu erwarten war, keine Spur eines Ödipuskomplexes.

Trotz aller Argumente, die er sich ins Feld zu führen bemühte, gelang es Malinowski nicht, seine Freunde auf den Inseln davon zu überzeugen, daß es so etwas wie Vaterschaft gibt. Sie betrachteten dies als eine alberne, von den Missionaren erfundene Fabel. Das Christentum ist eine patriarchalische Religion und kann weder gefühls- noch verstandesmäßig Menschen klargemacht werden, die den Begriff der Vaterschaft nicht kennen. Anstatt von „Gott Vater" mußte man von „Gott Onkel mütterlicherseits" sprechen, aber auch das vermittelt nicht ganz den richtigen Sinn, da der Begriff „Vaterschaft" sowohl Macht als Liebe in sich schließt, während in Melanesien der Onkel mütterlicherseits die Macht und der Vater die Liebe ausübt. Der Gedanke, daß die Menschen Gottes Kinder sind, kann den Bewohnern der Trobriand-Inseln nicht beigebracht werden, weil sie nicht glauben, daß jemand das Kind eines männlichen Wesens ist. Die Folge davon ist, daß die Missionare gezwungen sind, zuerst die physiologischen Tatsachen zu erklären, bevor sie dazu übergehen können, ihre Religion zu predigen. Man erfährt von Malinowski, daß sie mit physiologischen Erklärungen keinerlei Erfolg hatten und daher überhaupt nicht imstande waren, zur Verkündung des Evangeliums überzugehen.

Malinowski ist der Auffassung – und ich glaube, er dürfte damit recht haben – daß ein Mann, wenn er während Schwangerschaft und Geburt bei seiner Frau weilt, instinktiv dazu neigt, das Kind, sobald es geboren ist, zu lieben, und daß dies die Grundlage des väterlichen Gefühls ist. „Menschliche Vaterschaft", sagt er, „der zuerst jegliche biologische Grundlage zu fehlen scheint, ist nachweisbar tief in natürlicher Veranlagung und organischem Bedürfnis verwurzelt". Er glaubt jedoch, daß ein Mann, der während der Schwangerschaft mit seiner Frau nicht zusammenlebt, anfangs nicht *instinktive* Zuneigung zu dem Kind empfindet, obgleich sich dann, wenn Sitte und Stammesethik ihn zum Zusammenleben mit Mutter und Kind veranlassen, diese Zuneigung entwickelt, als ob er mit der Mutter die ganze Zeit zusammengelebt hätte. Bei allen wichtigen menschlichen Beziehungen werden sozial wünschenswerte Handlungen, zu deren Ausführung der Instinkt nicht genügend stark und somit zwingend ist, durch die Gesellschaftsethik durchgesetzt, und so ist es auch bei den Wilden. Die Sitte schreibt vor, daß der Ehemann der Mutter für die Kinder sorgen und sie beschützen soll, solange sie jung sind, und diese Sitte ist nicht schwer durchzusetzen, da sie in der Regel dem Instinkt entspricht.

Der Instinkt, den Malinowski heranzieht, um das Verhältnis des melanesischen Vaters seinen Kindern gegenüber zu erklären, ist meines Erachtens etwas allgemeiner als aus seinen Ausführungen hervorgeht. Ich glaube, daß jeder Mensch, ob Mann oder Frau, dazu neigt, jedes Kind, das ihm oder ihr anvertraut ist, zu lieben. Selbst wenn nur Sitte und Herkommen oder gar Bezahlung einen Erwachsenen ursprünglich dazu veranlaßt haben, für ein Kind zu sorgen, so wird doch die bloße Tatsache der Versorgung in den meisten Fällen die Entstehung von Liebegefühlen verursachen. Zweifellos werden diese Gefühle verstärkt, wenn das Kind von einer geliebten Frau geboren wurde. Es ist daher verständlich, daß diese Wilden den Kindern ihrer Frauen gegenüber besonders zugeneigt sind, und man kann als sicher annehmen, daß dies eine bedeutende Rolle in der Zuneigung spielt, die zivilisierte Männer ihren Kindern beweisen. Malinowski vertritt die Auffassung – und man kann sich kaum vorstellen, wie diese Auffassung zu widerlegen wäre –, daß die ganze Menschheit einmal das Stadium durchlaufen hat, in dem sich die Bewohner der Trobriand-Inseln jetzt befinden: es muß eine Zeit gegeben haben, da die Vaterschaft nirgends anerkannt wurde. Tierfamilien müsssen, soweit der Vater dabei ist, eine ähnliche Grundlage haben, da sie keine andere haben können. Nur bei menschlichen Wesen und nach Bekanntwerden der Tatsache der Vaterschaft kann das Vaterschaftsgefühl die Form annehmen, die uns geläufig ist.

Drittes Kapitel

Patriarchalische Systeme

Sobald die physiologische Tatsache der Vaterschaft erkannt wird, macht sich ein neues Element im Vatergefühl bemerkbar, ein Element, das fast überall zur Errichtung patriarchalischer Gesellschaftsformen geführt hat. Sobald ein Vater die Erkenntnis gewinnt, daß das Kind, wie die Bibel sagt, sein „Same" sei, wird sein Gefühl dem Kind gegenüber durch zwei Faktoren verstärkt, nämlich durch das Machtbedürfnis und durch den Wunsch den eigenen Tod zu überdauern. Die Leistungen der Nachkommen eines Mannes sind gewissermaßen seine eigenen Leistungen, und ihr Leben ist eine Fortsetzung seines Lebens. Der Ehrgeiz findet sein Ende nicht am Grabe, sondern kann durch die Geschlechterfolge der Nachkommen hindurch unbegrenzt verlängert werden. Man stelle sich zum Beispiel Abrahams Befriedigung vor, als ihm gesagt wurde, daß sein Same das Land Kanaan besitzen werde. In einer mutterrechtlichen Gesellschaft würde sich der Familienehrgeiz auf die Frauen beschränken müssen und, da der Kampf nicht Frauensache ist, hat der den Frauen vielleicht eigene Familienehrgeiz weniger Wirkung als der der Männer. Man muß daher annehmen, daß die Entdeckung der Vaterschaft die menschliche Gesellschaft ehrgeiziger, energischer, dynamischer und emsiger gemacht hat, als dies auf der mutterrechtlichen Stufe der Fall gewesen war. Abgesehen von dieser, in gewissem Umfange hypothetischen Wirkung, ergab sich ein neuer und ausschlaggebender Grund für die Forderung nach der ehelichen Treue der Frau. Das rein instinktive Element in der Eifersucht ist nicht annähernd so stark, wie die meisten modernen Menschen annehmen. Die übertrieben starke Eifersucht bei patriarchalischen Gesellschaften beruht auf der Furcht vor der Fälschung der Abkunft. Dies geht aus der Tatsache hervor, daß ein Mann, der seiner Frau überdrüssig und seiner Geliebten leidenschaftlich ergeben ist, trotzdem eifersüchtiger ist, wenn es sich um die Frau handelt, als wenn er einen Nebenbuhler um die Gunst seiner Geliebten entdeckt. Ein legitimes Kind ist für den Mann die Fortsetzung seines Ichs, und seine Liebe zu dem Kind ist eine Form des Egoismus. Wenn andererseits das Kind nicht legitim ist, wird der vermeintliche Vater in betrügerischer Weise dazu veranlaßt, für ein Kind zu sorgen, mit dem er keinerlei biologische Verbindung hat. Und so hat die Entdeckung der Vaterschaft zur Unterjochung der Frau als dem einzigen Mittel geführt, sich ihrer Tugend zu vergewissern – eine anfangs körperliche, später geistige Unterjochung, die ihren Höhepunkt im neunzehnten Jahrhundert erreichte. Infolge dieser Unterjochung der Frau hat es in den meisten zivilisierten Gemeinschaften keine echte Kameradschaft zwischen Mann und Frau in der Ehe gegeben; ihre Beziehung bestand aus Herablassung auf der einen und Pflicht auf der anderen Seite. Der Mann behielt seine wichtigen Gedanken und Absichten für sich, weil ernstliche Gedankentätigkeit seine Frau vielleicht hätte zur Untreue verführen können. In den meisten zivilisierten Gemeinschaften ist den Frauen jede Berührung mit der Welt und dem Geschäftsleben versagt geblieben. Sie wurden künstlich dumm und uninteressant gehalten. Aus Platos Dialogen gewinnt man den Eindruck, daß er und seine Freunde den Mann als das einzig geeignete Objekt für ernsthafte Liebe ansahen. Das ist nicht verwunderlich, wenn man bedenkt, daß alle Dinge, für die sie sich interessierten, ehrbaren Athenerinnen vollständig verschlossen waren. Genau der gleiche Zustand herrschte bis vor kurzem in China und in Persien während der großen Zeit persischer Dichtung, ganz zu schweigen von vielen anderen Zeiten und Ländern. Liebe als Beziehung zwischen Mann und Frau wurde durch den Wunsch, sich der Legitimität der Kinder zu versichern, zunichte gemacht. Und nicht allein Liebe, sondern alles, was Frauen zur Zivilisation beitragen können, wurde aus dem gleichen Grunde im Keim erstickt.

Das wirtschaftliche System wandelte sich natürlich gleichzeitig mit der Änderung der Methode, die Abkunft herzuleiten. In einer mutterrechtlichen Gemeinschaftsform erbt der Mann von seinem Onkel mütterlicherseits, in einer patriarchalischen Gesellschaftsform erbt er von seinem Vater. Die Beziehung zwischen Vater und Sohn ist bei einer vaterrechtlichen Gesellschaftsform enger als irgendeine Beziehung zwischen Männern, die in einer mutterrechtlichen Gemeinschaft vorkommt, denn die Funktionen, welche wir ganz selbstverständlich dem Vater zuerkennen, sind in einer mutterrechtlichen Gemeinschaft, wie wir gesehen haben, zwischen dem Vater und dem Onkel mütterlicherseits aufgeteilt, nämlich Erziehung und Versorgung als Sache des Vaters und Autorität als Bezirk des Onkels. Offensichtlich stellt daher die patriarchalische Familie einen Organismus von stärkerem Zusammenhalt dar als die Familie des primitiveren Typus.

Anscheinend ist im Manne erst mit der Einführung des patriarchalischen Systems der Wunsch nach Unberührtheit seiner Braut aufgekommen. Wo das mütterliche System Geltung hat, toben sich die jungen Mädchen genau so hemmungslos aus wie die jungen Männer. Aber das konnte nicht mehr geduldet werden zu einem Zeitpunkt, da es wichtig war, die Frau davon zu überzeugen, daß aller außereheliche Verkehr vom Übel sei.

Nachdem die Väter die Tatsache ihrer Existenz entdeckt hatten, gingen sie auf der ganzen Linie dazu über, dies bis zum äußersten auszunutzen. Die Geschichte der Zivilisation ist im wesentlichen eine Aufzeichnung des allmählichen Verfalls der väterlichen Macht, die in den meisten zivilisierten Ländern ihren Höhepunkt kurz vor dem Beginn der geschichtlichen Zeit erreichte. Der Ahnenkult, der in China und Japan bis zum heutigen Tage geübt wird, scheint ein allgemeines Merkmal früherer Kulturen gewesen zu sein. Ein Vater hatte über seine Kinder unumschränkte Gewalt, die sich in vielen Fällen, wie zum Beispiel in Rom, auf Leben und Tod erstreckte. In allen Kulturen durften die Töchter und in sehr vielen Ländern auch die Söhne nur mit Einwilligung der Väter heiraten, und es war üblich, daß der Vater entschied, wen sie zu heiraten hatten. Eine Frau hatte zu keiner Zeit ihres Lebens ein Eigendasein, da sie erst ihrem Vater und später ihrem Manne untergeben war. Andererseits konnte eine alte Frau innerhalb des Haushaltes fast despotische Macht ausüben. Ihre Söhne und deren Frauen lebten alle unter dem gleichen Dach mit ihr, und die Schwiegertöchter standen vollständig unter ihrer Fuchtel. Bis zum heutigen Tage kommt es in China vor, daß junge verheiratete Frauen durch die Niedertracht ihrer Schwiegermütter in den Selbstmord getrieben werden, und was jetzt noch in China beobachtet werden kann, ist nur eine bis vor kurzem allen bewohnten Teilen Europas und Asiens gemeinsame Erscheinung. Wenn Christus sagte, er sei gekommen, um den Sohn gegen den Vater und die Schwiegertochter gegen die Schwiegermutter zu erregen[3], dachte er an eben solche Haushalte, wie man sie noch immer im Fernen Osten antrifft. Die Macht, die der Vater anfänglich durch seine überlegene Kraft erworben hatte, wurde durch die Religion gestärkt, die in der Mehrzahl ihrer Formen definiert werden kann als der Glaube, daß die Götter auf der Seite der Regierung stehen. Der Ahnenkult oder etwas ihm Entsprechendes war sehr weit verbreitet. Die religiösen Gedanken des Christentums sind, wie wir bereits gesehen haben, von der Majestät der Vaterschaft durchdrungen. Die monarchische und aristokratische Organisation

---

[3] Matthäus 10, 35.

der Gesellschaft und das Erbrecht waren überall auf die väterliche Gewalt gegründet. In der Frühzeit unterstützten wirtschaftliche Beweggründe dieses System. Man sieht in der Schöpfungsgeschichte, wie sehr die Männer eine zahlreiche Nachkommenschaft ersehnten und wie vorteilhaft es war, wenn sie diese besaßen. Die Vermehrung der Söhne war ebenso nützlich wie die Vermehrung der Herden. Das war der Grund, warum Jahwe damals den Menschen befahl: Seid fruchtbar und mehret euch und erfüllet die Erde![4]

Aber mit dem Fortschritt der Kultur änderten sich die wirtschaftlichen Verhältnisse, so daß die religiösen Vorschriften, die einstmals Ermahnungen aus eigenem Interesse gewesen waren, lästig zu werden begannen. Zur Blütezeit Roms hatten die Reichen keine großen Familien mehr. Während der späteren Jahrhunderte römischer Größe starben die alten patrizischen Sippen immer mehr aus trotz der Mahnungen der Moralisten, die damals genau so wirkungslos waren wie sie es jetzt sind. Die Scheidung wurde leicht gemacht und war allgemein üblich. Die Frau der oberen Schichten erlangte eine Stellung, die der des Mannes nahezu ebenbürtig war und die patria potestas nahm ständig ab. Diese Entwicklung ähnelte in vieler Beziehung der unserer heutigen Zeit, beschränkte sich jedoch auf die oberen Klassen und erregte Anstoß bei denen, die nicht reich genug waren, um selbst davon zu profitieren. Im Gegensatz zu unserer Kultur krankte die antike daran, daß sie auf einen sehr kleinen Prozentsatz der Bevölkerung beschränkt war. Dies war auch der Grund für die prekäre Lage während ihres Bestehens und für ihr schließliches Erliegen, als eine Fülle abergläubischer Vorstellungen sie von unten her aushöhlte. Das Christentum und der Einfall der Barbaren zerstörten das griechisch-römische Ideengebäude. Wenn auch das patriarchalische System bestehen blieb und zuerst sogar gekräftigt wurde, jedenfalls im Vergleich zu dem System des aristokratischen Rom, so mußte es sich trotzdem einem neuen Ele-

[4] 1. Mose 9, 1.

ment anpassen, nämlich der christlichen Anschauung auf sexuellem Gebiet und dem Individualismus, der sich aus der christlichen Lehre von der Seele und deren Erlösung herleitet. Keine christliche Gemeinschaft kann biologischen Tatsachen gegenüber so aufgeschlossen sein wie die Kulturen der Antike und des Fernen Ostens. Dazuhin beeinflußte der Individualismus der christlichen Gemeinschaften allmählich die Regierungsform der christlichen Länder, während die Verheißung persönlicher Unsterblichkeit das Interesse der Männer am Fortleben ihrer Nachkommen, das ihnen vorher als die größtmögliche Annäherung an die Unsterblichkeit erschienen war, herabminderte. Obgleich die moderne Gesellschaft noch immer die männliche Erbfolge bewahrt, und obgleich die Familie noch immer besteht, wird heute der Vaterschaft unendlich geringere Bedeutung beigemessen als das in alten Gesellschaftsformen der Fall war. Und der Einfluß der Familie hat gegenüber früheren Zeiten bedeutend nachgelassen. Eines Mannes Ehrgeiz und Hoffnungen sind heute gänzlich verschieden von denen der Patriarchen der Schöpfungsgeschichte. Er strebt nach Größe mehr durch seine Stellung im Staate als durch den Besitz einer zahlreichen Nachkommenschaft. Dieser Wandel ist einer der Gründe, warum Religion und überlieferte Moralvorschriften geringere Einflußkraft haben als früher. Der Wandel an und für sich ist jedoch tatsächlich ein Teil der christlichen Theologie. Um zu sehen wie dies zustande gekommen ist, muß zunächst die Art und Weise untersucht werden, in der die Religion die Ansichten des Menschen über Ehe und Familie beeinflußt hat.

Viertes Kapitel

Phalluskult, Askese und Sünde

Seit der Zeit, als die Tatsache der Vaterschaft zuerst entdeckt wurde, sind sexuelle Dinge stets von großem Interesse für die Religion gewesen. Dies war zu erwarten, da sich die Religion mit allem beschäftigt, was geheimnisvoll und wichtig ist. Die Fruchtbarkeit der Feldfrüchte, Herden oder Frauen war von ausschlaggebender Bedeutung für die Männer auf den untersten land- und weidewirtschaftlichen Stufen. Das Getreide wollte nicht immer gedeihen und der Geschlechtsverkehr führte nicht immer zur Schwangerschaft. Religion und Zauberei wurden zu Hilfe gerufen, um sich den gewünschten Erfolg zu sichern. Entsprechend den üblichen Gedankengängen der Beschwörungsmagie wurde angenommen, daß man die Bodenfruchtbarkeit durch die Förderung menschlicher Fruchtbarkeit heben könne. Und der menschlichen Fruchtbarkeit selbst, die bei vielen primitiven Gemeinschaften erwünscht war, wurde durch die verschiedensten religiösen und magischen Zeremonien nachgeholfen. Im alten Ägypten, wo die Landwirtschaft wahrscheinlich vor dem Ende der mutterrechtlichen Epoche in Blüte kam, war das sexuelle Element in der Religion zuerst nicht phallisch, sondern bezog sich auf die weiblichen Geschlechtsorgane, deren Form man in der Kaurimuschel zu erkennen glaubte, so daß man ihr magische Kräfte zuschrieb und sie als Zahlungsmittel benutzte. Dieses Stadium verging jedoch, und im späteren Ägypten ebenso wie in den meisten anderen antiken Kulturen nahm das sexuelle Element in der Religion die Form des Phalluskultes an. Eine sehr gute kurze Beschreibung der wesentlichen Tatsachen in diesem Zusammenhang findet sich in einem Kapitel des interessanten Werkes von Robert Briffault *Das Geschlechtsleben in der Kultur*[5].

---

[5] Herausgegeben von V. F. Claverton und S. D. Schmalhausen mit einer Einleitung von Havelock Ellis, London 1929, unter dem Titel *Sex in Civilisation*, S. 34.

„Ländliche Feste und vor allem solche, die mit Saat und Ernte zusammenhängen, bieten in jedem Teil der Welt und in jeder Epoche die auffallendsten Beispiele allgemeiner sexueller Zügellosigkeit ... Die Landbevölkerung Algeriens ist sehr empfindlich, wenn man der Zügellosigkeit ihrer Frauen Beschränkungen auferlegen will, und zwar mit der Begründung, daß jeder Versuch der Erzwingung einer Geschlechtsmoral dem Erfolg der landwirtschaftlichen Tätigkeit Abbruch tun würde. Die athenischen *Thermophorien* oder Saatfeste bewahrten in gemäßigter Form den ursprünglichen Charakter des Fruchtbarkeitszaubers. Die Frauen trugen phallische Embleme und stießen Obszönitäten aus. Die *Saturnalien* waren die römischen Saatfeste, und auf sie folgte der *Karneval* Südeuropas, bei dem phallische Symbole, die nur wenig von den bei den Sioux und in Dahome üblichen abwichen, bis in die neueste Zeit hinein eine auffallende Rolle spielten."

In vielen Teilen der Welt hat man geglaubt, daß der Mond, der als männlich angesehen wird, der wahre Vater aller Dinge sei[6]. Das hängt natürlich mit der Anbetung des Mondes zusammen. Es bestand ein merkwürdiger Widerstreit, der keine direkte Beziehung zu unserm augenblicklichen Thema hat, zwischen Mond- und Sonnenpriestern und Mond- und Sonnenkalendern. Der Kalender hat zu allen Zeiten eine wichtige Rolle in der Religion gespielt. Bis zum 18. Jahrhundert in England und bis zur Revolution von 1917 in Rußland wurde ein ungenauer Kalender beibehalten, weil man meinte, der gregorianische Kalender sei papistisch. Ähnlich wurden die sehr ungenauen Mond-Zeitrechnungen überall von der Priesterschaft, die den Mond verehrte, verteidigt. Der Sonnenkalender setzte sich nur langsam durch und erstreckte sich immer nur auf Teile. In Ägypten war dieser Widerstreit einmal die Ursache eines Bürgerkrieges. Man darf wohl annehmen, daß er mit einem grammatikalischen Streit über das Geschlecht des Wortes „Mond" zusammenhing, das im Deutschen bis zum heutigen Tage maskulin geblieben ist. Sowohl Sonnen- als auch Mondkult haben Spuren im Christentum hinterlassen: Christus

---

[6] Im Maoristaat ist „der Mond der ständige und wahre Ehemann aller Frauen. Nach dem Wissen unserer Vorfahren und Ältesten ist die Ehe von Mann und Frau bedeutungslos; der Mond ist der wahre Ehemann." Ähnliche Anschauungen haben in den meisten Gegenden der Welt geherrscht. Sie stellen offenbar einen Übergang von dem Zustand, wo die Vaterschaft unbekannt war, zu der vollständigen Anerkennung ihrer Bedeutung dar. Briffault, S. 37.

wurde zur Zeit der Wintersonnenwende geboren, und seine Auferstehung ereignete sich zur Zeit des Passahvollmondes. Obgleich es voreilig ist, dem primitiven Leben ein gewisses Maß von Verstandesmäßigkeit zuzuschreiben, kann man sich schwer versagen, den Sieg der Sonnenanbeter der offenbaren Tatsache zuzuschreiben, daß die Sonne mehr Einfluß auf die Erde hat als der Mond. Dementsprechend fanden die Saturnalien gewöhnlich im Frühjahr statt.

Der Phalluskult stellte in allen heidnischen antiken Religionen ein wesentliches Element dar und lieferte den Kirchenvätern manche polemische Waffe. Trotz seiner Anfeindung lebten Spuren des Phalluskultes das ganze Mittelalter hindurch weiter, und erst dem Protestantismus gelang es schließlich, die letzten Reste davon auszurotten.

In Flandern und Frankreich waren ithyphallische Heilige durchaus keine Seltenheit, so zum Beispiel St. Giles in der Bretagne, St. René in Anjou, St. Gréluchon in Bourges, St. Regnaud und St. Arnaud. Der beliebteste in ganz Südfrankreich, St. Foutin, soll der erste Bischof von Lyon gewesen sein. Als sein Heiligenschrein in Embrun von den Hugenotten zerstört wurde, rettete man den phänomenalen Phallus des heiligen Mannes aus den Trümmern. Er war rotgefärbt von den reichlichen Opfergaben in Form von Wein, den seine Verehrer über ihn auszugießen pflegten und den sie anschließend als unfehlbares Mittel gegen Sterilität und Impotenz tranken[7].

Die sakrale Prostitution ist eine andere Einrichtung, die in der Antike sehr weit verbreitet war. An manchen Orten gingen ehrbare Frauen zum Tempel und hatten dort Geschlechtsverkehr entweder mit einem Priester oder einem beliebigen Fremden. In anderen Fällen waren die Priesterinnen selbst heilige Huren. Wahrscheinlich entstanden alle derartigen Bräuche aus dem Versuch, durch die Gunst der Götter die Fruchtbarkeit der Frauen zu erwirken oder sich der Fruchtbarkeit der Ernten durch sympathetische Zauberei zu versichern.

---

[7] Briffault, S. 40.

Bisher haben wir nur prosexuelle Elemente in der Religion untersucht; antisexuelle Elemente haben jedoch von sehr frühen Zeiten neben jenen bestanden und haben schließlich dort, wo Christentum oder Buddhismus die Oberhand gewannen, einen vollständigen Sieg über die entgegengesetzte Tendenz davongetragen. Westermarck[8] führt zahlreiche Beispiele für das an, was er „die merkwürdige Vorstellung, daß etwas Unreines und Sündhaftes in der Ehe, wie in sexuellen Beziehungen überhaupt, liege", nennt. In den verschiedensten Teilen der Erde, ganz abgeschnitten von jeglichem christlichen oder buddhistischen Einfluß, hat es Orden von Priestern und Priesterinnen gegeben, die das Zölibat gelobten. Bei den Juden betrachtete die Sekte der Essäer jeglichen Geschlechtsverkehr als unrein. Diese Ansicht scheint in der Antike selbst in den dem Christentum am feindlichsten gesonnenen Kreisen Boden gewonnen zu haben. Es bestand tatsächlich im römischen Imperium eine allgemeine Tendenz zur Askese. Der Epikuräismus starb nahezu aus und wurde bei den gebildeten Griechen und Römern durch den Stoizismus ersetzt. Viele Stellen in den Apokryphen lassen eine fast mönchische Einstellung zur Frau erkennen, die sich sehr stark von der robusten Männlichkeit der älteren Bücher des Alten Testaments unterscheidet. Die Neuplatoniker waren fast so asketisch wie die Christen. Von Persien aus verbreitete sich die Ansicht nach dem Westen, daß alle Materie vom Übel und jeglicher Geschlechtsverkehr unrein sei. Dies ist, wenn auch nicht in ganz so extremer Form, die Auffassung der Kirche; ich möchte aber die Kirche erst im nächsten Kapitel betrachten. Jedenfalls ergibt sich klar, daß der Mensch unter gewissen Umständen spontan zur Abneigung gegen alles Sexuelle gebracht wird. Diese Abneigung ist genau so ein natürlicher Trieb wie die üblichere Anziehung zum Sexuellen hin. Man muß dies unbedingt berücksichtigen und es psychologisch verstehen, wenn man beurteilen will, welche Art von sexuellem System wohl am geeignetsten wäre, die menschliche Natur zu befriedigen.

---

[8] *History of Human Marriage* (Geschichte der menschlichen Ehe), S. 151 ff.

Es muß von vornherein gesagt werden, daß es sinnlos ist, die Quelle dieser Einstellungsweise in Anschauungen zu suchen. Anschauungen dieser Art müssen erst einmal von einer Gemütsverfassung hervorgerufen werden. Es ist richtig, daß sie, wenn sie einmal vorhanden sind, der Gemütsverfassung oder doch den aus dieser Gemütsverfassung entspringenden Handlungen Dauer verleihen mögen, aber es ist kaum wahrscheinlich, daß sie der Hauptanlaß für eine antisexuelle Einstellung sein können. Die beiden Hauptursachen für diese Einstellung sind, möchte ich sagen, Eifersucht und sexuelle Erschöpfung. Jedesmal, wenn wir auch nur die leiseste Eifersucht empfinden, kommt uns der Geschlechtsakt ekelhaft und der dazu führende Trieb abscheulich vor. Wenn es nach ihm ginge, hätte der ausschließlich triebhafte Mann den Wunsch, daß alle Frauen ihn und nur ihn allein lieben. Alle Liebe, die sie vielleicht anderen Männern erweisen, erzeugt in ihm Gefühle, die leicht in moralische Verurteilung übergehen können. Das ist insbesondere dann der Fall, wenn es sich um die eigene Ehefrau handelt. Man findet zum Beispiel bei Shakespeare, daß dort die Männer ihre Frauen nicht gern leidenschaftlich haben wollen. Die ideale Frau ist nach Shakespeare diejenige, die sich den Umarmungen ihres Gatten aus Pflichtgefühl überläßt, aber nie daran denken würde, sich einen Geliebten anzuschaffen, weil die Erotik ihr an und für sich grauenhaft ist und nur von ihr ertragen wird, weil die Moral es so vorschreibt. Wenn der triebhafte Ehemann dahinterkommt, daß seine Frau ihn betrogen hat, erfüllt ihn tiefe Abscheu sowohl gegen sie als gegen ihren Liebhaber, und er zieht den Schluß, alle Sexualität sei gemein. Dies wird besonders dann der Fall sein, wenn er durch Ausschweifungen oder hohes Alter impotent geworden ist. Da alte Männer in den meisten Gemeinschaften mehr zu sagen haben als junge, ergibt sich zwangsläufig, daß die offizielle und als richtig anerkannte Meinung über sexuelle Dinge nicht gerade die der hitzköpfigen Jugend ist.

Sexuelle Erschöpfung ist eine Erscheinung, welche die Zivilisation mit sich gebracht hat. Sie muß bei den Tieren gänzlich unbekannt und bei unzivilisierten Männern äußerst selten sein. In einer monogamen Ehe ist ihr Auftreten höchstens in ganz geringem Ausmaße wahrscheinlich, da der Reiz der Neuheit bei den meisten Männern erforderlich ist, um sie zu physischen Exzessen zu verleiten. Ihr Vorkommen ist ebensowenig wahrscheinlich, wenn es den Frauen freigestellt ist, ihre Gunst zu versagen, da sie in diesem Falle wie weibliche Tiere vor jedem Geschlechtsakt eine entsprechende Umwerbung fordern, und sich nicht hingeben würden, ehe sie das Gefühl haben, die Begierde des Mannes genügend angereizt zu haben. Dieses rein triebmäßige Empfinden und Verhalten ist durch die Zivilisation selten geworden. Am stärksten hat der wirtschaftliche Faktor zu seiner Verkümmerung beigetragen. Sowohl verheiratete Frauen als Prostituierte verdienen ihren Lebensunterhalt vermittels ihrer geschlechtlichen Reize und geben sich daher nicht nur dann hin, wenn ihr eigener Trieb sie dazu drängt. Das hat die Rolle der Liebeswerbung, die eine Sicherung der Natur gegen sexuelle Erschöpfung darstellt, stark in den Hintergrund gedrängt. Infolgedessen neigen Männer, die nicht durch eine ziemlich strenge Moral gehemmt werden, leicht zur Übertreibung des Liebesgenusses. Das erzeugt schließlich ein Gefühl von Überdruß und Abscheu, das naturgemäß zu asketischen Ansichten führt.

Wenn Eifersucht und sexuelle Erschöpfung, wie es häufig vorkommt, zusammenwirken, kann die antisexuelle Regung sehr stark werden. Ich halte dies für den Hauptgrund, warum die Askese gerade in sehr ausschweifenden Gesellschaften so leicht aufkommt.

Das Zölibat hat jedoch als historische Erscheinung noch andere Ursachen. Dem Dienst an Gottheiten geweihte Priester und Priesterinnen können als mit diesen Gottheiten verheiratet betrachtet werden, und deshalb sind sie verpflichtet, sich jeglichen Geschlechtsverkehrs mit Sterblichen zu enthalten. Sie wurden natürlich als besonders heilig angesehen, und so entsteht eine Assoziation zwischen Heiligkeit und Ehelosigkeit. In der katholischen Kirche werden Nonnen bis zum heutigen Tage als Bräute Christi betrachtet, und das ist fraglos einer der Gründe, warum es für sündig gehalten wird, wenn sie mit Sterblichen geschlechtlich verkehren.

Ich vermute, daß andere, verstecktere Gründe als die bereits untersuchten mit dem späteren Asketismus der Antike zu tun hatten. Es gibt Epochen, wo das Leben einen heiteren Eindruck macht, wo die Männer tatkräftig sind und die Freuden des Erdendaseins ausreichen, um völlige Befriedigung zu gewähren. Aber dann gibt es wiederum andere Epochen, wo die Männer einen müden Eindruck machen, wo das Diesseits und seine Freuden nicht ausreichen, und wo die Männer sich geistlichem Trost oder einem jenseitigen Leben zuwenden, um einen Ausgleich für die Leere der irdischen Bühne zu finden. Man vergleiche den Salomo des Hohenliedes und den des Predigers Salomonis. Der eine verkörpert die antike Welt in ihrer Blüte, der andere in ihrer Verfallzeit. Was der Grund dieses Unterschiedes ist, maße ich mir nicht an zu wissen. Vielleicht ist es etwas sehr Einfaches und Greifbares, wie zum Beispiel die Tatsache, daß ein seßhaftes, städtisches Leben an die Stelle robuster Betätigung im Freien getreten war. Vielleicht litten die Stoiker an träger Lebertätigkeit. Vielleicht hielt der Verfasser des Predigers Salomonis alles für eitel, weil er sich nicht genügend Bewegung verschaffte. Wie dem auch sei, es kann kein Zweifel darüber bestehen, daß eine solche Gemütsverfassung leicht zur Verdammung des Sexuellen führt. Wahrscheinlich haben die von uns angeführten und verschiedene andere Beweggründe zu der allgemeinen Müdigkeit der späteren Jahrhunderte der Antike beigetragen; und die Askese war ein Hauptmerkmal dieser Müdigkeit. Unglücklicherweise wurde die christliche Ethik gerade in dieser dekadenten und morbiden Epoche formuliert. Kraftvolle Männer späterer Zeiten mußten sich große Mühe geben, um einer Lebensanschauung von kränklichen, müden und enttäuschten Männern gemäß zu leben, die jeden Sinn für biologische Werte und die Fortdauer des menschlichen Lebens verloren hatten. Dieses Thema gehört jedoch zu unserem nächsten Kapitel.

Fünftes Kapitel

Christliche Ethik

„Die Ehe“, sagt Westermarck, „wurzelt in der Familie viel mehr, als umgekeht die Familie in der Ehe.“ Diese Ansicht wäre in vorchristlicher Zeit eine Binsenwahrheit gewesen, aber seit dem Aufkommen des Christentums wurde ein wichtiger Satz daraus, der mit Nachdruck verkündet werden mußte. Das Christentum und vor allem der Apostel Paulus führten eine gänzlich neuartige Anschauung über die Ehe ein, nämlich daß sie nicht in erster Linie zur Zeugung von Kindern da sei, sondern um die Sünde der Unzucht zu verhindern.

Die Anschauungen des Apostels Paulus über die Ehe sind mit einer Klarheit, die nichts zu wünschen übrig läßt, im ersten Brief an die Korinther dargelegt. Man kann daraus entnehmen, daß die korinthischen Christen die merkwürdige Gewohnheit angenommen hatten, sich in unerlaubte Beziehungen mit ihren Stiefmüttern einzulassen (1. Kor. 5, 1), so daß Paulus diesen Zustand nachdrücklich bekämpfen zu müssen glaubte. Die Ansichten, die er vertritt, sind folgende[9]:

1. Von dem ihr aber mir geschrieben habt, antworte ich: Es ist dem Menschen gut, daß er kein Weib berühre.
2. Aber um der Hurerei willen habe ein jeglicher sein eigen Weib und eine jegliche habe ihren eignen Mann.
3. Der Mann leiste dem Weibe die schuldige Freundschaft, desselbigen gleichen das Weib dem Manne.
4. Das Weib ist ihres Leibes nicht mächtig, sondern der Mann. Desselbigen gleichen der Mann ist seines Leibes nicht mächtig, sondern das Weib.
5. Entziehe sich nicht eins dem andern, es sei denn aus beider Bewilligung eine Zeit lang, daß ihr zum Fasten und Beten Muße habt; und kommet wiederum zusammen, auf daß euch der Satan nicht versuche um eurer Unkeuschheit willen.
6. Solches sage ich aber aus Vergunst und nicht aus Gebot.
7. Ich wollte aber lieber, alle Menschen wären, wie ich bin; aber ein jeglicher hat seine eigene Gabe von Gott, einer so der andre so.
8. Ich sage zwar den Ledigen und Witwen: Es ist ihnen gut, wenn sie auch bleiben wie ich.

[9] 1. Kor. 7, 1–9.

9. So sie aber sich nicht mögen enthalten, so laß sie freien; es ist besser freien, denn Brunst leiden.

Man sieht, daß Paulus an dieser Stelle Kinder überhaupt nicht erwähnt. Der biologische Zweck der Ehe erscheint ihm völlig unwesentlich. Das ist ganz natürlich, da er an die unmittelbar bevorstehende Wiederkunft Christi und ein baldiges Weltende glaubte. Bei der Wiederkunft würden die Menschen in Schafe und Böcke gesondert werden und das einzig Wichtige wäre dann, sich bei dieser Gelegenheit unter den Schafen zu befinden. Paulus ist der Auffassung, daß der Geschlechtsverkehr selbst in der Ehe eine Behinderung des Strebens nach der ewigen Seligkeit ist (1. Kor. 7, 32–34). Trotzdem können verheiratete Leute erlöst werden; aber Unzucht ist eine Todsünde, und der unbußfertige Hurer kann sich darauf verlassen, unter die Böcke eingereiht zu werden. Ich erinnere mich, daß mir einmal der Arzt den Rat gab, das Rauchen aufzugeben, und daß er sagte, es würde mir leichter fallen, wenn ich ein Bonbon lutschte, sobald mich das Verlangen nach einer Zigarette ankäme. Das ist die Einstellung, aus der heraus Paulus die Ehe empfiehlt. Er will sagen, daß sie zwar nicht ganz so lustvoll sei wie die Unzucht, denkt aber, sie könnte den schwächeren Brüdern die Kraft geben, der Versuchung zu widerstehen. Er weist mit keinem Wort darauf hin, daß die Ehe etwas wirklich Gutes oder die Liebe zwischen Mann und Frau etwas Schönes und Erstrebenswertes sein kann, ebensowenig interessiert ihn die Familie. Im Mittelpunkt seiner Gedanken steht die Unzucht, und seine ganze Sexualethik ist darauf ausgerichtet. Es ist geradeso, als ob man behauptete, der einzige Grund für das Backen von Brot sei, die Leute am Stehlen von Kuchen zu hindern. Paulus läßt sich nicht herab, uns zu verraten, warum er die Unzucht für so schlimm hält. Man neigt fast zu der Annahme, daß er, nachdem er das mosaische Gesetz über Bord geworfen hatte und daher nach Belieben Schweinefleisch essen durfte, zeigen wollte, seine Moral sei trotzdem nicht weniger streng als die der orthodoxen Juden. Vielleicht hatten die langen Zeiten, in denen Schweinefleisch verboten war, den Juden dessen Ge-

nuß so köstlich erscheinen lassen wie die Unzucht, und deshalb mußte er die asketischen Elemente seiner Glaubenslehre besonders nachdrücklich betonen.
Die Verdammung jeglicher Unzucht durch die christliche Religion war etwas ganz Neues. Wie die meisten Sittenlehren früher Kulturen verbietet das Alte Testament den Ehebruch, meint jedoch damit den Geschlechtsverkehr mit einer verheirateten Frau. Das wird jedem klar, der das Alte Testament aufmerksam liest. Als zum Beispiel Abraham mit Sarah nach Ägypten geht, sagt er zum König, Sarah sei seine Schwester, und der König glaubt es und nimmt sie in seinen Harem auf. Als sich dann später herausstellt, daß sie Abrahams Frau ist, stellt der König bestürzt fest, daß er, ohne es zu ahnen, eine Sünde begangen hat, und er macht Abraham Vorwürfe, daß er ihm den tatsächlichen Sachverhalt verschwiegen habe. Dies war die übliche Sittenlehre der Antike. Von einer Frau, die außerehelichen Geschlechtsverkehr hatte, dachte man schlecht, aber ein Mann wurde nur dann verurteilt, wenn er mit der Frau eines anderen Mannes verkehrte, und zwar weil er sich eines Eigentumsdeliktes schuldig machte. Die christliche Anschauung, daß aller Geschlechtsverkehr außerhalb der Ehe unmoralisch ist, beruhte, wie wir an den obigen Stellen aus dem Korintherbrief des Paulus sehen, auf der Ansicht, daß jeglicher Geschlechtsverkehr, sogar in der Ehe, eine bedauerliche Angelegenheit sei. Eine derartige Ansicht, die allen biologischen Erkenntnissen widerspricht, kann von gesunden Menschen nur als krankhafte Verirrung betrachtet werden. Die Tatsache, daß sie in der christlichen Ethik fest verankert ist, hat aus dem Christentum während seiner ganzen Geschichte eine Kraft gemacht, die einen Hang zu Geistesstörungen und ungesunden Lebensanschauungen erzeugte.
Die Ansichten des Apostels Paulus wurden von der Frühkirche betont und übertrieben. Ehelosigkeit wurde als Zeichen von Heiligkeit angesehen, und Männer zogen sich in die Wüste zurück, um mit dem Teufel zu ringen, während er ihre Phantasie mit wollüstigen Vorstellungen erfüllte. Die Kirche bekämpfte

die Gewohnheit des Badens mit der Begründung, daß alles, was den Körper anziehender macht, zur Sünde verleite. Schmutz wurde gepriesen und der „Geruch" der Heiligkeit wurde immer penetranter. „Die Reinheit des Körpers und seiner Bekleidung", sagte die heilige Paula, „bedeutet eine unreine Seele[10]". Läuse nannte man die Perlen Gottes und von Läusen zu wimmeln, war ein unerläßliches Zeichen des heiligen Mannes.

St. Abraham, der Einsiedler, der nach seiner Bekehrung noch fünfzig Jahre lebte, lehnte es von diesem Tage an strikte ab, sich das Gesicht oder die Füße zu waschen. Er soll ein Mann von außergewöhnlicher Schönheit gewesen sein, und sein Biograph macht die etwas merkwürdige Bemerkung, „sein Gesicht spiegelte die Reinheit seiner Seele wider". Der heilige Ammon hatte sich nie nackt gesehen. Eine berühmte Jungfrau namens Sylvia weigerte sich aus religiösen Prinzipien standhaft, irgendeinen Körperteil mit Ausnahme der Finger zu waschen, obgleich sie durch ihre Lebensgewohnheiten krank geworden war. Die hl. Euphraxis ging in ein Kloster mit 130 Nonnen, die niemals ihre Füße wuschen und bei der bloßen Erwähnung eines Bades erschauerten. Ein Anachoret glaubte einst durch ein Trugbild des Teufels genarrt zu werden, als er vor sich ein nacktes Wesen durch die Wüste gleiten sah, das schwarz vor Dreck und jahrelanger Entblößung war und dessen weiße Haare im Winde flatterten. Es war eine einst wunderschöne Frau, die hl. Maria von Ägypten, die so während 47 Jahren ihre Sünden gebüßt hatte. Wenn Mönche, wie es gelegentlich vorkam, dem Hang zur Sauberkeit verfielen, dann war dies ein Anlaß zu vielen Vorwürfen. „Unsere Väter", sagte der Abt Alexander, indem er betrübt auf die Vergangenheit zurückschaute, „haben nie ihr Gesicht gewaschen, wir aber besuchen regelmäßig die öffentlichen Bäder." Von einem Wüstenkloster wird berichtet, daß die Mönche sehr unter dem Mangel an Trinkwasser litten; auf das Bittgebet des Abtes Theodosius hin erschien ein Bach, der reichlich Wasser führte. Bald aber erlagen einige der Mönche der Versuchung des im Überfluß vorhandenen Wassers, wichen von dem Pfad ihrer früheren Einfachheit ab und überredeten den Abt, den Bach für den Bau eines Bades auszunutzen. Das Bad wurde gebaut. Einmal und nur ein einziges Mal kamen die Mönche in den Genuß ihrer Waschgelegenheit; dann hörte der Bach auf zu fließen. Gebete, Tränen und Fasten waren vergeblich. Ein ganzes Jahr verging. Schließlich zerstörte der Abt das Bad, das der Gegenstand des göttlichen Mißfallens war, und siehe, die Wasser flossen von neuem[11].

Es versteht sich, daß solche Ansichten über geschlechtliche Dinge in die sexuellen Beziehungen einen brutalen und gemeinen Zug

---

[10] Havelock Ellis, *Studies in the Psychology of Sex,* Bd. IV S. 31.
[11] W. E. H. Lecky, *History of European Morals,* Bd. II, S. 117–18.

hineintragen mußten, so wie beim Trinken zur Zeit des Alkoholverbotes in Amerika. Die Liebeskunst war vergessen, und die Ehe verrohte.

Die Verdienste, die sich die Asketen dadurch erworben hatten, daß sie den Herzen der Menschen eine tiefe und bleibende Überzeugung von der Wichtigkeit der Keuschheit einflößten, waren außerordentlich groß, wurden aber weitgehend durch ihren schädlichen Einfluß auf die Ehe wettgemacht. Zwei oder drei wunderschöne Beschreibungen dieser Institution sind das Ergebnis der Auslese aus der riesigen Masse der Schriften der Kirchenväter; aber im allgemeinen kann man sich kaum etwas Roheres und Abstoßenderes vorstellen als ihre Art, von der Ehe zu sprechen. Die Beziehung, welche die Natur für den edlen Zweck bestimmt hat, die durch den Tod angerichteten Verheerungen wieder auszugleichen und die, wie Linné gezeigt hat, sogar in der Pflanzenwelt besteht, wurde durchweg als eine Folge von Adams Sündenfall behandelt und fast ausschließlich von ihrer niedrigsten Seite angesehen. Die zarte Liebe, welche die Ehe erweckt, die heiligen und schönen häuslichen Eigenschaften, die in ihrem Gefolge auftreten, wurden nahezu vollständig außer Betracht gelassen. Das Ziel des Asketen war, die Menschen zu einem jungfräulichen Leben hinzuführen, und als notwendige Folge davon wurde die Ehe zu einem minderwertigen Zustand erklärt. Sie wurde allerdings als notwendig betrachtet und daher als vertretbar im Interesse der Erhaltung der Art sowie als Mittel zur Befreiung von größeren Übeln, immerhin aber als ein Zustand der Herabwürdigung, vor dem alle, die wirkliche Heiligkeit anstrebten, fliehen konnten. „Den Wald der Ehe mit der Axt der Jungfräulichkeit zu fällen", war in der energischen Sprache des hl. Hieronymus dessen Ziel; und wenn er bereit war, die Ehe zu loben, so nur deswegen, weil sie Jungfrauen hervorbrachte. Selbst wenn der Bund der Ehe einmal geschlossen war, behielt die asketische Leidenschaft ihren Stachel bei. Wir haben bereits gesehen, wie sie andere Beziehungen des Familienlebens verbitterte, aber in diese, die heiligste von allen trug sie zehnfache Bitterkeit hinein. Jedesmal, wenn starke religiöse Leidenschaft einen Ehemann oder eine Ehefrau packte, war die erste Folge, daß eine glückliche Gemeinschaft unmöglich gemacht wurde. Der religiöse Partner verlangte sofort, ein Leben einsiedlerischer Askese zu führen, oder doch wenigstens ein unnatürliches Getrenntleben innerhalb der Ehe, wenn kein offener Bruch stattfand. Der ungeheure Raum, den diese Gedankengänge in den Mahnschreiben der Kirchenväter und in den Heiligenlegenden einnehmen, wird jedem wohlbekannt sein, der mit dieser Literaturgattung nur etwas vertraut ist. So wurde der hl. Nilus, um nur einige Beispiele herauszugreifen, von der Sehnsucht nach einem asketischen Leben erfaßt, als er bereits zwei Kinder hatte, und nach vielen Tränen wurde seine Frau überredet, der Trennung zuzustimmen. Der hl. Ammon begrüßte seine Braut in der Hochzeitsnacht mit einer feierlichen Rede über die Übel des Ehelebens und sie beschlossen darauf, sich sofort zu trennen. Die hl. Melanie bemühte sich lange und ernsthaft um das Einverständnis ihres Mannes, sein Bett verlassen zu dürfen, bevor er sich dazu bereitfinden ließ. Der hl. Abraham lief seiner Frau in der Hochzeitsnacht davon. Der hl. Alexis tat nach einer etwas späteren Legende das gleiche, kehrte aber viele Jahre später aus Jerusalem in sein Vaterhaus zurück, wo seine Frau noch immer darüber weinte, daß sie im Stich gelassen worden war. Er erbat und erhielt eine Unterkunft aus lauter Gnade und Barmherzigkeit und lebte dort ohne wiedererkannt zu werden, verachtet und unbekannt bis zu seinem Tode [12].

Die katholische Kirche ist nicht so unbiologisch eingestellt wie Paulus und die thebanischen Einsiedler [13]. Aus den Paulus-Briefen kann man entnehmen, daß die Ehe nur als ein mehr oder weniger einwandfreies Ventil für die Fleischeslust zu betrachten ist. Aus seinen Worten geht nicht hervor, daß er gegen die Geburtenregelung etwas einzuwenden gehabt hätte. Man gelangt im Gegenteil eher zu der Annahme, daß er die durch Schwangerschaft und Geburt bedingten Zeiten der Enthaltsamkeit für gefährlich hielt. Die Kirche hat einen hiervon abweichenden Standpunkt eingenommen. In der orthodoxen christlichen Glaubenslehre hat die Ehe zwei Ziele: erstens das von Paulus anerkannte und zweitens die Zeugung von Kindern. Dadurch wurde die Geschlechtsmoral noch über die paulinischen Forderungen hinaus verschärft. Nicht allein ist der Geschlechtsverkehr nur innerhalb der Ehe zugelassen, sondern er wird sogar zwischen Mann und Frau zur Sünde, wenn er nicht das ausdrückliche Ziel hat, zur Schwangerschaft zu führen. Der Wunsch nach legitimer Nachkommenschaft ist also nach Ansicht der katholischen Kirche der einzige Beweggrund, der den Geschlechtsverkehr rechtfertigen kann. Aber dieser Beweggrund rechtfertigt ihn immer, und wenn die Begleitumstände noch so grausam sind. Ob die Frau eine Abneigung gegen den Geschlechtsverkehr hat, ob sie voraussichtlich eine weitere Schwangerschaft mit dem Tode bezahlen muß, ob das Kind wahrscheinlich krank oder geistesschwach auf die Welt kommt, ob die Geldmittel nicht ausreichen, um die äußerste Not abzuwenden – alles dies nimmt dem Manne nichts von

---

[12] W. E. H. Lecky, *History of European Morals*, Bd. II, S. 339–41.

[13] Siehe auch Edward Gibbon, *Decline and Fall of the Roman Empire* Kap. XXXVII/1.

dem Anspruch auf seine ehelichen Rechte, vorausgesetzt, daß er damit die Absicht der Kindeszeugung verfolgt.
Die katholische Lehre auf diesem Gebiet beruht auf einer doppelten Grundlage, einmal auf der Askese, der wir bereits bei Paulus begegnen, und zum andern auf der Ansicht, daß es gut ist, so viele Seelen als nur möglich in die Welt zu setzen, da jede Seele der Erlösung teilhaftig werden kann. Aus irgendeinem Grunde, den ich nicht begreife, wird nicht berücksichtigt, daß die Seelen ebenso der Verdammnis anheimfallen können, obgleich diese Möglichkeit doch genau so gut besteht. Die Katholiken benutzen zum Beispiel ihren politischen Einfluß, um die Protestanten an der Anwendung der Geburtenbeschränkung zu hindern. Eigentlich müßten sie jedoch der Ansicht sein, daß der weitaus überwiegende Teil der protestantischen Kinder, die ihrer Politik das Leben verdanken, im Jenseits ewige Qualen zu erleiden haben. Das läßt ihre Handlungsweise irgendwie unfreundlich erscheinen, aber zweifellos sind dies geheimnisvolle Dinge, die zu verstehen der Uneingeweihte nicht erwarten kann.
Wenn die Kinderzeugung als eines der Ziele der Ehe von der katholischen Lehre anerkannt wird, so geschieht das doch in recht einseitiger Weise. Man erschöpft sich in der Schlußfolgerung, daß der Geschlechtsverkehr, der nicht auf Zeugung abzielt, Sünde ist, geht aber nie soweit, die Auflösung einer Ehe auf Grund von Sterilität zu gestatten. So glühend sich ein Mann Kinder wünschen mag, gibt es doch keinen Ausweg der christlichen Ethik für ihn, wenn seine Frau zufällig unfruchtbar ist. Tatsache ist, daß der positive Zweck der Ehe, nämlich die Fortpflanzung, eine sehr untergeordnete Rolle spielt, und ihr Hauptzweck, wie bei Paulus, die Verhütung der Sünde bleibt. Die Unzucht steht nach wie vor im Mittelpunkt und die Ehe wird immer noch im wesentlichen als eine etwas weniger leidige Alternative angesehen.
Die katholische Kirche hat versucht, diese niedrige Betrachtungsweise der Ehe durch die Doktrin vom Sakrament der Ehe zu vertuschen. Die praktische Auswirkung dieser Doktrin

liegt in der Folgerung, daß die Ehe unauflöslich ist. Ganz gleichgültig, was einer der Ehepartner tut, ob er nun geisteskrank oder syphilitisch oder zum Gewohnheitstrinker wird, oder ob er offen mit einem andern Partner zusammenlebt: die Beziehung beider Eheleute zueinander bleibt heilig. Obgleich unter gewissen Umständen vielleicht eine Trennung *a mensa et foro* genehmigt werden würde, so kann doch das Recht zur Wiederverheiratung nicht gewährt werden. Dies verursacht natürlich in vielen Fällen großes Elend, aber da dies Elend ja Gottes Wille ist, muß es eben ertragen werden.

Neben dieser extrem strengen Theorie hat der Katholizismus stets ein gewisses Maß von Duldsamkeit für das aufgebracht, was er als Sünde ansieht. Die Kirche hat anerkannt, daß von der menschlichen Durchschnittsnatur ein Leben nach diesen Regeln nicht erwartet werden kann, und ist daher bereit gewesen, Absolution für Unzucht zu erteilen, vorausgesetzt, daß der Sünder seine Verfehlung einsieht und Buße tut. Diese Duldsamkeit in der Praxis war eine Methode zur Erhöhung der Macht der Geistlichkeit, da nur sie allein Absolution erteilen durfte und Unzucht ohne Absolution ewige Verdammnis im Gefolge haben würde.

Die protestantische Anschauung war etwas anders. Sie war in der Theorie weniger streng, in der Praxis dagegen in gewisser Weise strenger. Luther war sehr beeindruckt von der Bibelstelle „Es ist besser freien denn Brunst leiden“. Auch war er in eine Nonne verliebt. Er entschied, daß er und die Nonne, trotz der Gelübde des Zölibats, ein Recht zur Ehe hätten, da er sonst bei der Stärke seiner Leidenschaft zum Begehen einer Todsünde veranlaßt worden wäre. Der Protestantismus gab daher das Lob der Ehelosigkeit auf, das charakteristisch für die katholische Kirche gewesen war. Wo er sich lebenskräftig erwies, ging er auch von der Doktrin des Sakraments der Ehe ab und duldete die Scheidung unter gewissen Umständen. Aber die Protestanten verabscheuten die Unzucht noch mehr als die Katholiken und waren noch strenger in ihrer moralischen Verurteilung. Die katholische Kirche erwartete ein gewisses Maß von Sünde und traf Vorkehrungen, um damit fertig zu werden. Die Protestanten hingegen verzichteten auf das katholische Verfahren der Beichte und Absolution und überließen den Sünder einer viel hoffnungsloseren Lage als sie die katholische Kirche bot. Man kann diese Einstellung von ihren zwei Seiten im modernen Amerika beobachten, wo die Scheidung außerordentlich einfach ist, wo Ehebruch jedoch mit viel größerer Strenge verurteilt wird als in den meisten katholischen Ländern.

Es ist klar, daß das gesamte System der christlichen Ethik sowohl in ihrer katholischen als in ihrer protestantischen Erscheinungsform einer Überprüfung bedarf, und zwar möglichst ohne die Vorurteile, mit denen die meisten von uns durch eine christliche Erziehung behaftet sind. Nachdrückliches und stets wiederholtes Einhämmern, vor allem während der Kindheit, erzeugt in den meisten Menschen eine so starre Überzeugung, daß diese selbst das Unterbewußtsein beherrscht. Viele von uns, die sich einbilden, ihre Einstellung der Strenggläubigkeit gegenüber sei ganz frei und vorurteilslos, werden tatsächlich im Unterbewußtsein von diesen Lehren beherrscht. Wir müssen uns ganz offen fragen, was die Kirche dazu veranlaßt hat, alle Unzucht zu verurteilen. Glauben wir, daß stichhaltige Gründe für diese Verurteilung vorlagen? Oder, wenn wir das nicht glauben, existieren dann andere als die von der Kirche angeführten Gründe, um uns zu dem gleichen Schluß zu führen? Die Einstellung der Frühkirche war die, daß im Geschlechtsakt etwas dem Wesen nach Unreines liegt, obgleich dieser Akt entschuldbar ist, wenn er unter Erfüllung gewisser Vorbedingungen ausgeübt wird. Diese Einstellung an und für sich muß als purer Aberglauben angesehen werden. Die Veranlassung dazu gaben vermutlich die gleichen Gründe, welche im letzten Kapitel als geeignet bezeichnet wurden, eine antisexuelle Einstellung zu erzeugen. Das heißt, daß diejenigen, welche zuerst eine derartige Ansicht vertraten und verkündeten, an einer Krankhaftigkeit des Körpers oder der Seele, wenn nicht an beidem, gelitten haben müssen. Die

Tatsache, daß eine Meinung weitverbreitet war, ist keinerlei Beweis dafür, daß sie nicht völlig töricht ist. Im Gegenteil ist eine weitverbreitete Anschauung in Anbetracht der Torheit des überwiegenden Teiles der Menschheit mit größerer Wahrscheinlichkeit dumm als vernünftig. Die Bewohner der Palau-Inseln glauben, daß das Durchbohren der Nase für den Erwerb der ewigen Seligkeit erforderlich ist. Die Europäer meinen hingegen, daß dieses Ziel besser erreicht werden kann, wenn man den Kopf mit Wasser bespritzt, während bestimmte Worte dazu gesprochen werden. Die Meinung der Palau-Insulaner ist Aberglaube; die Meinung der Europäer ist eine der Wahrheiten unserer heiligen Religion.

Jeremy Bentham[14] stellte eine Tabelle der Triebkräfte auf, in der jede menschliche Regung in drei Spalten nebeneinander aufgeführt war, je nach ihrer Bezeichnung mit einem positiven, negativen oder neutralen Ausdruck. So finden wir in der einen Spalte „Gefräßigkeit“ und daneben in der nächsten Spalte „Liebe der Tafelfreuden“. Weiter finden wir in der Spalte, wo die Regungen mit schmückenden Namen bezeichnet sind: „Gemeinschaftsgeist“ und in der Spalte gegenüber „Gehässigkeit“. Ich empfehle jedem, der sich klare Vorstellungen über eine ethische Frage machen will, hierin wie Bentham zu verfahren und sich zuerst einmal daran zu gewöhnen, daß fast jedes Wort mit tadelndem Sinn ein Synonym mit lobendem Sinn besitzt, um sich dann zur Regel zu machen, nur Worte zu gebrauchen, die weder einen lobenden noch tadelnden Unterton haben. Sowohl „Ehebruch“ als „Unzucht“ sind Worte, die eine so ungeheuer starke moralische Mißbilligung mitklingen lassen, daß es schwierig ist klar zu denken, solange sie verwendet werden.

Es gibt jedoch andere von Verfassern schlüpfriger Bücher gebrauchte Worte. Solche Schriftsteller, die unsere Moral zerrütten wollen, sprechen von „Galanterie“ oder „Liebe, die sich von den kalten Banden des Gesetzes nicht in Fesseln legen

---

[14] Englischer Philosoph (1748–1833).

läßt". Beide Gruppen von Begriffen sehen es darauf ab, Vorurteile zu erwecken. Wenn wir leidenschaftslos denken wollen, müssen wir die eine wie die andere Gruppe vermeiden. Unglücklicherweise verdirbt dies unweigerlich unseren literarischen Stil. Sowohl die lobenden als die tadelnden Worte sind farbig und interessant. Der Leser kann durch eine Schmähung oder Verherrlichung mitgerissen werden, und mit etwas Geschick kann der Autor seine Gefühle in jede gewünschte Richtung steuern. Wir jedoch wollen uns an die Vernunft wenden und müssen daher langweilige neutrale Begriffe verwenden wie zum Beispiel „außerehelicher Geschlechtsverkehr". Aber vielleicht ist dies doch eine zu strenge Regel, denn schließlich haben wir es mit einer Materie zu tun, in der menschliche Gefühlsregungen eine große Rolle spielen. Und wenn wir bei unserer Darstellung das Gefühl zu sehr ausschalten, gelingt es uns vielleicht nicht, das wahre Wesen des Gegenstandes unserer Betrachtung zu verdeutlichen. In allen sexuellen Dingen besteht eine Gegensätzlichkeit zwischen dem Gesichtspunkt der Beteiligten und dem Gesichtspunkt eifersüchtiger Außenstehender. Was wir selber tun ist „Galanterie"; was andere tun ist „Unzucht". Wir müssen daher die gefühlsbetonten Begriffe im Gedächtnis bewahren und werden sie gelegentlich auch anwenden. Aber wir müssen sparsam damit umgehen und müssen uns in der Hauptsache mit der neutralen und wissenschaftlich genauen Terminologie begnügen.

Durch die Betonung der sexuellen Tugendhaftigkeit trug die christliche Ethik zweifellos wesentlich dazu bei, die Stellung der Frau zu erniedrigen. Da die Moralprediger Männer waren, erschien die Frau in der Rolle der Versucherin. Wären sie Frauen gewesen, würde diese Rolle den Männern zugefallen sein. Da die Frau die Versucherin war, erschien es wünschenswert, ihre Möglichkeiten, Männer in Versuchung zu führen, zu beschneiden. Infolgedessen wurden ehrbare Frauen durch weitere Beschränkungen eingeengt, während ehrlose Frauen mit äußerster Verachtung behandelt wurden, da man sie als sündig ansah. Erst in einer ziemlich modernen Zeit haben die

Frauen das Ausmaß von Freiheit wiedergewonnen, dessen sie sich im römischen Imperium erfreuten. Wie wir gesehen haben, hat das patriarchalische System viel dazu beigetragen, die Frauen zu versklaven, aber kurz vor dem Aufstieg des Christentums hatte sich das weitgehend gebessert. Nach Konstantin wurde die Freiheit der Frau unter dem Vorwand, sie vor Sünde zu schützen, erneut beschränkt. Erst mit dem Verfall der Vorstellung von der Sünde in neuester Zeit haben die Frauen begonnen, ihre Freiheit wiederzugewinnen.

Die Schriften der Kirchenväter sind voller Schmähungen gegen das Weib.

> Die Frau wurde als das Tor zur Hölle, als die Mutter aller menschlichen Übel dargestellt. Sie mußte sich bei dem bloßen Gedanken, eine Frau zu sein, schämen. Sie mußte auf Grund des Fluches, den sie über die Welt gebracht hatte, in dauernder Buße leben. Sie mußte sich ihrer Kleidung schämen, weil diese ein Kennzeichen ihres Falles war. Sie mußte sich vor allem ihrer Schönheit schämen, weil diese das wirksamste Instrument des Teufels ist. Körperliche Schönheit war tatsächlich das ewige Thema kirchlicher Schmähungen, obwohl man anscheinend eine einzige Ausnahme zuließ. Es ist nämlich festgestellt worden, daß im Mittelalter die Körperschönheit von Bischöfen stets auf deren Grabsteinen verewigt wurde. Im 6. Jahrhundert wurde es den Frauen wegen ihrer Unreinheit sogar durch ein Provinzkonzil verboten, das Abendmahl mit bloßen Händen entgegenzunehmen. Ihre stark untergeordnete Stellung wurde ununterbrochen aufrechterhalten [15].

Das Besitz- und Erbrecht wurde im gleichen Sinne zum Nachteil der Frau geändert, und es war nur den Freidenkern der französischen Revolution zu verdanken, daß den Töchtern die Erbfähigkeit zurückgegeben wurde.

---

[15] W. E. H. Lecky, *History of European Morals*, Bd. II S. 357–58.

Sechstes Kapitel

Romantische Liebe

Mit dem Sieg des Christentums und der Barbaren sanken die Beziehungen zwischen Mann und Frau auf einen Tiefstand der Verrohung, wie er lange Jahrhunderte hindurch unbekannt gewesen war. Die antike Welt war lasterhaft, aber nicht roh. Im finsteren Mittelalter wirkten Religion und Barbarei zusammen, die sexuelle Seite des Lebens zu entwürdigen. In der Ehe hatte die Frau keinerlei Rechte. Außerhalb der Ehe war jedoch alles Sünde, und es lag daher kein Grund vor, die natürliche Bestialität des unzivilisierten Mannes zu zügeln. Die Unmoral des Mittelalters war weitverbreitet und widerlich. Bischöfe hatten ganz öffentlich Verhältnisse mit den eigenen Töchtern, und Erzbischöfe lancierten ihre männlichen Lieblinge auf benachbarte Bischofssitze[16]. Der Glaube an die Notwendigkeit des Zölibates der Geistlichkeit wuchs zwar, aber die Praxis hielt nicht Schritt mit der Regel. Papst Gregor VII. machte große Anstrengungen, die Geistlichen zur Aufgabe ihrer Konkubinen zu bewegen. Selbst so spät wie zu Zeiten Abälards finden wir, daß er es zwar für anstoßerregend, aber doch für möglich hielt, sich mit Heloise zu verheiraten. Erst gegen Ende des 13. Jahrhunderts wurde das Zölibat der Geistlichkeit streng durchgesetzt. Die Geistlichen hatten natürlich weiterhin unerlaubte Beziehungen zu Frauen, konnten aber diese Verhältnisse nicht würdig und schön gestalten, weil sie diese selbst als unmoralisch und unsauber ansahen. Ebensowenig konnte die Kirche infolge ihrer asketischen Anschauung von der Sexualität irgend etwas dazu tun, die Einstellung zur Liebe zu verschönern. Dies mußte Aufgabe der Laien sein.

> Es war nicht verwunderlich, daß die Geistlichen bald tief unter das Niveau der Laien sanken, nachdem sie erst einmal ihr Gelübde gebrochen und begonnen hatten, nach ihrer Auffassung ein Leben beständiger Sünde zu führen. Wir brauchen vereinzelt dastehende Beispiele

---

[16] Lea, *History of the Inquisition in the Middle Ages*, Bd. I S. 9 und 14.

der Verworfenheit gar nicht so sehr zu betonen wie das des Papstes Johann XXIII., der wegen Blutschande und Ehebruch neben vielen anderen Verbrechen verurteilt wurde; oder wie das des Abtes von St. Augustin in Canterbury, bei dem die Ermittlungen im Jahre 1171 ergaben, daß er 17 illegitime Kinder in einem einzigen Dorf hatte; oder das des Abtes von St. Pelayo in Spanien, dem im Jahre 1130 nachgewiesen wurde, daß er nicht weniger als 70 Konkubinen hielt; oder das des Bischofs Heinrich III. von Lüttich, der im Jahre 1274 abgesetzt wurde, weil er 65 illegitime Kinder hatte. Aber man kann sich dem Beweismaterial einer langen Kette von Konzilien und geistlichen Schriftstellern unmöglich verschließen, die sämtlich weit schlimmere Mißstände als nur einfaches Konkubinat schildern. Bei tatsächlich verheirateten Geistlichen wirkte sich die Kenntnis der Tatsache, daß diese Verbindungen ungesetzlich waren, besonders verhängnisvoll auf ihre Treue aus, so daß Bigamie und äußerste Flatterhaftigkeit in den Beziehungen bei ihnen außerordentlich häufig waren. Die Schriften des Mittelalters wimmeln von Berichten über Nonnenklöster, in denen es wie in einem Bordell zuging. Sie sprechen von einer Unmenge von Kindstötungen in deren Mauern und von der tiefeingewurzelten Blutschande unter dem Klerus, die es immer wieder notwendig machte, die schärfsten Verordnungen zu erlassen, die den Geistlichen untersagten, mit ihren Müttern oder Schwestern zusammenzuleben. Die Homosexualität, die auszurotten eines der großen Verdienste des Christentums gewesen war, wird verschiedentlich als in den Klöstern grassierend erwähnt, und kurz vor der Reformation mehrten sich die lauten Klagen über den Mißbrauch der Beichte zum Zwecke des Lasters[17].

Das ganze Mittelalter hindurch bestand die eigenartigste Spaltung in die griechisch-römischen Traditionen der Kirche und die germanischen Traditionen des Adels. Beide hatten ihren Beitrag zur Kultur zu liefern, aber die Beiträge waren ganz unterschiedlich. Die Kirche steuerte Gelehrsamkeit, Philosophie, kanonisches Recht und die Vorstellung von der Einheit der Christenheit bei, alles Ergebnisse der von der mittelalterlichen Antike überkommenen Tradition. Der Laienstand lieferte das Zivilrecht, die weltlichen Regierungsformen, Rittertum, Dichtung und Romantik. Der Beitrag, der uns besonders interessiert, ist die romantische Liebe.

Zu behaupten, daß romantische Liebe vor dem Mittelalter unbekannt gewesen sei, wäre unrichtig; aber erst im Mittelalter wurde sie eine allgemein anerkannte Form der Erotik. Das

[17] W. E. H. Lecky, *History of European Morals*, Bd. II S. 350–51.

Wesentliche an der romantischen Liebe ist, daß sie den Gegenstand der Liebe als schwierig zu erobern und sehr kostbar ansieht. Sie macht daher große Anstrengungen verschiedenster Art, die Liebe der Angebeteten zu gewinnen, sei es durch Dichtung, Gesang, Waffentaten oder irgend ein anderes Mittel, von dem angenommen wird, daß es der Dame gefällt. Der Glaube an den hohen Wert der Dame ist eine psychologische Folgeerscheinung der Schwierigkeit, sie zu erobern; und ich glaube, man kann die Behauptung aufstellen, daß wenn ein Mann eine Frau mühelos gewinnen kann, sein Gefühl für sie nicht die Form der romantischen Liebe annimmt. Die romantische Liebe in ihrer mittelalterlichen Erscheinungsform wandte sich anfangs nicht Frauen zu, mit denen der Liebende entweder legitime oder illegitime sexuelle Beziehungen unterhalten konnte. Sie galt Frauen von höchster Ehrbarkeit, die von ihren romantischen Liebhabern durch unüberwindliche Schranken der Moral und Konvention getrennt waren. So gründlich hatte die Kirche ihre Aufgabe erfüllt, die Menschen von der fleischlichen Liebe als einer dem inneren Wesen nach unreinen Regung zu überzeugen, daß es unmöglich geworden war, ein poetisches Gefühl für eine Dame zu empfinden, die nicht als unnahbar betrachtet wurde. Infolgedessen mußte Liebe im schönen Sinne platonisch sein. Es ist sehr schwer für den modernen Menschen, sich in die Seele des mittelalterlichen Dichter-Liebhabers zu versetzen. Er gesteht glühende Verehrung ohne jedes Verlangen nach Intimität; und das erscheint dem modernen Menschen so merkwürdig, daß er geneigt ist, diese Liebe als bloße literarische Konvention anzusehen. Zweifellos war sie vielfach nichts anderes. Und ebenso zweifellos war ihre literarische Ausdrucksform von Konventionen beherrscht. Aber Dantes Liebe zu Beatrice, wie sie in der *Vita Nuova* ihren Ausdruck gefunden hat, ist ganz sicherlich nicht nur konventionell. Ich möchte im Gegenteil sagen, daß hier ein leidenschaftlicheres Gefühl zu spüren ist, als es die meisten modernen Menschen zu empfinden fähig sind. Die edleren Geister des Mittelalters dachten schlecht von allem Erdenleben. Unsere menschlichen Triebe waren für sie das Produkt aus Verdorbenheit und Erbsünde. Sie haßten den Körper und die Fleischeslust. Reine Freude bestand für sie nur in verzückter Kontemplation, die frei von allen sexuellen Beimischungen war. Auf dem Gebiete der Liebe konnte diese Anschauung nur die Einstellung hervorrufen, der wir bei Dante begegnen. Ein Mann, der eine Frau tief liebte und verehrte, fand es unmöglich, den Gedanken des geschlechtlichen Verkehrs mit ihrer Person zu verbinden, da der Geschlechtsverkehr ihm mehr oder weniger unrein erschien. Seine Liebe nahm daher dichterische und schwärmerische Formen an und war natürlich in Symbole gehüllt. Die Wirkung aller dieser Dinge auf die Literatur war erstaunlich, wie man an der allmählichen Entwicklung der Liebesdichtung von ihren Anfängen am Hofe Kaiser Friedrichs II. bis zur Blütezeit der Renaissance erkennen kann.

Eine der besten mir bekannten Darstellungen der Liebe im späten Mittelalter findet sich in J. Huizingas Buch *Der Herbst des Mittelalters*.

> Seit die provenzalischen Troubadoure des 12. Jahrhunderts zuerst die Melodie des unerfüllten Verlangens angestimmt hatten, sangen die Geigen des Liebesliedes immer höher und höher, bis nur noch ein Dante das Instrument rein spielen konnte.
>
> Es vollzog sich eine der wichtigsten Wendungen des mittelalterlichen Geistes, als er zum ersten Mal ein Liebesideal mit einem negativen Grundton entwickelte. Das Altertum hatte gewiß auch die Sehnsucht und die Schmerzen der Liebe besungen; aber sah man dort in dem Schmachten nicht eigentlich nur ein Hinausschieben und den Reiz der sicheren Erfüllung? Und in der traurig-endenden Liebesgeschichte der Antike bildete meist nicht die Unerreichbarkeit des geliebten Gegenstandes das Stimmungsmoment, sondern die grausame Trennung der schon vereinten Liebenden durch den Tod, wie bei Cephalus und Procris, bei Pyramus und Thisbe: die Empfindung des Schmerzes lag nicht im erotischen Unbefriedigtsein, sondern in dem traurigen Schicksal. Erst in der höfischen Minne der Troubadoure ist die Unbefriedigtheit selbst zur Hauptsache geworden. Man schuf sich eine erotische Gedankenform, die fähig war, ein Übergewicht an ethischem Gehalt in sich aufzunehmen, ohne deshalb je den Zusammenhang mit der natürlichen Frauenliebe ganz aufzugeben. Denn der sinnlichen Liebe selbst war der edle Frauendienst ohne Anspruch auf Erfüllung entsprungen. Nun wurde die Liebe das Feld, auf dem man alle ästhetische und sittliche Voll-

kommenheit erblühen ließ. Nach der Theorie der höfischen Minne wird der edle Liebhaber durch seine Liebe tugendsam und rein. Das vergeistigende Element gewinnt in der Lyrik immer mehr überhand. Schließlich ist die Wirkung der Liebe ein Zustand heiliger Erkenntnis und Frömmigkeit: *la vita nuova.*
Darauf mußte eine neue Wendung folgen. In dem *dolce stil nuovo* Dantes und seiner Zeitgenossen war ein Letztes erreicht. Petrarca steht schon wieder zögernd zwischen dem Ideal der vergeistigten höfischen Liebe und der neuen Inspiration der Antike. Und von Petrarca zu Lorenzo de'Medici geht das Minnelied in Italien den Weg zurück zur natürlichen Sinnlichkeit, wie sie auch die antiken Vorbilder erfüllte. Das kunstreich ausgeführte System der höfischen Minne war wieder preisgegeben [18].

In Frankreich und Burgund war die Entwicklung jedoch nicht ganz die gleiche wie in Italien, weil die französischen aristokratischen Vorstellungen von der Liebe durch den Rosenroman (etwa 1225–1240) beherrscht wurden, der von mittelalterlicher Liebe handelte, aber nicht verlangte, daß sie unbefriedigt blieb. Das war also eine Auflehnung gegen die Lehren der Kirche und im Grunde genommen ein heidnischer Anspruch auf die rechtsmäßige Stellung der Liebe im Leben.

> ... Es kann nicht wichtig genug eingeschätzt werden, daß auf diese Weise die herrschende Klasse einer ganzen Periode ihre Kenntnis des Lebens und ihre Erudition im Rahmen einer *ars amandi* bezog. In keiner anderen Zeit hat sich das Ideal weltlicher Bildung derartig innig mit dem der Frauenliebe verbunden als vom 12. bis zum 15. Jahrhundert. Alle christlichen und alle gesellschaftlichen Tugenden, die ganze Ausbildung der Lebensformen waren durch das System der Minne in den Rahmen treuer Liebe eingefügt. Die erotische Lebensanschauung, sei es in ihrer älteren rein höfischen Form, sei es in ihrer Verkörperung im *Roman de la Rose,* kann in eine Reihe mit der gleichzeitigen Scholastik gestellt werden. Beide repräsentieren das eine großartige Bestreben des mittelalterlichen Geistes, alles, was zum Leben gehört, unter einem Gesichtspunkte zu erfassen. ... [19].

Das Zeitalter zeichnete sich durch außerordentliche Roheit aus, aber die im Rosenroman vertretene Form der Liebe ist, wenn auch nicht tugendhaft im Sinne der Geistlichkeit, so doch verfeinert ritterlich und zartfühlend. Solche Vorstellungen galten natürlich nur für den Adel. Sie setzten nicht nur Muße

---

[18] Stuttgart, 1938, S. 151.
[19] ebd. S. 152.

sondern auch eine gewisse Emanzipation vom kirchlichen Druck voraus. Turniere, in denen erotische Motive eine wichtige Rolle spielten, waren von der Kirche verpönt, wenn sie auch machtlos war, sie zu unterbinden. Ebensowenig konnte sie das System der ritterlichen Liebe abschaffen. In unserem demokratischen Zeitalter vergessen wir leicht, was die Welt zu den verschiedenen Zeiten den aristokratischen Gesellschaftsformen zu verdanken hatte. Sicherlich hätte die Renaissance im Punkte der Wiederbelebung der Liebe nicht so erfolgreich sein können, wenn ihr der Weg durch die Ritterromantik nicht geebnet worden wäre. Infolge der Hinwendung zum Heidentum war die Liebe während der Renaissance im allgemeinen nicht mehr platonisch, obgleich sie ihre Poesie bewahrte. Was die Renaissance von mittelalterlichen Konventionen hielt, läßt sich am besten an der Darstellung Don Quijotes und seiner Dulcinea erkennen. Nichtsdestoweniger blieb die mittelalterliche Tradition nicht ohne Einfluß. Sir Philip Sydneys (1554 bis 1586) *Astrophel und Stella* ist voll davon und Shakespeares Sonette an Mr. W. H. sind in hohem Maße von ihr beeinflußt. Im ganzen ist die charakteristische Liebesdichtung der Renaissance lebensfreudig und offenherzig:

> Oh, spotte meiner nicht in deinem Bett,
> dieweil in diesen kalten Nächten ich zu Tode friere

sagt ein elisabethanischer Dichter. Man muß zugeben, daß diese Denkweise geradeheraus, ungeheuchelt und keineswegs platonisch ist. Die Renaissance hatte jedoch von der platonischen Liebe des Mittelalters gelernt, die Dichtung als Mittel der Liebeswerbung zu gebrauchen. Cloten in Shakespeares *Cymbeline* wird ausgelacht, weil er kein eigenes Liebesgedicht zustande bringt, sondern einen Groschenschmierer anheuern muß, der „Horch, Lerch' am Himmelstor singt hell" verfaßt. Man muß schon sagen, eine ganz beachtliche Leistung! Obgleich eine ganze Menge Liebeslyrik geschaffen wurde, hat es eigenartigerweise vor dem Mittelalter wenig Dichtung gegeben, die direkt als Mittel der Liebeswerbung gedacht ist. Es gibt chinesische Dichtungen, die den Schmerz einer Dame über die Abwesenheit ihres Gebieters ausdrücken; es gibt mystische indische Gedichte, in denen die Seele als Braut dargestellt wird, die sich nach dem Kommen des Bräutigams, nämlich Gottes, sehnt. Wie man aber daraus entnehmen kann, hatte der Mann so wenig Schwierigkeiten die Frauen zu erobern, nach denen ihm der Sinn stand, daß es kaum jemals notwendig wurde, ihnen mit Musik und Dichtung zu huldigen. Vom Standpunkt der Kunst ist es auf jeden Fall bedauerlich, wenn die Frauen allzu leicht zugänglich sind. Am günstigsten wäre es, wenn sie zwar schwer zugänglich, aber doch nicht unnahbar sind. Dieser Zustand ist seit der Renaissance mehr oder weniger bestehen geblieben. Die Schwierigkeiten waren teils äußerlicher, teils innerlicher Art, wobei letztere auf Skrupel zurückzuführen waren, die ihren Ursprung in den Lehren der konventionellen Moral hatten.

Die romantische Liebe erreichte ihren Höhepunkt in der Epoche, die als „Romantik" bezeichnet wird. Und man kann vielleicht Shelley (1792–1822) als ihren typischsten Vertreter ansehen. Wenn Shelley verliebt war, erfüllten ihn die erhabensten Gefühle und die phantasievollsten Gedanken, die sich zum Ausdruck in dichterischer Form vortrefflich eigneten. Natürlich meinte er, daß die Gefühlsregung, welche diese Wirkung hervorbrachte, in jeder Beziehung gut sei, und sah keine Veranlassung, der Liebe jemals einen Hemmschuh anzulegen.

Seine Beweisführung beruhte jedoch auf falscher Psychologie. Es waren die seinem Verlangen entgegentretenden Hindernisse, die ihn zum Dichten veranlaßten. Wenn die edle und unglückliche Dame Emilia Viviani nicht in ein Kloster gesperrt worden wäre, hätte er es nicht für notwendig gehalten *Epipsychidion* zu schreiben, und wenn Jane Williams nicht eine ziemlich tugendhafte Ehefrau gewesen wäre, hätte er nie *The Recollection* (Die Erinnerung) geschrieben. Die gesellschaftlichen Schranken, gegen die er wetterte, bildeten einen wesentlichen Teil des Anreizes zu seinen besten Einfällen. Die romantische Liebe, wie sie bei Shelley in Erscheinung tritt, beruht auf einem Zustand der Labilität, wo die herkömmlichen Schranken zwar noch bestehen, wo sie aber nicht mehr ganz unüberwindlich sind. Wenn die Schranken unüberwindlich oder gar nicht vorhanden sind, ist der Boden für das Gedeihen der romantischen Liebe ungünstig. Nehmen wir als Beispiel für den einen Fall das chinesische System. Hier begegnet ein Mann niemals einer ehrbaren Frau, außer seiner eigenen, und wenn sie ihm nicht genügt, geht er in ein Bordell. Seine Frau wird für ihn ausgewählt und ist ihm wahrscheinlich bis zum Hochzeitstag unbekannt. Infolgedessen sind seine geschlechtlichen Beziehungen vollständig getrennt von der Liebe im romantischen Sinne, und er hat keinerlei Gelegenheit, sich mit Liebeswerbung abzugeben, aus der Liebesdichtung entsteht. Unter völlig ungebundenen Verhältnissen hingegen wird ein Mann, der die Gabe zu großer Liebesdichtung besitzt, durch seinen Charme wahrscheinlich so viel Erfolg haben, daß er selten seine Phantasie wirklich anzustrengen braucht, um eine Eroberung zu machen. Die Liebesdichtung ist also auf ein gewisses fein ausgewogenes Gleichgewicht zwischen Konvention und Freiheit angewiesen und hat wenig Aussicht eine Hochform zu entwickeln, wenn dieses Gleichgewicht nach der einen oder andern Seite gestört ist.

Die Liebesdichtung ist jedoch nicht das einzige Ziel der Liebe, denn romantische Liebe kann selbst dort gedeihen, wo sie nicht zu künstlerischem Ausdruck führt. Ich persönlich bin der Auffassung, daß die romantische Liebe die Quelle der höchsten Wonnen ist, die das Leben zu bieten hat. In der Beziehung zwischen einem Mann und einer Frau, die sich mit Leidenschaft, Geist und Zärtlichkeit lieben, liegt etwas von so unschätzbarem Wert, daß es ein großes Unglück für jedes menschliche Wesen bedeutet, diese Freuden nicht zu erleben. Ich halte es für wichtig, daß die Gesellschaftsordnung diese Freuden gestattet, obgleich sie nur eine Würze des Lebens und nicht dessen Hauptzweck sein können.

In verhältnismäßig neuer Zeit, das heißt etwa seit der Französischen Revolution, hat sich die Vorstellung herausgebildet, daß die Ehe aus romantischer Liebe hervorgehen müsse. Die meisten modernen Menschen, jedenfalls in englisch sprechenden Ländern, nehmen dies als selbstverständlich an und ahnen nicht, daß es noch vor gar nicht so langer Zeit eine revolutionäre Neuerung war. Die Romane und Bühnenstücke aus der Zeit vor hundert Jahren handeln weitgehend vom Kampf der jungen Generation um die Errichtung dieser neuen Ehebasis, im Gegensatz zu der damals noch üblichen Verheiratung auf Grund der väterlichen Gattenwahl. Ob der Erfolg so gut war wie es sich die Fortschrittler erhofften, mag dahingestellt bleiben. Es spricht vieles für Mrs. Malaprops[20] Grundsatz nämlich, daß sich in der Ehe sowohl die Liebe als die Abneigung abschleifen, so daß es besser ist, mit ein bißchen Abneigung zu beginnen. Fest steht, daß wenn Menschen unter dem Einfluß romantischer Liebe heiraten, ohne sich vorher in sexueller Beziehung kennengelernt zu haben, jeder der beiden Partner den andern als im Besitze übermenschlicher Vollkommenheit wähnt und sich einbildet, die Ehe müsse ein ununterbrochener seliger Traum sein. Das ist besonders leicht bei Frauen der Fall, wenn sie unwissend und keusch erzogen wurden und daher nicht imstande sind, Geschlechtstrieb von Wesensharmonie zu unterscheiden. In Amerika, wo die romantische Einstellung zur Ehe ernster genommen wurde als anderwärts und wo Recht und Sitte auf den Träumen alter Jungfern basieren, war das Resultat eine besonders große Häufigkeit von Scheidungen und eine besonders große Seltenheit glücklicher Ehen. Die Ehe ist etwas Ernsthafteres als nur das Vergnügen an der Gesellschaft des andern. Sie ist eine Institution, die dadurch, daß sie Kinder hervorbringt, einen Bestandteil der edelsten Gewebe des Gesellschaftskörpers bildet und daher eine Bedeutung besitzt, die weit über die persönlichen Gefühle von Mann und Frau hinausgeht. Vielleicht ist es gut – ich jeden-

[20] Figur aus der Komödie *The Rivals* (Die Rivalen) von R. B. Sheridan (1751–1816).

falls bin dieser Ansicht –, wenn die romantische Liebe ein Motiv zur Eheschließung ist, aber man muß sich darüber klar sein, daß die Form der Liebe, welche eine Ehe glücklich bleiben und ihren sozialen Zweck erfüllen läßt, nicht romantisch ist sondern etwas Tieferes, Innigeres und Realistischeres. Bei der romantischen Liebe wird der Gegenstand des Gefühls nicht wirklichkeitsgetreu gesehen sondern durch einen rosaroten Nebel. Zweifellos gelingt es einem bestimmten Frauentyp, selbst nach der Verheiratung in diesen Nebel gehüllt zu bleiben, vorausgesetzt, sie hat einen Ehemann eines bestimmten Typs. Aber das kann sie nur erreichen, wenn sie jede echte Intimität mit ihrem Mann vermeidet und eine sphinxartige Rätselhaftigkeit hinsichtlich ihrer innersten Gedanken und Gefühle sowie ein gewisses Maß an körperlicher Zurückhaltung bewahrt. Solche Machenschaften hindern aber eine Ehe an der Verwirklichung ihrer schönsten Möglichkeiten, da diese in einer innigen Intimität ohne Beimischung von Illusionen liegen. Außerdem ist die Ansicht, daß die romantische Liebe von ausschlaggebender Bedeutung für die Ehe ist, zu anarchisch, denn sie vergißt wie Paulus, nur im umgekehrten Sinne, daß es die Kinder sind, die der Ehe ihren Sinn verleihen. Wenn es nicht um die Kinder ginge, erübrigte sich eine Einrichtung zur Regelung geschlechtlicher Beziehungen; sobald aber Kinder auf der Bildfläche erscheinen, sind Mann und Frau, wenn sie auch nur ein wenig Verantwortungsgefühl oder Zuneigung zu ihren Sprößlingen haben, zu der Einsicht gezwungen, daß ihre Empfindungen füreinander nicht mehr von maßgebender Wichtigkeit sind.

Siebentes Kapitel

Die Befreiung der Frau

Der heutige Übergangszustand der Geschlechtsmoral ist hauptsächlich auf zwei Ursachen zurückzuführen, und zwar erstens auf die Erfindung empfängnisverhütender Mittel, und zweitens auf die Emanzipation der Frau. Die erste dieser beiden Ursachen werde ich später untersuchen, die zweite ist das Thema dieses Kapitels.

Die Emanzipation der Frau ist ein Bestandteil der demokratischen Bewegung. Sie beginnt mit der Französischen Revolution, die, wie wir bereits gesehen haben, das Erbrecht zugunsten der Töchter änderte. Mary Wollstonecrafts *Vindication of the Rights of Women* (Verteidigung der Frauenrechte, 1792) war ein Produkt der Gedankengänge, welche die Französische Revolution ausgelöst hatten und von ihr ausgelöst worden waren. Von ihrer Zeit an bis zum heutigen Tage ist der Anspruch der Frau auf Gleichberechtigung mit ständig wachsendem Nachdruck und Erfolg erhoben worden. John Stuart Mills *The Subjection of Women* (Die Versklavung der Frau, 1869) ist ein sehr überzeugendes und wohldurchdachtes Buch, das großen Einfluß auf die denkenden Menschen der nachfolgenden Generation hatte. Meine Eltern waren seine Schüler und meine Mutter hat schon in den sechziger Jahren verschiedentlich Vorträge gehalten, in denen sie für das Frauenstimmrecht eintrat. Sie war eine so begeisterte Frauenrechtlerin, daß sie mich von der ersten Ärztin, Dr. Garrett Anderson, zur Welt bringen ließ – sie konnte damals nicht als praktische Ärztin approbiert werden, sondern war nur als geprüfte Hebamme zugelassen. Die Frauenbewegung beschränkte sich in damaliger Zeit auf die Ober- und Mittelklassen und hatte daher keine große politische Macht. Die Gesetzesvorlage über das Frauenstimmrecht wurde zwar im Parlament alljährlich eingebracht, hatte aber zu jener Zeit niemals Aussicht, verabschiedet zu werden. Die Frauenrechtlerinnen der englischen

Mittelklasse konnten jedoch damals einen großen Erfolg in ihrem eigenen Bereich verzeichnen, nämlich die Verabschiedung des Gesetzes über die Eigentumsverhältnisse der verheirateten Frau (1882). Bis dahin hatte jegliches Eigentum einer verheirateten Frau der Verfügung des Ehemannes unterstanden, obwohl er natürlich bei Bestehen einer Treuhänderschaft das Kapital nicht angreifen durfte. Die weitere Geschichte ist zu jung und zu gut bekannt, als daß eine Wiederholung erforderlich wäre. Es lohnt sich aber dennoch festzustellen, daß die Schnelligkeit, mit der sich die Frauen in den meisten Kulturstaaten ihre politischen Rechte erkämpften, ohne Beispiel in der Vergangenheit dasteht, wenn man bedenkt, welcher gewaltige Wandel in der Anschauungsweise dadurch eintrat. Die Abschaffung der Sklaverei ist mehr oder weniger gleich bedeutungsvoll, aber schließlich gab es in den europäischen Ländern neuerer Zeit keine Sklaverei, die überdies nichts so Intimes betraf wie die Beziehungen zwischen Mann und Frau.

Die Gründe für diesen plötzlichen Wandel sind meiner Ansicht nach zweierlei: Einerseits war der unmittelbare Einfluß der demokratischen Idee zu spüren, die es unmöglich machte, eine logische Entgegnung auf die Ansprüche der Frauen zu finden. Andererseits konnte die Tatsache nicht übersehen werden, daß eine ständig wachsende Zahl von Frauen sich selbst ihren Lebensunterhalt außerhalb des Hauses verdiente und für die Gestaltung ihres täglichen Lebens nicht mehr von der Gnade des Vaters oder Ehemanns abhängig war. Dieser Zustand erreichte natürlich seinen Höhepunkt während des ersten Weltkrieges, als ein sehr großer Teil der sonst von Männern geleisteten Arbeit von Frauen übernommen werden mußte. Vorher war einer der am häufigsten vorgebrachten Einwände gegen das Frauenstimmrecht gewesen, Frauen neigten zum Pazifismus. Während des Krieges widerlegten sie diesen Vorwurf in ganz großem Stil und erhielten das Stimmrecht für ihren Anteil an dem blutigen Gemetzel. Für die idealistischen Vorkämpfer, die sich eingebildet hatten, die

Frauen würden das Niveau der politischen Moral heben, ist dies Resultat sicher eine große Enttäuschung gewesen. Aber es scheint das Schicksal der Idealisten zu sein, ihr Kampfziel schließlich in einer Form zu erreichen, die ihre Ideale zerstört. Die Rechte der Frau gründeten sich natürlich nicht eigentlich auf die Anschauung, daß die Frauen in moralischer oder anderer Hinsicht den Männern überlegen seien, sondern einzig und allein auf ihre Ansprüche als menschliche Wesen oder vielmehr auf Gründe allgemeiner Art mit dem Vorzeichen der Demokratie. Aber wie es stets der Fall ist, wenn eine unterdrückte Klasse oder Nation ihre Rechte fordert, suchten die Wortführer allen Gründen allgemeiner Art durch die Behauptung den Rücken zu stärken, die Frauen hätten besondere Qualitäten, und zwar lägen diese Qualitäten vor allem auf moralischem Gebiet.

Die politische Emanzipation der Frau berührt unser Thema jedoch nur am Rande, während ihre soziale Emanzipation für Ehe und Moral die größere Bedeutung hat. In früherer Zeit – im Orient sogar bis heute – wurde die Keuschheit der Frauen dadurch sichergestellt, daß man die Frau von der Außenwelt abschloß. Man versuchte garnicht, ihr Selbstbeherrschung von innen heraus beizubringen, sondern traf einfach Maßnahmen, um jede Gelegenheit zur Sünde auszuschließen. Vom Westen wurde dieses Verfahren niemals rückhaltslos übernommen; das anständige Mädchen wurde aber bereits in jungen Jahren so erzogen, daß es einen Abscheu vor dem Geschlechtsverkehr außerhalb der Ehe bekam. Als sich die Methoden dieser Erziehungsweise immer mehr vervollkommneten, wurden die äußeren Schranken nach und nach beseitigt. Diejenigen, die am meisten zur Beseitigung der äußeren Schranken beitrugen, taten dies aus der Überzeugung, daß die inneren Hemmungen ausreichen würden. Man hielt zum Beispiel eine Anstandsdame für unnötig, weil ein anständiges Mädchen mit guter Erziehung den Annäherungsversuchen junger Männer niemals nachgeben würde, selbst wenn die Gelegenheit zum Nachgeben noch so günstig wäre. In meiner Jugend waren anständige Frauen ganz allgemein der Ansicht, daß weitaus die meisten Frauen vom Geschlechtsverkehr angewidert würden und ihn in der Ehe nur aus Pflichtgefühl über sich ergehen ließen. Infolgedessen waren sie garnicht abgeneigt, für ihre Töchter ein größeres Maß an Freiheit zu riskieren, als in realistischeren Zeiten angebracht erschienen war. Der Erfolg hat vielleicht den Erwartungen nicht ganz entsprochen, und die Enttäuschungen betrafen ebenso Ehefrauen wie unverheiratete Mädchen. Die Frauen der viktorianischen Zeit lebten in einem seelischen Gefängnis, und eine ganze Menge Frauen tun das noch heute. Diese Gefangenschaft war dem Bewußtsein allerdings nicht aufgegangen, denn sie bestand aus unterbewußten Hemmungen. Der Abbau von Hemmungen, der bei der Jugend unserer Zeit stattgefunden hat, verursachte das Wiederauftauchen von Trieben an die Oberfläche des Bewußtseins, die unter Bergen von Prüderie verschüttet gewesen waren. Dies wirkt jetzt umwälzend auf die Geschlechtsmoral, und zwar nicht nur in *einem* Land oder bei *einer* Gesellschaftsschicht, sondern in allen Kulturländern und bei allen Bevölkerungsklassen.

Der Anspruch auf Gleichberechtigung von Mann und Frau bezog sich von Anfang an nicht nur auf politische Dinge, sondern auch auf die Geschlechtsmoral. Die Einstellung Mary Wollstonecrafts war völlig modern. Sie wurde aber in dieser Beziehung von den späteren Vorkämpferinnen für Frauenrechte nicht nachgeahmt. Diese waren im Gegenteil meist sehr strenge Moralistinnen, deren Ziel es war, den Männern die moralischen Fesseln anzulegen, welche bisher nur von den Frauen getragen worden waren. Seit 1914 hat die weibliche Jugend jedoch, ohne viel zu theoretisieren, eine neue Richtung eingeschlagen. Der Aufruhr der Gefühle durch den Krieg wirkte zweifellos beschleunigend auf diese neue Strömung, aber sie wäre über kurz oder lang ohnedies aufgetreten. Die Gründe für die Forderung weiblicher Keuschheit hatten früher hauptsächlich in der Furcht vor dem Höllenfeuer und in der Angst vor der Schwangerschaft bestanden. Der eine wurde durch den Verfall der religiösen Orthodoxie und der andere durch empfängnisverhütende Mittel beseitigt. Eine Zeitlang konnte sich die herkömmliche Moralanschauung noch durch die Macht der Gewohnheit und infolge geistiger Trägheit halten, aber die Erschütterung des Krieges warf auch diese Schranken über den Haufen. Moderne Frauenrechtlerinnen sind nicht mehr wie ihre Kolleginnen vor dreißig Jahren darauf aus, den „Lastern" der Männer zuleibe zu gehen, sondern fordern viel eher, daß man auch ihnen erlaubt, was den Männern erlaubt ist. Ihre Vorgängerinnen wollten Gleichheit in moralischer Sklaverei, während sie Gleichheit in moralischer Freiheit wollen.

Diese ganze Bewegung steht vorläufig noch im Anfangsstadium und man kann unmöglich voraussagen, wie sie sich entwickeln wird. Ihre Anhänger in Theorie und Praxis sind meist noch ziemlich jung, und unter Persönlichkeiten von Einfluß und Gewicht hat kaum jemand etwas dafür übrig. Polizei, Gerichtsbarkeit, Kirche und Eltern stehen ihnen feindlich gegenüber, wenn die Tatsachen diesen Vertretern der Obrigkeit zu Ohren kommen, aber im allgemeinen hat die Jugend den Takt, den wahren Sachverhalt vor Menschen zu verbergen, denen er nur weh tun würde. Von Schriftstellern, die wie Richter Lindsey, solche Tatsachen an die Öffentlichkeit bringen, meinen die Alten, sie machten die Jugend schlecht, obwohl die Jugend sich dessen gar nicht bewußt ist, schlecht gemacht zu werden.

Eine derartige Lage ist natürlich sehr labil. Die Frage ist, was zuerst passiert, und da gibt es zwei Möglichkeiten: entweder kommen die Alten hinter die Dinge und setzen alles daran, um der Jugend die neugewonnene Freiheit wieder zu nehmen, oder die Jugend wächst heran und gelangt selbst zu Amt und Würden, so daß sie imstande ist, die neue Moral durch die inzwischen erworbene Autorität zu sanktionieren. Es ist zu erwarten, daß die Sache in einigen Ländern so und in anderen Ländern anders ausgeht. In Italien, wo die Unmoral wie alles andere ein Vorrecht der Regierung ist, macht man den energischen Versuch, die Tugend durchzusetzen. In Rußland ist das genaue Gegenteil der Fall, weil die Regierung auf der Seite der neuen Moral steht. Im protestantischen Teil Deutschlands wird voraussichtlich die Freiheit siegen, während im katholischen Teil der Ausgang wesentlich zweifelhafter ist. Frankreich ist wahrscheinlich kaum von der bewährten Spielregel abzubringen, bei der die Unmoral gewisse, durchaus geduldete Formen aufweist, die aber nicht übertreten werden dürfen. Was in England und Amerika geschehen wird, wage ich nicht vorauszusagen.

Wir wollen nun aber eine kleine Pause einschalten, um die logischen Folgerungen des Anspruchs auf Gleichberechtigung von Mann und Frau zu untersuchen. Seit unvordenklichen Zeiten hat man dem Mann in der Praxis, wenn auch nicht in der Theorie, gestattet, irreguläre Geschlechtsbeziehungen zu unterhalten. Man hat von einem Mann nie erwartet, daß er unberührt in die Ehe tritt, und selbst nach der Verehelichung wurden etwaige Seitensprünge nicht als sehr schwerwiegend angesehen, wenn sie der betreffenden Ehefrau oder den Nachbarn nicht zu Ohren kamen. Die Voraussetzung für diesen Zustand wurde durch die Prostitution geschaffen. Diese Einrichtung zu verteidigen, ist für einen modernen Menschen schwierig. Kaum jemand wird allen Ernstes vorschlagen wollen, den Frauen die gleichen Rechte wie den Männern einzuräumen und infolgedessen einen Stand männlicher Prostituierter für die Befriedigung derjenigen Frauen zu schaffen, die wie ihre Männer tugendhaft erscheinen wollen, ohne es in Wirklichkeit zu sein. Und doch ist es ganz sicher, daß in diesen Zeiten später Eheschließungen nur ein ganz geringer Prozentsatz der Männer enthaltsam bleibt, bis sie es sich leisten können, mit einer Frau aus den eigenen Kreisen einen Hausstand zu gründen. Und wenn die unverheirateten Männer nicht keusch bleiben wollen, werden die unverheirateten Frauen auf Grund der Gleichberechtigung fordern, daß auch sie nicht keusch zu bleiben brauchen. Für die Moralisten ist diese Lage ohne Zweifel bedauerlich. Jeder herkömmliche Moralist, der sich bemüht,

die Sache zu Ende zu denken, wird einsehen müssen, daß er sich praktisch zum Anlegen verschiedener Maßstäbe für die beiden Geschlechter bequemen muß, das heißt zu dem Standpunkt, daß Keuschheit bei der Frau stärker ins Gewicht fällt als beim Manne. Es ist gut und schön zu sagen, diese theoretische Ethik laufe auf die Forderung nach der Keuschheit auch des Mannes hinaus. Darauf erfolgt zwangsläufig die Antwort, daß sich diese Forderung bei Männern nicht verwirklichen läßt, weil es für sie so einfach ist, heimlich zu sündigen. Der Moralist alter Schule ist also wider Willen nicht nur auf die Ungleichheit von Mann und Frau, sondern auch auf den Standpunkt festgenagelt, daß es für einen jungen Mann besser ist, mit Prostituierten geschlechtlich zu verkehren als mit Mädchen seiner eigenen Kreise, obgleich seine Beziehungen mit diesen nicht auf Käuflichkeit beruhen, sondern auf gegenseitiger Zuneigung, und daher von wundervoller Innigkeit sein können. Die Moralisten verfolgen natürlich den Gedanken nicht bis zu den Konsequenzen ihres Eintretens für eine Moral, von der sie genau wissen, daß nicht nach ihr gehandelt wird. Solange sie nicht für die Prostitution eintreten, meinen sie nicht dafür verantwortlich gemacht werden zu können, daß die Prostitution das unvermeidliche Ergebnis ihrer Lehre ist. Das ist jedoch nur ein weiteres Beispiel für die bekannte Tatsache, daß der berufsmäßige Moralist unserer Tage ein Mann von unterdurchschnittlicher Intelligenz ist.
In Anbetracht der obigen Umstände liegt es auf der Hand, daß die Gleichberechtigung von Mann und Frau eine Lockerung der herkömmlichen Maßstäbe weiblicher Keuschheit erforderlich macht, solange viele Männer aus wirtschaftlichen Gründen nicht frühzeitig und viele Frauen überhaupt nicht heiraten können. Wenn den Männern der Geschlechtsverkehr vor der Ehe gestattet wird, wie es ja tatsächlich der Fall ist, muß er den Frauen ebenso gestattet werden. Und in allen Ländern, wo ein Frauenüberschuß besteht, ist es eine schreiende Ungerechtigkeit, daß denjenigen Frauen, die nach einem einfachen Rechenexempel unverheiratet bleiben müssen, jegliches

geschlechtliche Erleben versagt sein soll. Zweifellos hatten die Vorkämpferinnen der Frauenbewegung keine derartigen Folgen im Auge, aber ihre modernen Nachfolgerinnen sehen sie ganz klar. Wer aber gegen diese Folgerungen Front macht, muß erkennen, daß er nicht für Gerechtigkeit gegenüber dem weiblichen Geschlecht eintritt.

Ein ganz unzweideutiges Problem wird mit der Frage: neue oder alte Moral? zur Debatte gestellt. Wenn von jungen Mädchen Keuschheit und von der Frau Treue nicht mehr gefordert werden können, muß man entweder neue Methoden zum Schutz der Familie einführen oder sich mit der Auflösung der Familie abfinden. Ein Vorschlag wäre, Kinder nur in der Ehe zu zeugen, und jeden außerehelichen Geschlechtsverkehr durch die Anwendung empfängnisverhütender Mittel unfruchtbar zu machen. In diesem Falle lernen die Ehemänner vielleicht, die gleiche Duldsamkeit gegenüber den Liebhabern ihrer Frauen walten zu lassen, wie die Orientalen gegenüber den Eunuchen. Die Schwierigkeiten eines solchen Systems liegen vorläufig noch darin, daß es von uns ein größeres Vertrauen in die Wirksamkeit der Verhütungsmittel und in die Aufrichtigkeit der Frauen voraussetzt als begründet zu sein scheint. Diese Schwierigkeiten werden jedoch mit der Zeit abnehmen. Die andere Möglichkeit, die mit der neuen Moral vereinbart werden kann, ist der Verfall der Vaterschaft als wichtige gesellschaftliche Einrichtung und die Übernahme der väterlichen Pflichten durch den Staat. In besonderen Fällen, in denen ein Mann sich seiner Vaterschaft gewiß ist und sein Kind liebt, könnte er natürlich freiwillig die Leistungen für den wirtschaftlichen Unterhalt von Mutter und Kind, zu denen die Väter jetzt normalerweise verpflichtet sind, übernehmen, aber er wäre dazu nicht gesetzlich gezwungen. Alle Kinder wären also in der Lage, in der sich illegitime Kinder unbekannter Vaterschaft jetzt befinden, nur daß der Staat, der das dann als den Normalfall ansähe, sich mit ihrer Erziehung größere Mühe gäbe, als er es gegenwärtig tut.

Wenn andererseits die alte Moral wiederhergestellt werden

soll, gibt es verschiedene wichtige Dinge zu beachten. Einige davon werden bereits berücksichtigt, doch lehrt die Erfahrung, daß sie allein nicht wirkungsvoll genug sind. Das erste Erfordernis ist, die Mädchen so zu erziehen, daß sie recht albern, abergläubisch und unwissend werden. Diese Bedingung wird bereits in den Schulen erfüllt, in denen die Kirche Einfluß besitzt. Das nächste Erfordernis ist eine sehr strenge Zensur aller Aufklärungsbücher über sexuelle Dinge. Diese Bedingung wird wohl in England und Amerika bald erfüllt sein, da die Zensur durch den wachsenden Eifer der Polizei verschärft wird. Da diese Voraussetzungen aber schon bestehen, sind sie offensichtlich nicht ausreichend. Das einzig tatsächlich Wirksame ist, den jungen Mädchen keinerlei Gelegenheit zu geben, mit Männern allein zu sein. Es muß den Mädchen verboten werden, ihren Lebensunterhalt durch Arbeit außerhalb des Hauses zu verdienen. Sie müssen striktes Ausgehverbot bekommen, außer in Begleitung der Mutter oder Tante. Die leider eingerissene Gewohnheit, ohne Anstandsdame zu Tanzereien zu gehen, muß mit eiserner Strenge abgeschafft werden. Einer unverheirateten Frau unter fünfzig Jahren muß es polizeilich verboten sein, ein Auto zu besitzen. Vielleicht wäre es ganz ratsam, alle unverheirateten Frauen einmal im Monat durch Polizeiärzte untersuchen zu lassen. Und alle diejenigen, bei denen die Jungfernschaft nicht intakt befunden wurde, in eine Strafanstalt zu schicken. Der Gebrauch von Verhütungsmitteln muß natürlich aufhören, und es muß polizeilich verboten werden, in der Unterhaltung mit unverheirateten Frauen das Dogma der ewigen Verdammnis anzuzweifeln. Wenn diese Maßnahmen hundert Jahre oder länger durchgeführt worden sind, tragen sie vielleicht dazu bei, die steigende Flut der Unmoral einzudämmen. Um jedoch das Risiko gewisser Übergriffe auszuschließen, halte ich es für erforderlich, alle Polizisten und Ärzte zu kastrieren. Vielleicht wäre es in Anbetracht der angeborenen Verdorbenheit des männlichen Charakters nicht dumm, dieses Verfahren noch einen Schritt weiterzuführen. Ich neige zu der Ansicht, daß die Moralprediger gut daran täten, für die Kastrierung aller Männer mit Ausnahme der Pfarrer zu plädieren[21].

Man ersieht daraus, welche Schwierigkeiten und Gegenargumente existieren, gleichgültig ob wir nun diesen oder jenen Weg einschlagen. Wenn wir der neuen Moral gestatten ihren Lauf zu nehmen, wird sie gewiß über den gegenwärtigen Zustand hinausgehen und Schwierigkeiten verursachen, die man vorläufig noch gar nicht ermessen kann. Wenn wir andererseits in der heutigen Welt den Versuch machen, Beschränkungen mit Gewalt durchzusetzen, die in früheren Zeiten möglich waren, ergibt sich eine unmögliche Härte der Vorschriften, gegen die sich die menschliche Natur bald auflehnen wird. Das ist so sonnenklar, daß wir uns ungeachtet der Gefahren oder Schwierigkeiten damit abfinden müssen, die Welt lieber vorwärts als rückwärts schreiten zu lassen. Zu diesem Zweck brauchen wir eine wirklich neue Moral. Ich meine damit, daß Bindungen und Pflichten nach wie vor anerkannt werden sollen, obgleich diese sich vielleicht von früher anerkannten Bindungen und Pflichten wesentlich unterscheiden. Solange alle Moralisten sich damit begnügen, die Rückkehr zu einem System zu predigen, das so tot ist wie eine Mumie, können sie nicht das geringste dazu beisteuern, der neuen Freiheit einen ethischen Rahmen zu geben oder den Menschen die neuen Pflichten aufzuzeigen, die ihnen erwachsen. Ich bin durchaus der Ansicht, daß das neue System ebensowenig wie das alte ungezügelte Hingabe an die Triebe bedeuten sollte, aber ich glaube, daß die Anlässe und Motive für die Zügelung der Triebe andere sein müßten als die der Vergangenheit. Kurz, das gesamte Problem der Geschlechtsmoral will neu durchdacht sein. Die folgenden Seiten sind als, allerdings bescheidener, Beitrag zur Lösung dieser Aufgabe gemeint.

---

[21] Nach der Lektüre von *Elmer Gantry* von Sinclair Lewis kommen mir Zweifel, ob diese Ausnahme angebracht wäre.

Achtes Kapitel

Das Tabu der sexuellen Aufklärung

Wenn wir versuchen wollen, eine neue Geschlechtsmoral aufzurichten, dürfen wir uns nicht in erster Linie fragen, wie die Beziehungen zwischen den Geschlechtern geregelt werden sollten, sondern ob es gut ist, daß Männer, Frauen und Kinder künstlich in Unwissenheit über die Tatsachen des Geschlechtslebens gehalten werden. Mein Grund für die Voranstellung dieser Frage ist – wie ich versuchen will, dem Leser in diesem Kapitel überzeugend auseinanderzusetzen –, daß die Unkenntnis dieser Dinge außerordentlich schädlich für den Einzelnen ist. Daher kann man sich kein System wünschen, dessen Aufrechterhaltung eine derartige Unkenntnis erfordert. Die Geschlechtsmoral muß meines Erachtens wohlinformierten Menschen einleuchten und nicht nur bei Unwissenden Anklang finden. Dies ist Bestandteil eines allgemeineren Grundsatzes, der bei kritischer Betrachtung unzweifelhaft erscheint, obwohl er niemals von Regierungen und Polizisten vertreten wurde. Dieser Grundsatz lautet, daß richtiges Verhalten niemals, mit Ausnahme ganz seltener Zufälle, durch Unwissenheit gefördert oder durch Wissen gehindert werden kann.
Es ist freilich richtig, daß, wenn A den B veranlassen will, in einer bestimmten Weise zu handeln, die zwar im Interesse von A aber nicht in dem von B ist, es für A vorteilhaft sein kann, den B in Unkenntnis von Tatsachen zu lassen, die B zeigen würden, wo sein eigenes Interesse liegt. Das ist eine an der Börse wohlbekannte Sache, die aber allgemein als nicht zu den höheren Sphären der Ethik gehörend angesehen wird. Die Verheimlichung von Tatsachen ist ein wesentlicher Teil der Regierungstätigkeit; zum Beispiel hat jede Regierung das Bestreben, während eines Krieges die Bekanntgabe einer Niederlage zu verhindern, weil die Kenntnis von der Niederlage zum Sturz der Regierung führen kann, was zwar gewöhnlich im Interesse des Landes wäre, aber nie im Interesse der Re-

gierung sein kann. Die Verschleierung sexueller Dinge hat ihren Ursprung zumindest teilweise in einem ähnlichen Motiv, wenn wir es dabei auch in der Hauptsache mit einem anderen Bereich zu tun haben. Anfänglich war es nur das weibliche Geschlecht, das in Unwissenheit gehalten werden sollte, und diese Unwissenheit war als Pfeiler der männlichen Vorherrschaft erwünscht. Allmählich fügten sich die Frauen jedoch der Ansicht, daß Unwissenheit eine wesentliche Vorbedingung für die Tugend ist, und man gelangte zum Teil durch ihren Einfluß zu dem Standpunkt, daß Kinder und Jugendliche beiderlei Geschlechts so unwissend wie nur möglich in sexuellen Dingen zu sein haben. In diesem Stadium war das Motiv nicht mehr das der männlichen Herrschaft, sondern es verlegte sich in den Bezirk des vernunftwidrigen Tabu. Die Frage, ob Unwissenheit erstrebenswert sei, wird niemals geprüft, und es ist sogar ungesetzlich, den Beweis zu erbringen, daß Unwissenheit schädlich ist. Als meinen Text für dieses Thema möchte ich den folgenden Ausschnitt aus dem *Manchester Guardian* vom 25. April 1929 nehmen:

> Amerikanische Freigeister sind entsetzt über den Ausgang des Prozesses gegen Mrs. Mary Ware Dennett, die gestern von einem Schwurgericht in Brooklyn für schuldig befunden wurde, obszöne Schriften verschickt zu haben. Mrs. Dennett ist die Verfasserin einer sehr empfohlenen und weitverbreiteten Broschüre, die in ernstem Tone die Grundtatsachen des Geschlechtslebens für Kinder darstellt. Sie muß vielleicht eine Gefängnisstrafe von 5 Jahren oder eine Geldstrafe von 1 000 engl. Pfund oder beides gewärtigen.
>
> Mrs. Dennett, eine in der Wohlfahrtspflege sehr bekannte Persönlichkeit, ist die Mutter zweier erwachsener Söhne und schrieb die Abhandlung ursprünglich vor 11 Jahren für deren Aufklärung. Sie wurde in einer medizinischen Zeitschrift abgedruckt und auf Wunsch des Herausgebers in Form einer Broschüre veröffentlicht. Sie wird von Dutzenden führender Ärzte, Pfarrer und Soziologen gelobt, und viele tausend Exemplare sind durch den Christlichen Verein junger Männer und den Christlichen Verein junger Mädchen verteilt worden. Die Broschüre. wurde sogar in den städtischen Schulen von Bronxville, einem eleganten Vorort New Yorks, verwendet.
>
> Bundesrichter Warren B. Burrows, aus Neu-England, der den Vorsitz führte, ließ keine der oben erwähnten Tatsachen gelten und verweigerte allen namhaften Pädagogen und Ärzten, die als Zeugen aussagen wollten, den Zeugenstand einzunehmen. Ebensowenig gestattete er den Ge-

schworenen, Anerkennungen von Mrs. Dennetts Arbeit aus der Feder führender Schriftsteller anzuhören. Die Gerichtsverhandlung bestand praktisch aus der lauten Verlesung der Broschüre vor den Geschworenen, alles ältere Ehemänner aus Brooklyn, die nach dem Gesichtspunkt ausgewählt worden waren, daß sie niemals eines der Werke von H. L. Mencken oder Havelock Ellis gelesen hatten, wie durch eingehende Erhebungen des Staatsanwalts festgestellt worden war.

Es ist klar, daß die Zeitung *New York World* durchaus recht hat, wenn sie sagt, daß man nicht hoffen kann, der amerikanischen Jugend eine einfache, ehrliche Darstellung geschlechtlicher Dinge vorzutragen, wenn Mrs. Dennetts Arbeit nicht verbreitet werden darf. Der Fall geht jetzt an die Berufungsinstanz, deren Entscheidung mit größtem Interesse erwartet wird.

Zufällig ist dieser Fall in Amerika passiert; es könnte jedoch ebensogut in England gewesen sein, da das Recht in England praktisch das gleiche ist wie in Amerika. Man sieht, daß das Gesetz es einer Person, die die Jugend sexuell aufklären will, nicht gestattet, Zeugnisse von Fachleuten beizubringen, um zu beweisen, daß der Jugend die Kenntnis geschlechtlicher Zusammenhänge nützlich ist. Man sieht ferner, daß der Staatsanwalt, wenn eine Anklage dieser Art erhoben wird, die Geschworenenbank ausschließlich mit ungebildeten Leuten besetzen kann, die nichts gelesen haben, was sie zu einer vernünftigen Beurteilung des Falles befähigen könnte. Das Gesetz bestimmt einfach, daß Kinder und Jugendliche die Zusammenhänge des Geschlechtslebens nicht kennenlernen dürfen und daß die Frage, ob es gut oder schlecht für sie ist, diese Zusammenhänge zu erfahren, gänzlich belanglos ist. Da *wir* nun aber nicht in einem Gerichtssaal sind und sich das vorliegende Buch nicht an Kinder wendet, ist uns vielleicht die Diskussion der Frage gestattet, ob das herkömmliche Verfahren, die Kinder offiziell in Unwissenheit zu lassen, richtig ist oder nicht.

Das herkömmliche Verfahren bestand darin, die Kinder so weitgehend in Unwissenheit zu halten, wie es Eltern und Erzieher ermöglichen konnten. Kinder sahen ihre Eltern niemals nackt und, vorausgesetzt die Wohnungsverhältnisse waren ausreichend, sahen sie von einem sehr frühen Alter an auch ihre Geschwister anderen Geschlechtes nicht in nacktem Zustande. Es wurde ihnen verboten, ihre Geschlechtsteile zu berühren oder darüber zu sprechen. Allen Fragen über sexuelle Dinge wurde mit „Pst, pst“ in empörtem Tone begegnet. Es wurde ihnen beigebracht, daß die Kinder vom Storche gebracht oder unter einem Stachelbeerstrauch ausgegraben werden. Früher oder später erfuhren sie den wahren Sachverhalt in mehr oder weniger verzerrter Form von anderen Kindern, die die Geschichte heimlich erzählten und infolge der elterlichen Belehrung als „unanständig“ ansahen. Die Kinder schlossen daraus, daß Vater und Mutter miteinander in einer Weise verkehren, die unschön ist, und deren sie sich selber schämen, da sie sich soviel Mühe geben, es zu verbergen. Sie erfuhren ebenfalls, daß sie systematisch von denen hinters Licht geführt worden waren, von denen sie Leitung und Belehrung erwartet hatten. Ihre Einstellung gegenüber den Eltern, der Ehe und dem anderen Geschlecht war auf diese Weise unwiederbringlich vergiftet. Sehr wenige Männer oder Frauen, denen eine herkömmliche Erziehung zuteil wurde, haben gelernt, über Sexualität und Ehe anständig zu empfinden. Ihre Erziehung hat sie gelehrt, daß Falschheit und Schwindel von Eltern und Lehrern als Tugenden betrachtet werden, daß geschlechtliche Beziehungen, selbst innerhalb der Ehe mehr oder weniger eklig sind und daß bei der Fortpflanzung der Mann seinen animalischen Trieben gehorcht, während die Frau sich einer peinlichen Pflicht unterzieht. Diese Einrichtung hat die Ehe für die Männer wie für die Frauen unbefriedigend gemacht, und aus dem Mangel echter Befriedigung ist Grausamkeit in der Maske der Moral geworden.

Der Standpunkt des Moralisten strenger Richtung[22] über die Frage der sexuellen Aufklärung kann, glaube ich, etwa wie folgt beschrieben werden:

Der Geschlechtstrieb ist ein sehr starker Trieb, der in verschiedenen Formen während der verschiedenen Entwicklungsstadien auftritt. In früher Kindheit äußert er sich als Hang, ge-

[22] Dies schließt Polizeibeamte und Richter, aber kaum einen modernen Pädagogen ein.

wisse Körperteile zu berühren und damit zu spielen. In späteren Kinderjahren äußert er sich als Neugier und Neigung zu „unanständiger“ Unterhaltung, während er in den Entwicklungsjahren reifere Formen anzunehmen beginnt. Es besteht kein Zweifel, daß unerlaubter geschlechtlicher Verkehr von sexuellen Phantasien angeregt wird, und daß der beste Weg zur Keuschheit der ist, die Jugend seelisch und körperlich mit Dingen zu beschäftigen, die ohne jeden Zusammenhang mit Sexualität sind. Der Jugend darf daher überhaupt nichts über das Geschlechtsleben gesagt werden. Sie muß soweit wie möglich daran gehindert werden unter sich davon zu sprechen, und die Erwachsenen müssen so tun, als gäbe es ein solches Thema nicht. Auf diese Weise ist es möglich, ein Mädchen bis zur Hochzeitsnacht in Unwissenheit zu halten. Es ist dann zu erwarten, daß sie von dem Erlebnis angewidert wird und genau die Einstellung zu geschlechtlichen Dingen bekommt, die jeder vernünftige Moralist bei einer Frau für richtig hält. Bei Knaben ist die Sache schwieriger, da man nicht erwarten kann, sie über ein Alter von längstens achtzehn oder neunzehn Jahren hinaus in vollständiger Unwissenheit zu erhalten. Bei ihnen verfährt man am besten so, daß man ihnen erzählt, die Onanie führe unbedingt zum Wahnsinn und der Verkehr mit Prostituierten unbedingt zu einer Geschlechtskrankheit. Keine dieser Behauptungen ist zwar wahr, aber diese Notlügen sind im Interesse der Moral entschuldbar. Dem Knaben muß ferner beigebracht werden, daß die Diskussion sexueller Themen unter gar keinen Umständen, auch nicht in der Ehe erlaubt ist. Dies erhöht die Wahrscheinlichkeit, daß er bei der Verheiratung seiner Frau Ekel vor sexuellen Dingen einflößt und sie dadurch vor der Gefahr des Ehebruches bewahrt. Geschlechtsverkehr außerhalb der Ehe ist Sünde. Geschlechtsverkehr in der Ehe ist keine Sünde, da er für die Fortpflanzung der menschlichen Art notwendig ist; er ist jedoch eine leidige Pflicht, die dem Menschen als Strafe für den Sündenfall auferlegt wurde und der man mit der gleichen Ergebung nachkommen muß, mit der man sich einer Operation unterzieht.

Wenn man sich nicht sehr in acht nimmt, hat der Geschlechtsakt leider die Tendenz, mit angenehmen Gefühlen verbunden zu sein, aber das kann mit etwas moralischer Beherrschung vermieden werden, zumindest bei der Frau. In England gilt es als ungesetzlich, in einer populären Schrift zu sagen, daß eine Ehefrau am Geschlechtsverkehr Freude hat und haben soll. Ich habe selbst gehört, wie eine Broschüre im Gerichtssaal aus diesen und anderen Gründen verurteilt wurde. Auf dieser Ansicht über geschlechtliche Dinge beruht die Einstellung des Rechts, der Kirche und altmodischer Jugenderzieher.

Ehe ich die Auswirkung dieser Einstellung auf sexuellem Gebiet betrachte, möchte ich einige Worte über deren Folgen in anderer Richtung sagen. Die erste und schwerstwiegende Folge ist meines Erachtens die Hemmung des Wissensdranges bei der Jugend. Aufgeweckte Kinder wollen über alles in der Welt Bescheid wissen. Sie stellen Fragen über Eisenbahnzüge, Automobile und Flugzeuge, darüber, wer den Regen und wer die Babys macht. Alle diese Fragen liegen für das Kind auf gleicher Ebene. Es folgt nur dem, was Pawlow[23] den „Was ist das?"-Reflex nennt, der die Quelle aller wissenschaftlichen Erkenntnis ist. Wenn das Kind im Verfolg seines Wissensdranges lernt, daß dieser Drang in gewissen Richtungen als unartig angesehen wird, so wird sein ganzer Wissenstrieb gehemmt. Es versteht anfangs nicht, welche Arten von Neugierde statthaft sind und welche nicht. Wenn es unartig ist zu fragen, wie Babys gemacht werden, kann das Kind doch nicht wissen, ob es nicht vielleicht genau so unartig ist zu fragen, wie Flugzeuge gemacht werden. Jedenfalls wird es zu dem Schluß genötigt, daß Wißbegierde ein gefährlicher Trieb ist, dem nicht freier Lauf gelassen werden darf. Bevor man sich nach etwas erkundigt, muß man ängstlich fragen, ob das eine gute oder böse Art von Wissen ist. Und da sexuelle Neugierde im allgemeinen sehr stark ist, bevor sie verkümmert, gelangt das Kind zu der Schlußfolgerung, daß ersehntes Wissen böse und

---

[23] Iwan Petrowitsch Pawlow, russischer Physiker (1849–1936).

nur das Wissen gut ist, welches beim besten Willen kein menschliches Wesen ersehnen kann, zum Beispiel das Einmaleins. Der Wissensdrang, einer der spontanen Triebe aller gesunden Kinder, wird so zerstört, und die Kinder werden künstlich dumm gemacht. Ich glaube, man kann nicht abstreiten, daß Frauen im Durchschnitt dümmer sind als Männer. Ich glaube, dies ist hauptsächlich auf die Tatsache zurückzuführen, daß ihre sexuelle Wißbegier mit mehr Erfolg abgedrosselt wurde.

Zu dieser intellektuellen Schädigung tritt in den meisten Fällen noch eine sehr schwere moralische. Wie Freud gezeigt hat, und wie jeder, der mit Kindern vertraut ist, schnell entdeckt, werden die Märchen vom Storch und vom Stachelbeerstrauch gewöhnlich nicht geglaubt. Das Kind schließt daraus, daß die Eltern es manchmal belügen. Wenn sie in einer Sache lügen, dann lügen sie vielleicht auch in einer andern, so daß ihre moralische und geistige Autorität untergraben wird. Da die Eltern lügen, wenn es sich um sexuelle Dinge dreht, schließen die Kinder, daß sie in diesen Dingen gleichfalls lügen dürfen. Sie sprechen untereinander darüber und masturbieren sicher heimlich. Auf diese Weise gewöhnen sie sich Unaufrichtigkeit und Heimlichtuerei an, während ihr Leben durch die elterlichen Drohungen von Furcht verdunkelt wird. Die Psychoanalyse hat festgestellt, daß die Drohungen von Eltern und Kindermädchen hinsichtlich der schlimmen Folgen des Masturbierens sehr häufig die Ursache von Nervenkrankheiten sind, und zwar nicht nur in der Jugend, sondern auch im erwachsenen Alter.

Die Auswirkungen der üblichen Behandlung sexueller Dinge im Umgang mit Kindern sind daher, daß die Menschen dumm, unaufrichtig und verschüchtert und zu einem nicht unbeträchtlichen Prozentsatz in Wahnsinn oder etwas Ähnliches getrieben werden.

Bis zu einem gewissen Grade werden diese Tatsachen jetzt von allen intelligenten Menschen anerkannt, die mit der Jugend zu tun haben. Sie sind jedoch bisher der Rechtsprechung und denen, welche sie ausüben, nicht bekannt geworden, wie aus dem Fall hervorgeht, der am Anfang dieses Kapitels erwähnt wurde.

Die augenblickliche Lage ist also, daß jede gutunterrichtete Person, die mit Kindern umzugehen hat, vor die Wahl gestellt ist, entweder das Recht zu brechen oder den ihnen anvertrauten Kindern nicht wiedergutzumachenden moralischen und geistigen Schaden zuzufügen. Es ist schwierig, das Recht zu ändern, weil die meisten ältlichen Männer so pervers sind, daß ihre Wollust darin besteht, alles Geschlechtliche gemein und schmutzig zu finden. Mir kommt es leider so vor, als ob man auf keine Besserung hoffen kann, bevor nicht diejenigen das Zeitliche gesegnet haben, die jetzt alt oder in mittleren Jahren sind.

Bisher haben wir die ungünstigen Wirkungen der althergebrachten Methode außerhalb der geschlechtlichen Sphäre betrachtet. Jetzt ist es an der Zeit, die sexuellen Gesichtspunkte der Frage in engerem Sinne zu untersuchen. Eins der Ziele der Moralisten ist fraglos, die Versessenheit auf sexuelle Dinge zu verhindern, eine Versessenheit, die gegenwärtig äußerst häufig ist. Ein ehemaliger Direktor von Eton erklärte kürzlich, daß die Unterhaltung von Schulbuben fast immer entweder albern oder obszön sei, und die Schulbuben, bei denen er seine Erfahrungen gesammelt hatte, waren gerade solche, die nach ausgesprochen traditionellen Grundsätzen erzogen worden waren. Die Tatsache, daß aus der Sexualität ein Geheimnis gemacht wird, erhöht die natürliche Neugierde der Jugend auf diese Dinge beträchtlich. Wenn die Erwachsenen das Geschlechtsleben wie jedes andere Thema behandelten und dem Kinde Antworten auf alle seine Fragen und soviel Auskunft erteilten, wie es wünscht oder verstehen kann, würde das Kind niemals zu der Vorstellung der Unanständigkeit gelangen; denn diese Vorstellung beruht auf der Meinung, daß bestimmte Themen nicht erwähnt werden dürfen. Der sexuelle Wissensdrang klingt wie jeder andere ab, wenn er befriedigt ist. Deshalb ist der beste Weg, junge Menschen vor Versessenheit auf geschlechtliche Dinge zu bewahren, ihnen gerade soviel darüber zu erzählen, als sie gerne wissen möchten.

Wenn ich das sage, so stelle ich es nicht a priori fest, sondern spreche aus Erfahrung. Was ich bei den Kindern meiner Schule beobachtet habe, hat mir, jedenfalls wie ich die Dinge sehe, schlagend bewiesen, daß Unanständigkeit bei Kindern die Folge von Prüderie der Erwachsenen ist. Meinen beiden eigenen Kindern (ein Junge von sieben und ein Mädchen von fünf Jahren) ist nie beigebracht worden, daß an der Sexualität oder den Körperausscheidungen etwas Besonderes ist, und sie sind daher so gut wie nur irgend möglich vor der Kenntnis des Begriffes der Anständigkeit und seines Wechselbegriffes der Unanständigkeit behütet worden. Sie haben ein natürliches und gesundes Interesse an der Frage gezeigt, wo die Babys herkommen, aber nicht in dem Maße wie an Maschinen und Eisenbahnen. Sie haben auch nie dazu geneigt, in Abwesenheit oder Anwesenheit Erwachsener bei diesem Gesprächsthema zu verweilen. Was die anderen Kinder unserer Schule betrifft, so fanden wir, daß sie sich, wenn sie mit zwei oder drei oder sogar mit vier Jahren zu uns kamen, genau so wie unsere eigenen Kinder entwickelten, aber die meisten, die im Alter von sechs oder sieben Jahren zu uns kamen, hatten bereits gelernt, alles, was mit den Geschlechtsorganen zusammenhängt, als unsauber zu betrachten. Sie waren überrascht zu finden, daß von diesen Dingen in der Schule im gleichen Ton gesprochen wurde wie von allen anderen Dingen. Eine Zeitlang genossen sie das Gefühl der Ungebundenheit bei Unterhaltungen, die ihnen unanständig vorkamen; als sie jedoch merkten, daß die Erwachsenen nichts taten, um solche Unterhaltungen zu unterbinden, wurden sie deren allmählich überdrüssig und dachten schließlich fast so sauber wie die Kinder, denen Anständigkeit nie beigebracht worden war. Jetzt sind sie nur gelangweilt, wenn „Neue“ versuchen, eine Unterhaltung über Dinge zu beginnen, die sie begeistert für unanständig halten. Dadurch, daß frische Luft hereingelassen wurde, ist das Thema entgiftet worden, und die schädlichen Bazillen, die gezüchtet werden, wenn man sie im Dunkeln hält, sind zerstreut. Ich sehe keine andere Möglichkeit zu erreichen, daß Kindern ihre gesunde und anständige Einstellung gegenüber sonst für unsauber gehaltenen Dingen erhalten bleibt.

Es gibt eine Seite dieses Problems, die meines Erachtens von denen noch nicht genügend erfaßt worden ist, welche die Sexualität von dem Schmutz säubern wollen, mit dem sie durch christliche Moralisten überdeckt wurde. Die geschlechtlichen Vorgänge sind von der Natur mit Ausscheidungsvorgängen verbunden worden. Solange diese Funktionen mit Ekel behandelt werden, ist es psychologisch natürlich, daß sich ein Teil dieses Ekels auf das Sexuelle überträgt. Es ist daher erforderlich, im Umgang mit Kindern nicht zu peinlich in bezug auf die Ausscheidungsfunktionen zu sein. Gewisse Vorsichtsmaßregeln sind selbstverständlich aus hygienischen Gründen notwendig, aber, sobald die Kinder verständig genug sind, sollte man ihnen klar machen, daß der Grund für diese Vorsichtsmaßregeln rein hygienischer Natur ist, und daß die natürlichen Vorgänge an sich nicht ekelhaft sind.

In diesem Kapitel geht es mir nicht um das sexuelle Verhalten, sondern nur darum, wie unsere Einstellung zu der Frage sexuellen Wissens sein sollte. Was bisher über die sexuelle Aufklärung der Jugend gesagt wurde, wird, wie ich hoffe und glaube, das Einverständnis aller vernünftigen modernen Pädagogen finden. Ich komme jetzt aber zu einem umstritteneren Thema, und ich fürchte, daß meine Ansichten darüber die Zustimmung des Lesers nicht so leicht gewinnen werden. Es ist das Thema der Schmutz- und Schundliteratur.

In England sowohl wie in Amerika bestimmt das Gesetz, daß Druckerzeugnisse, die als obszön befunden werden, unter gewissen Umständen durch die Behörde vernichtet und Autor und Verleger bestraft werden können. In England ist das Gesetz, auf Grund dessen dies geschehen kann, die Lord-Campbell-Akte von 1857. Dieses Gesetz bestimmt:

„Wenn auf Grund einer Anzeige Veranlassung zu der Annahme besteht, daß irgendwelche obszönen Bücher und so weiter in einem Hause oder an anderem Orte zum Zwecke des Verkaufs oder der Verbreitung aufbewahrt werden, und auf Grund der Beweisführung, daß ein oder mehrere solcher Gegenstände in Verbindung mit einem Haus oder Ort verkauft oder verbreitet werden, kann der Richter, wenn er sich genugsam davon überzeugt hat, daß die betreffenden Gegenstände von solcher Art und Beschaffenheit sind, daß deren Veröffentlichung ein Vergehen darstellen würde und geeignet wäre, als solches gerichtlich verfolgt zu werden, mittels eines besonderen Vollstreckungsbefehls verfügen, daß diese Gegenstände beschlagnahmt werden, und derselbe oder ein anderer Richter kann nach Vorladung des Hausbewohners deren Vernichtung anordnen, wenn er sich genugsam davon überzeugt hat, daß die beschlagnahmten Gegenstände von der Beschaffenheit sind, die im Vollstreckungsbefehl angegeben ist, und daß sie für den obengenannten Zweck aufbewahrt wurden[24]."

Für das Wort „obszön", welches in dem Gesetz vorkommt, gibt es keine klare rechtliche Definition. In der Praxis ist eine Veröffentlichung gesetzlich obszön, wenn der Richter sie als obszön ansieht, aber er ist nicht gezwungen, Sachverständigenurteile anzuhören, die den Beweis liefern, daß in diesem besonderen Fall die Veröffentlichung, die sonst als obszön beurteilt werden könnte, einen nützlichen Zweck erfüllt. Das bedeutet also, daß jede Person, die einen Roman oder eine soziologische Abhandlung oder einen Vorschlag zu einer Gesetzesreform hinsichtlich geschlechtlicher Dinge verfaßt, darauf gefaßt sein muß, daß ihr Werk vernichtet wird, wenn irgendein ältlicher, unwissender Mann diese Dinge zufällig für schlechte Lektüre hält. Die Folgen dieses Gesetzes sind höchst schädlich. Bekanntlich wurde der erste Band von Havelock Ellis *Sexual-Psychologische Studien* auf Grund dieses Gesetzes in England verboten[25], während sich Amerika in diesem Fall als liberaler erwies. Ich glaube, niemand kann annehmen, daß Havelock Ellis unmoralische Zwecke verfolgte, und es erscheint äußerst unwahrscheinlich, daß ein so umfangreiches, gelehrtes und ernsthaftes Buch von Personen gelesen worden wäre, die nur den Kitzel der Unzüch-

---

[24] Siehe die ausgezeichnete Abhandlung von Desmond Mac Carthy *Obszönität und Gesetz*, Life and Letters, Mai 1929.

[25] Auf Grund des Verbotes des ersten Bandes wurden die weiteren Bände in England nicht veröffentlicht. Deutsche Ausgabe 8 Bde., Leipzig 1909–23.

tigkeit suchten. Es ist freilich unmöglich, ein solches Thema zu behandeln, ohne Dinge zu erörtern, welche der durchschnittliche Richter vor Frau und Töchtern nicht erwähnen würde; aber das Verbot der Veröffentlichung eines solchen Buches bedeutet, ernsthaften Interessenten nicht zu gestatten, die Tatsachen auf diesem Gebiet zu erfahren. Ich kann mir vorstellen, daß vom herkömmlichen Standpunkt aus das Anstößigste an Havelock Ellis Werk seine Sammlung von Krankengeschichten war, die beweisen, wie außerordentlich erfolglos die bestehenden Methoden sind, um Tugend oder geistige Gesundheit zu erzeugen. Derartige Dokumente liefern Unterlagen für eine vernünftige Beurteilung bestehender Methoden in der sexuellen Erziehung. Das Gesetz bestimmt, daß wir solche Unterlagen nicht haben dürfen, und daß unsere Beurteilung dieser Dinge weiterhin auf Unwissenheit zu beruhen hat.

Das Verbot des Romanes *The Well of Loneliness* (Der Brunnen der Einsamkeit) hat einen anderen Gesichtspunkt der Zensur in den Vordergrund gerückt, nämlich den, daß jede Behandlung der Homosexualität in der Belletristik ungesetzlich ist. Es gibt eine sehr beträchtliche Menge von Wissen über die Homosexualität, das von Gelehrten in Ländern des europäischen Festlandes zusammengetragen wurde, wo die Gesetze weniger wissensfeindlich sind, aber diese Kenntnisse dürfen weder in wissenschaftlicher noch in belletristischer Form in England verbreitet werden. Homosexualität zwischen Männern, nicht jedoch zwischen Frauen, ist in England ungesetzlich, und es wäre sehr schwierig, Argumente für eine Änderung der Gesetzgebung in dieser Beziehung anzuführen, die nicht schon an und für sich ungesetzlich, weil obszön wären. Jeder, der die Mühe nicht gescheut hat, sich mit dem Thema zu beschäftigen, weiß jedoch, daß dieses Gesetz das Ergebnis eines barbarischen und unwissenden Aberglaubens ist, zu dessen Gunsten auch nicht der geringste vernünftige Grund vorgebracht werden kann. Ähnliche Erwägungen treffen auf den Inzest zu. Vor gar nicht so vielen Jahren wurde ein neues Gesetz verabschiedet, welches bestimmte Formen des Inzestes für verbrecherisch erklärt, aber es war und ist unter der Lord-Campbell-Akte ungesetzlich, Argumente für oder gegen dieses Gesetz vorzubringen, wenn diese Argumente nicht so abstrakt und vorsichtig abgefaßt sind, daß sie jegliche Kraft einbüßen.

Eine andere interessante Folgeerscheinung der Lord-Campbell-Akte ist, daß viele Themen in langen, gelehrten Worten, die nur hochgebildeten Menschen bekannt sind, diskutiert werden dürfen, nicht jedoch in einer Sprache, die dem Volke verständlich ist. Mit gewissen Vorsichtsmaßregeln kann man in Druckerzeugnissen von Koitus sprechen, nicht statthaft ist dagegen die Anwendung des volkstümlichen Synonyms für dieses Wort. So wurde kürzlich im Falle des Romans *The Sleeveless Errand* (Vergebliche Mühe) entschieden. Manchmal hat das Verbot einfacher Sprache schwerwiegende Folgen. Zum Beispiel wurde Mrs. Sangers Broschüre über Geburtenbeschränkung, die sich an Arbeiterinnen wendet, für obszön erklärt mit der Begründung, Arbeiterinnen könnten den Inhalt verstehen. Andererseits sind die Bücher von Dr. Marie Stopes nicht gesetzwidrig, da deren Ausdrucksweise nur von Personen mit einer gewissen Bildung verstanden werden kann. Die Folge ist, daß es zwar gestattet ist, die Gutsituierten über Geburtenregelung zu belehren, daß es aber verbrecherisch ist, diese den Arbeitern und deren Frauen nahezubringen. Ich empfehle diese Tatsache der Aufmerksamkeit der Rassenhygienischen Gesellschaft (Eugenic Society), die arg darüber jammert, daß die Arbeiterbevölkerung sich rascher vermehrt als die Mittelklasse, während sie sich vorsichtig jeden Versuches enthält, die Rechtslage zu ändern, welche diesem Umstand zugrunde liegt.

Viele Leute werden mir recht geben, daß diese Folgen des Gesetzes gegen obszöne Literatur bedauerlich sind, sie werden aber trotzdem an der Ansicht festhalten, daß ein solches Gesetz notwendig ist. Auch ich glaube nicht, daß es möglich ist, ein Gesetz gegen Obszönität zu entwerfen, welches diese unerwünschten Folgen nicht hat, und ich wäre deshalb dafür, überhaupt kein Gesetz hierüber zu haben. Die Begründung für diese These ist eine doppelte: erstens, daß kein solches Gesetz Schlechtes verbieten kann, ohne gleichzeitig das Gute zu verbieten, und zweitens, daß Schriften, die unzweifelhaft und offensichtlich pornographisch sind, wenig Schaden anrichten würden, wenn die sexuelle Erziehung vernünftig wäre.

Was die erste Begründung angeht, so ist sie zur Genüge durch die Geschichte der Anwendung der Lord-Campbell-Akte in England bestätigt worden. Dieses Gesetz richtete sich, wie jeder durch Lektüre der Parlamentsdebatten feststellen kann, ausschließlich gegen die Pornographie, und man war damals der Meinung, daß dessen Fassung die Anwendung gegen andere Arten von Literatur nicht ermöglichen würde. Diese Meinung beruhte jedoch auf mangelhafter Einschätzung der Schlauheit der Polizeibeamten und der Dummheit der Richter. Das ganze Thema der Zensur ist in einem Buch von Morris Ernst und William Seagle vortrefflich behandelt worden[26]. Die beiden Autoren beschäftigen sich sowohl mit den Erfahrungen in England als in Amerika und in kürzerer Form mit dem, was in anderen Ländern geschehen ist. Die Erfahrung zeigt, besonders im Fall der englischen Bühnenzensur, daß frivole Stücke, die es darauf anlegen, aufreizend zu wirken, vom Zensor ohne weiteres genehmigt werden, weil er nicht für prüde gelten möchte, während ernste Stücke, bei denen es um Kernfragen geht, wie zum Beispiel G. B. Shaws *Mrs. Warrens Gewerbe,* viele Jahre brauchen, um die Zensur zu passieren, und ein Stück von einzigartigem dichterischen Wert wie Shelleys *Die Cenci* hundert Jahre, um den Ekel zu überwinden, den es in der stolzen Männerbrust des Herrn Lordkämmerers erregt hatte, obwohl kein Wort im Text steht, das selbst im heiligen Antonius Wollustgefühle hervorrufen könnte. Wenn wir uns auf eine Unmenge historischer Belege berufen, können wir also feststellen, daß die Zensur auf Werke von ernsthaftem künstlerischen und wissenschaftlichen Wert angewandt wird, während Personen, deren Absicht reine Aufgeilung ist, immer Mittel und Wege finden, durch die Maschen des Gesetzes zu schlüpfen.

---

[26] *To the Pure* (An die Reinen), The Viking Press, 1928.

Es bleibt jedoch noch der zweite Grund für die Ablehnung der Zensur. Dieser besteht darin, daß selbst unbestreitbare Pornographie weniger Schaden anrichten würde, wenn sie sich offen und ohne Scham zeigte, anstatt durch Heimlichkeit interessant gemacht zu werden. Trotz des Gesetzes hat fast jeder einigermaßen wohlsituierte Mann in seiner Jugend unanständige Photographien gesehen und war stolz, wenn er solche Bilder in seinen Besitz gebracht hatte, weil sie schwierig zu beschaffen waren. Durchschnittsmänner sind der Meinung, daß derartige Dinge außerordentlich schädlich für andere sind, obwohl kaum einer zugeben wird, daß sie für ihn selbst schädlich gewesen sind. Zweifelsohne erregen sie ein vorübergehendes Lustgefühl, aber bei jedem Mann mit normaler sexueller Potenz werden solche Gefühle auf die eine oder die andere Weise hervorgerufen. Die Häufigkeit, mit der ein Mann Lustgefühle empfindet, hängt von seiner eigenen körperlichen Anlage ab, während die Anlässe, die derartige Sensationen bewirken, von den gesellschaftlichen Konventionen abhängen, an die er gewöhnt ist. In der zweiten Hälfte des vorigen Jahrhunderts genügten einem Mann die Fußknöchel als Reiz, während ein moderner Mann vom ganzen Frauenbein bis zum Schenkel hinauf ungerührt bleibt. Es ist nur eine Frage der Kleidermode. Wenn Nacktheit Mode wäre, würde sie aufhören uns zu reizen, und die Frauen wären wie bei gewissen wilden Stämmen gezwungen, Kleidung als ein Mittel anzulegen, um sich sexuell anziehend zu machen. Ganz ähnliche Betrachtungen gelten für Literatur und Bilder. Was im vorigen Jahrhundert aufregend war, würde die Männer einer freieren Epoche ungerührt lassen. Je mehr die Prüden das erlaubte Maß von Sex-appeal beschränken, desto weniger braucht man, um einem solchen Reiz Wirkung zu verschaffen. Neunzehntel des Reizes der Pornographie sind den unsauberen Gefühlen in sexueller Hinsicht zuzuschreiben, die der Jugend von Moralpredigern eingetrichtert werden. Das andere Zehntel ist physiologisch bedingt und wird auf diese oder jene Weise in Erscheinung treten, gleichgültig wie die Gesetzeslage ist. Obgleich ich fürchte, daß sehr wenige einer Meinung mit mir sein werden, bin ich aus diesen Gründen fest davon überzeugt, daß es überhaupt kein Gesetz über obszöne Veröffentlichungen geben sollte.

Das Nacktheitstabu ist ein Hindernis für die Sauberkeit in geschlechtlichen Dingen. In bezug auf Kleinkinder wird dies jetzt von vielen Menschen eingesehen. Es ist gut für Kinder, die Eltern und sich untereinander nackt zu sehen, wenn es sich zufällig und natürlich ergibt. Es wird wahrscheinlich um das Alter von drei Jahren herum eine kurze Zeit geben, wo der Junge an den Unterschieden zwischen Vater und Mutter interessiert ist und sie mit den Unterschieden zwischen sich selbst und seiner Schwester vergleicht, aber diese Zeit ist schnell vorüber und er interessiert sich dann nicht stärker für Nacktheit als für Kleidung. Solange Eltern von ihren Kindern nicht nackt gesehen werden wollen, müssen die Kinder zwangsläufig das Gefühl haben, daß da ein Geheimnis ist, und wenn sie dies Gefühl haben, werden sie aufgereizt und unanständig. Es gibt nur ein Mittel zur Vermeidung von Unanständigkeit, und zwar, das Geheimnis nicht entstehen zu lassen.

Es gibt auch viele wichtige gesundheitliche Gründe für Nacktheit unter günstigen Voraussetzungen, wie zum Beispiel im Freien bei sonnigem Wetter. Sonnenstrahlung auf die bloße Haut hat einen außerordentlich gesundheitsfördernden Einfluß. Außerdem ist es sicher schon jedem aufgefallen, der Kinder beim unbekleideten Umherspringen im Freien beobachtet hat, daß sie sich viel besser halten und sich viel freier und graziöser bewegen als angezogen. Das gleiche trifft für Erwachsene zu. Der richtige Ort für Nacktheit ist draußen im Sonnenschein und im Wasser. Wenn unsere Sitte das gestattete, würde es bald jeglichen erotischen Reizaffekt verlieren. Unsere Haltung würde sich bessern. Wir würden durch die Berührung der Haut mit Luft und Sonne gesünder werden und unsere Maßstäbe für Schönheit würden mit gesundheitlichen Maßstäben in besseren Einklang kommen, da man sie auf den Körper und dessen Haltung und nicht auf das Gesicht bezöge. Hierin muß man den Gewohnheiten der Griechen Beifall zollen.

Neuntes Kapitel

Die Bedeutung der Liebe im menschlichen Leben

Die vorherrschende Einstellung der meisten Gesellschaftsformen gegenüber der Liebe ist eine merkwürdig zwiespältige. Einerseits ist die Liebe das hauptsächlichste Thema von Gedichten, Romanen und Bühnenstücken. Andererseits wird sie von den ernstesten Soziologen bei der Ausarbeitung wirtschaftlicher und politischer Reformpläne völlig außer acht gelassen. Ich betrachte die Liebe als eines der wichtigsten Dinge im menschlichen Leben und halte jedes System für schlecht, das ihre freie Entfaltung unnötig beeinträchtigt.

Wenn das Wort richtig gebraucht wird, bedeutet Liebe nicht alle und jede Beziehung zwischen den Geschlechtern, sondern nur eine Beziehung, an der das Gefühl in starkem Maße Teil hat und die sowohl seelisch wie körperlich bedingt ist. Sie kann jeden Grad von Intimität erreichen. Derartige Gefühle, wie sie in *Tristan und Isolde* zum Ausdruck kommen, stimmen mit dem Erleben zahlloser Männer und Frauen überein. Die Fähigkeit, dem Liebesgefühl künstlerischen Ausdruck zu verleihen, ist selten; aber das Gefühl an und für sich ist wenigstens in Europa nicht selten. Es ist in einigen Kulturkreisen verbreiteter als in anderen, und ich glaube, das hängt nicht von der Veranlagung der betreffenden Menschen ab, sondern von ihren Sitten und Gebräuchen. In China ist es selten und erscheint in der Geschichte als ein Attribut schlechter Kaiser, die von bösen Konkubinen verführt wurden. Die traditionelle chinesische Kultur lehnte alle starken Gefühle ab und war der Anschauung, daß ein Mann unter allen Umständen der Vernunft gehorchen müsse. Hierin ähnelte sie dem frühen 18. Jahrhundert. Wir, die wir die Französische Revolution, die Romantik und den Weltkrieg hinter uns haben, sind uns dessen bewußt, daß der Anteil des Verstandes am menschlichen Leben nicht so beherrschend ist, wie man zu Zeiten Lockes glaubte, zumal der Verstand zum Verräter geworden ist, indem er die Psychoanalyse erfand. Die drei hauptsächlichen außerverstandesmäßigen Erscheinungen des modernen Lebens sind Religion, Krieg und Liebe. Sie alle liegen außerhalb des Verstandesmäßigen, Liebe ist jedoch nicht gegen alle Vernunft, das heißt ein vernünftiger Mann kann sich in vernünftiger Weise an ihrer Existenz erfreuen. Aus Gründen, die wir in früheren Kapiteln erörtert haben, besteht in der modernen Welt ein gewisser Antagonismus zwischen Religion und Liebe. Ich glaube nicht, daß dieser Widerstreit unvermeidlich ist. Er rührt nur von der Tatsache her, daß die christliche Religion im Gegensatz zu einigen anderen in der Askese wurzelt.

In der modernen Welt hat die Liebe jedoch noch einen anderen Widersacher, der gefährlicher ist als die Religion, und zwar das Evangelium der Arbeit und des wirtschaftlichen Erfolges. Besonders in Amerika besteht die allgemeine Auffassung, daß ein Mann die Liebe nicht in Konflikt mit seiner Karriere kommen lassen darf, und daß er, wenn er es doch tut, verrückt ist. Aber hierin wie in allen menschlichen Dingen, bedarf es eines gewissen Gleichgewichts. Es wäre töricht, obwohl es in einigen Fällen vielleicht von tragischer Heldenhaftigkeit ist, die Karriere völlig der Liebe zu opfern, aber es wäre genau so töricht und keinesfalls heroisch, die Liebe völlig der Karriere zu opfern. Und doch kommt dies vor und ist auch nicht ganz unvermeidlich in einer Gesellschaft, deren Struktur auf der allgemeinen Jagd nach dem Gelde beruht. Man betrachte nur das Leben eines typischen Geschäftsmannes von heute, insbesondere in Amerika. Von der Zeit an, wenn er gerade erwachsen ist, widmet er alle seine besten Gedanken und seine besten Kräfte dem finanziellen Erfolg. Alles andere ist nur unwichtige Erholung. In seiner Jugend befriedigt er seine körperlichen Bedürfnisse von Zeit zu Zeit mit Prostituierten; dann heiratet er ziemlich bald, seine Interessen sind aber von denen seiner Frau gänzlich verschieden, und es bildet sich nie ein wirklich inniges Verhältnis zwischen den beiden Menschen heraus. Er kommt spät und abgespannt vom Büro nach Hause. Morgens steht er auf, bevor seine Frau erwacht ist. Den Sonntag verbringt er mit Golfspielen, weil Körpertraining notwendig ist, um ihn für den Kampf ums Geld in Form zu halten. Die Interessen seiner Frau erscheinen ihm typisch weiblich; er billigt sie wohl, macht aber nicht den Versuch, sie zu teilen. Er hat ebensowenig Zeit für unerlaubte wie für eheliche Liebe, obgleich er natürlich gelegentlich eine Prostituierte aufsuchen mag, wenn er sich fern von daheim auf Geschäftsreisen befindet. Seine Frau bleibt ihm gegenüber wahrscheinlich geschlechtskalt, was garnicht verwunderlich ist, da er nie Zeit hat, sie zu umwerben. Im Unterbewußtsein ist er unbefriedigt, er weiß aber nicht warum. Er ertränkt seine Unzufriedenheit hauptsächlich in Arbeit, aber auch auf andere weniger schöne Art, zum Beispiel durch den sadistischen Genuß, den er sich durch den Besuch von Box- und Ringkämpfen oder die Verfolgung radikaler Elemente verschafft. Seine Frau, die genau so unbefriedigt ist, macht sich Luft in zweitrangiger Kultur und im Hochhalten der Tugend, indem sie auf alle diejenigen hetzt, deren Leben großzügig und frei ist. Auf diese Weise verkehrt sich der Mangel an sexueller Befriedigung beim Mann wie bei der Frau in Haß gegenüber der Menschheit, allerdings in der Maske des Gemeinschaftsgeistes und des hohen moralischen Niveaus.

Dieser wenig glückliche Zustand ist zum großen Teil auf eine falsche Auffassung von unseren sexuellen Bedürfnissen zurückzuführen. Paulus meinte anscheinend, daß man in der Ehe weiter nichts als Gelegenheit zum Geschlechtsverkehr braucht, und diese Ansicht ist durch die Lehren christlicher Moralisten im wesentlichen gestützt worden. Ihre Abneigung gegen sexuelle Dinge hat sie gegenüber allen anderen Seiten des Liebeslebens blind gemacht mit dem Erfolg, daß alle diejenigen, die in ihrer Jugend diese Belehrung über sich ergehen lassen mußten, auf der Welt herumirren, ohne ihre eigenen schönsten Möglichkeiten zu erkennen. Die Liebe ist etwas viel Gewaltigeres als das Verlangen nach geschlechtlichem Verkehr; sie ist das Hauptmittel zur Flucht vor der Einsamkeit, welche die meisten Männer und Frauen während des größten Teils ihres Lebens befällt. In fast allen Menschen steckt eine tiefsitzende Furcht vor der kalten Welt und der möglichen Grausamkeit der Herde; andererseits besteht eine Sehnsucht nach Liebe, die bei Männern oft unter Roheit, Ungeschliffenheit oder Grobheit, und bei Frauen unter Nörgeln und Schelten verborgen ist. Leidenschaftliche gegenseitige Liebe macht, solange sie anhält, diesem Furchtgefühl ein Ende. Sie reißt die harten Mauern um das Ich ein und bringt ein neues Wesen hervor, das aus zwei in einem besteht. Die Natur hat menschliche Wesen nicht dazu geschaffen, allein zu stehen, da sie ihren biologischen Zweck nur mit Hilfe eines anderen erfüllen können; und Kulturmenschen können ohne Liebe ihren sexuellen Trieb nicht voll befriedigen. Dieser Trieb wird nur dann vollständig befriedigt, wenn eines Menschen ganzes seelisches wie körperliches Wesen an der Beziehung beteiligt ist. Wer die tiefe Vertrautheit und feste Kameradschaft glücklicher beiderseitiger Liebe nie kennengelernt hat, hat das Schönste verpaßt, was das Leben zu bieten vermag. Unbewußt, wenn nicht gar bewußt erfühlen das die Menschen, und die sich daraus ergebende Enttäuschung verleiht ihnen den Hang zu Neid, Unterdrückung und Grausamkeit. Es sollte daher ein Anliegen des Soziologen sein, der leidenschaftlichen Liebe den ihr gebührenden Platz einzuräumen, da Männer und Frauen ohne das Erlebnis dieses Gefühls ihre volle Größe nicht erreichen und der übrigen Welt nicht die großzügige Wärme entgegenbringen können, ohne die ihr gesellschaftliches Verhalten mit Sicherheit schädlich ist.

Die meisten Männer und Frauen erleben die leidenschaftliche Liebe, günstige Umstände vorausgesetzt, zu irgendeiner Zeit ihres Lebens. Für die Unerfahrenen ist es jedoch sehr schwierig, leidenschaftliche Liebe von bloßer erotischer Anziehung zu unterscheiden. Das ist besonders bei wohlerzogenen Mädchen der Fall, die belehrt wurden, sie könnten unmöglich Gefallen daran finden, einen Mann zu küssen, ohne ihn zu lieben. Wenn von einem Mädchen bei der Verheiratung Jungfräulichkeit erwartet wird, dürfte es oft vorkommen, daß sie einer vorübergehenden und oberflächlichen erotischen Anziehung in die Falle geht, die eine Frau mit sexueller Erfahrung leicht hätte von Liebe unterscheiden können. Das ist zweifellos eine häufige Ursache unglücklicher Ehen gewesen. Selbst wenn gegenseitige Liebe vorhanden ist, kann sie dadurch vergiftet werden, daß sich der eine oder andere Teil einbildet, sie sei sündig. Diese Einbildung kann allerdings begründet sein. Parnell[27] zum Beispiel sündigte ganz bestimmt, als er Ehebruch beging, da er hierdurch die Erfüllung der Hoffnungen Irlands um viele Jahre aufschob. Aber auch wenn das Gefühl der Sünde unbegründet ist, vergiftet es die Liebe doch. Wenn die Liebe den Menschen all das Schöne bieten soll, das sie zu bieten vermag, muß sie frei, großzügig und zwanglos sein und von ganzem Herzen kommen.

Das Gefühl der Sünde, das die herkömmliche Erziehung der Liebe, selbst der ehelichen Liebe beimischt, tritt oft unbewußt bei Männern wie bei Frauen auf, und zwar sowohl bei denen, deren bewußte Anschauungen ungebunden sind wie bei denen, die an alten Traditionen festhalten. Die Auswirkungen dieses Umstandes sind verschiedenartig. Es macht die Männer oft brutal, ungeschickt und rücksichtlos in ihrem Liebesspiel, da sie sich nicht dazu entschließen können, darüber offen zu reden, um die Gefühle der Frau festzustellen. Diese Männer können auch nicht die allmähliche Steigerung bis zum eigentlichen Geschlechtsakt richtig werten, die so wesentlich für den Liebesgenuß der meisten Frauen ist. Ja, sie machen es sich oft gar nicht klar, daß eine Frau auch Erfüllung braucht, und daß der Liebhaber die Schuld trägt, wenn sie ihr versagt bleibt. Bei Frauen, die in der herkömmlichen Form erzogen wurden, findet man häufig einen gewissen Stolz auf ihre Gefühlskälte; sie sind in bezug auf das Körperliche sehr reserviert und nicht geneigt, so ohne weiteres körperliche Intimitäten zu gestatten. Ein geschickter Liebhaber kann diese Scheu wahrscheinlich beseitigen, aber ein Mann, der sie achtet und als Merkmal einer keuschen Frau bewundert, wird sie sicher nicht besei-

[27] Charles Parnell, irischer Politiker (1846–91).

tigen können. Das Resultat ist, daß die Beziehungen zwischen Mann und Frau gezwungen und mehr oder weniger formell bleiben. Zur Zeit unserer Großväter erwarteten die Ehemänner niemals, ihre Frauen nackt zu sehen, und die Frauen wären entsetzt gewesen über eine solche Zumutung. Diese Einstellung ist noch jetzt verbreiteter als man annehmen sollte, und selbst bei denjenigen, die darüber hinaus sind, ist häufig ein gut Teil der alten Hemmungen zurückgeblieben.
Es gibt noch ein anderes, mehr psychologisches Hindernis für die volle Entfaltung der Liebe in der modernen Welt, und zwar die von vielen Menschen empfundene Furcht vor der Preisgabe des eigenen Ich. Das ist ein törichtes und ziemlich modernes Furchtgefühl. Individualität ist nicht Selbstzweck, sondern etwas, das in fruchtbare Berührung mit der Welt kommen und dadurch sein Isoliertsein verlieren muß. Eine Individualität, die in einem Glaskasten aufbewahrt wird, verwelkt, während eine, die sich im Umgang mit Menschen frei verausgabt, bereichert wird. Liebe, Kinder und Arbeit sind die großen Quellen des befruchtenden Kontaktes des Individuums mit der Umwelt. Von diesen ist die Liebe gewöhnlich chronologisch die erste. Außerdem ist sie wesentlich für die völlige Entfaltung elterlicher Liebe, denn im Kinde erscheinen meist die Merkmale beider Elternteile wieder. Wenn die Eltern sich nicht lieben, wird jeder Teil sich an seinen eigenen Merkmalen freuen, die an den Kindern zu entdecken sind, während er von den Merkmalen des anderen Teils schmerzlich berührt wird. Die Arbeit ist beileibe nicht immer imstande, einen Mann in fruchtbare Berührung mit der Umwelt zu bringen. Ob es der Fall ist oder nicht, hängt von der Einstellung ab, mit der die Arbeit geleistet wird. Arbeit, deren Motiv ausschließlich geldlicher Natur ist, kann diesen Wert nicht haben, sondern nur Arbeit, bei der irgendeine Art von Hingabe mitspielt, sei es an Personen, Dinge oder an eine bloße Vision. Und so ist Liebe an sich wertlos, wenn sie nur besitzbewußt ist; dann steht sie nämlich auf einer Stufe mit Arbeit, die nur erwerbsbewußt ist. Wenn Liebe den Wert haben soll, von

dem wir sprechen, muß sie das Ich der geliebten Person als so wichtig empfinden wie das eigene Ich und muß die Gefühle und Wünsche des anderen erfassen als wären es die eigenen, das heißt es muß eine instinktive und nicht bloß bewußte Erweiterung des egoistischen Gefühls bestehen, die die andere Person mit einschließt. All das ist von unserer konkurrenzkampf-süchtigen Gesellschaft und durch den irrsinnigen Persönlichkeitskult erschwert worden, der seinen Ursprung teils im Protestantismus, teils in der Romantik hat.

Bei modernen, fortschrittlich denkenden Menschen sieht sich die Liebe im ernsthaften Sinne, mit der wir es hier zu tun haben, einer neuen Gefahr gegenüber. Wenn die Menschen keine moralischen Schranken vor geschlechtlichem Verkehr bei jeder Gelegenheit mehr anerkennen, wo gerade ein oberflächlicher Reiz dazu verspürt wird, gewöhnen sie sich an, den Geschlechtstrieb von echter Empfindung und vom Gefühl der Liebe zu trennen. Die Romane von Aldous Huxley veranschaulichen dies am besten. Seine Personen betrachten den Geschlechtsverkehr wie Paulus ausschließlich als einen physiologischen Prozeß, während ihnen die höheren Werte, mit denen er gekoppelt sein kann, anscheinend unbekannt sind. Von einer solchen Einstellung ist es nur ein Schritt bis zur Wiederbelebung der Askese. Die Liebe hat ihre ureigenen Ideale und ihre ureigenen moralischen Maßstäbe. Diese sind wohl in der christlichen Glaubenslehre wie in der unbedingten Auflehnung gegen jegliche Geschlechtsmoral verschleiert, die sich bei großen Teilen der jüngeren Generation bemerkbar macht. Geschlechtsverkehr getrennt von Liebe kann den Trieben wirkliche Befriedigung nicht verschaffen. Ich will damit nicht sagen, daß er in dieser Form nie stattfinden darf, weil wir, um das durchzusetzen, so starre Schranken errichten müßten, daß die Liebe selbst sehr erschwert würde. Was ich ausdrücken möchte ist, daß Geschlechtsverkehr ohne Liebe nur geringen Wert besitzt und in der Hauptsache als Versuch mit dem Ziel der Liebe zu betrachten ist.

Die Ansprüche der Liebe auf eine anerkannte Stellung im

menschlichen Leben sind, wie wir gesehen haben, sehr groß. Aber die Liebe ist eine eigenmächtige Kraft, die, wenn man ihr die Zügel schießen läßt, nicht in den von Gesetz oder Brauch gezogenen Grenzen bleibt. Solange Kinder nicht beteiligt sind, mag das keine große Rolle spielen. Sobald aber Kinder da sind, befinden wir uns auf einer anderen Ebene, wo die Liebe nicht mehr nur sich selbst angeht, sondern wo sie den biologischen Zwecken der Rasse dient. Es muß eine Gesellschaftsethik im Zusammenhang mit den Kindern geben, die im Falle eines Konfliktes Vorrang vor den Forderungen der Liebesleidenschaft hat. Eine weise Ethik wird jedoch diesen Konflikt bis zum äußersten verringern, nicht nur weil die Liebe an sich gut ist, sondern auch weil es den Kindern guttut, wenn die Eltern sich lieben. Es sollte eins der Hauptziele einer weisen Sexualethik sein, sich so wenig in Dinge der Liebe einzumischen, wie es sich mit den Interessen der Kinder vereinbaren läßt. Dieses Thema kann jedoch erst behandelt werden, wenn wir die Familie betrachtet haben.

Zehntes Kapitel

Die Ehe

In diesem Kapitel möchte ich über die Ehe ohne Rücksicht auf Kinder sprechen, also nur über die Ehe als Beziehung zwischen Mann und Frau. Sie unterscheidet sich natürlich von anderen Geschlechtsbeziehungen durch die Tatsache, daß sie eine gesetzliche Institution ist. In den meisten Gemeinschaften ist sie auch eine religiöse Institution, wesentlich jedoch ist der rechtliche Gesichtspunkt. Diese Institution ist weiter nichts als die Legalisierung eines Vorgangs, der sich nicht nur bei primitiven Menschen, sondern auch bei Menschenaffen und verschiedenen anderen Tieren vollzieht. Tiere gehen immer dann ein eheähnliches Verhältnis ein, wenn die Mitwirkung des Männchens für die Aufzucht der Jungen erforderlich ist. In der Regel sind Tierehen monogam, und nach Angabe mancher Fachleute ist das insbesondere bei den Menschenaffen der Fall. Wenn man diesen Fachleuten Glauben schenken darf, sehen sich diese glücklichen Tiere anscheinend nicht den Problemen gegenüber, von denen die menschlichen Gemeinschaften bedrängt werden, weil das Männchen, wenn es erst einmal verheiratet ist, sich nicht mehr zu einem anderen Weibchen hingezogen fühlt, und das Weibchen, wenn es erst einmal verheiratet ist, auf kein anderes Männchen mehr anziehend wirkt. Obwohl ihnen die Stütze der Religion fehlt, ist die Sünde bei den Menschenaffen unbekannt, da der Instinkt genügt, um Treue zu erzeugen. Es liegen Beweise dafür vor, daß bei wilden Stämmen, die auf sehr niedriger Stufe stehen, ein ähnlicher Zustand herrscht. Die Buschmänner sollen strikt monogam leben und, soviel ich weiß, waren die jetzt ausgestorbenen Tasmanier ihren Frauen beständig treu. Sogar beim Kulturmenschen können zuweilen schwache Spuren monogamer Veranlagung festgestellt werden. Wenn man den Einfluß der Gewohnheit auf das menschliche Verhalten bedenkt, ist es vielleicht überraschend, daß die Gewalt der Monogamie über das Triebleben nicht stärker ist. Das ist jedoch ein Beispiel für die geistige Besonderheit des Menschen, aus der sowohl seine Laster als sein Denkvermögen entspringen, das heißt die Geisteskraft, Gewohnheiten zu durchbrechen und eine neue Art des Verhaltens zu beginnen.

Das Auftreten des wirtschaftlichen Motivs war wahrscheinlich der Anlaß für den Zusammenbruch der primitiven Monogamie. Überall, wo dieses Motiv einen Einfluß auf das Verhalten in geschlechtlichen Dingen ausübt, ist das Ergebnis unweigerlich verheerend, da instinktive Beziehungen durch Beziehungen, die auf Kauf oder Sklaverei beruhen, ersetzt werden. In frühen land- und weidewirtschaftlichen Gemeinschaften waren sowohl Frauen als Kinder ein wirtschaftlicher Aktivposten für den Mann. Die Frauen arbeiteten für ihn und die Kinder fingen im Alter von fünf oder sechs Jahren an, auf dem Feld oder beim Viehhüten nützlich zu werden. Infolgedessen trachteten die mächtigsten Männer danach, so viel Frauen wie möglich zu besitzen. Vielweiberei kann nur in seltenen Fällen allgemeiner Brauch einer Gemeinschaft werden, da in der Regel kein großer Frauenüberschuß vorliegt; sie ist das Vorrecht der Häuptlinge und Reichen. Viele Frauen und Kinder bilden einen wertvollen Besitz und erhöhen daher die bereits bevorzugte Stellung ihrer Eigentümer. Auf diese Weise wird die Hauptfunktion einer Frau zu der eines einträglichen Haustieres und ihre sexuelle Funktion ist untergeordneter Natur. Auf dieser Kulturstufe ist es für einen Mann gewöhnlich nicht schwer, sich von seiner Frau scheiden zu lassen, obgleich er ihrer Familie in diesem Falle eine vielleicht eingebrachte Mitgift zurückerstatten muß. Andererseits ist es im allgemeinen der Frau unmöglich, sich von ihrem Manne scheiden zu lassen.

Die Einstellung der meisten halbzivilisierten Gemeinschaften dem Ehebruch gegenüber steht mit dieser Anschauungsweise in völligem Einklang. Auf einer sehr niedrigen Kulturstufe wird Ehebruch zuweilen geduldet. Wenn die Samoaner auf eine Reise gehen müssen, sollen sie durchaus erwarten, daß sich ihre Frauen über ihre Abwesenheit trösten[28]. Auf einer nur etwas höheren Stufe wird jedoch der Ehebruch der Frau mit dem Tode oder bestenfalls mit sehr schweren Strafen gesühnt. In meiner Jugend war Mungo Parks Beschreibung von Mumbo Jumbo[29] wohlbekannt, aber ich bin in späteren Jahren stets schmerzlich berührt gewesen, wenn ich amerikanischen Intellektuellen begegnete, die von Mumbo Jumbo als einem Gott des Kongogebietes sprachen. In Wirklichkeit war er weder ein Gott, noch hatte er etwas mit dem Kongo zu tun. Er war ein Schreckgespenst, das von den Männern des oberen Niger erfunden worden war, um Frauen, welche gesündigt hatten, Angst einzujagen. Mungo Parks Beschreibung läßt so unzweifelhaft eine Voltairesche Anschauung über den Ursprung

[28] Margaret Mead, *Coming of Age in Samoa* (Mündigkeit in Samoa), S. 104 ff.
[29] Mungo Park, englischer Afrikareisender (1771–1806).

der Religion durchblicken, daß sie diskret von den modernen Anthropologen übersehen wurde, die nicht wahrhaben wollen, daß Wilde ganz bewußt Schuftigkeiten begehen können. Ein Mann, der mit der Frau eines anderen geschlechtlich verkehrte, galt natürlich auch als Verbrecher; aber einen Mann, der dies mit einem unverheirateten Mädchen tat, traf keine Schuld, wenn er dessen Wert auf dem Heiratsmarkt nicht herabsetzte.

Mit dem Auftreten des Christentums änderte sich diese Einstellung. Der Anteil der Religion an der Ehe wurde stärker, und Übertretungen der Ehegesetze wurden von da ab eher wegen Verletzung des Tabus als des Eigentums geahndet. Mit der Frau eines anderen Mannes geschlechtlich zu verkehren, blieb natürlich ein Vergehen gegen diesen Mann, aber jeglicher außereheliche Geschlechtsverkehr war ein Vergehen gegen Gott. Dies war nach Ansicht der Kirche ein viel schwerer wiegendes Delikt. Aus dem gleichen Grunde wurde die Scheidung, welche den Männern vorher unter leichten Bedingungen zugestanden worden war, für unzulässig erklärt. Die Ehe wurde ein Sakrament und damit lebenslänglich.

War das ein Gewinn oder ein Verlust für das menschliche Glück? Das ist sehr schwer zu sagen. Bei Bauern ist das Leben einer verheirateten Frau immer sehr hart gewesen, und am härtesten war es wohl im ganzen bei den am wenigsten zivilisierten Bauern. Bei den meisten unkultivierten Völkern ist eine Frau mit fünfundzwanzig Jahren alt und kann nicht erwarten, in diesem Alter noch die geringsten Spuren von Schönheit aufzuweisen. Die Frau als Haustier zu betrachten, war zweifellos sehr angenehm für die Männer; für die Frauen bedeutete es aber nichts als Mühe und Arbeit. Während das Christentum die Stellung der Frau in einigen Beziehungen verschlechterte, besonders bei den wohlhabenden Schichten, so erkannte es doch wenigstens deren religiöse Gleichwertigkeit mit dem Manne an und lehnte es ab, sie ganz und gar als Eigentum des Mannes anzusehen. Eine verheiratete Frau hatte natürlich nicht das Recht, ihren Ehemann wegen eines anderen Mannes zu verlassen, aber sie konnte sich von ihm trennen, um ihr Leben der Religion zu widmen. Für die große Masse der Bevölkerung lagen aufs Ganze gesehen die Ansätze zu einer Besserstellung der Frau eher in der christlichen als in der vorchristlichen Anschauung.

Wenn wir in der heutigen Welt Umschau halten und uns fragen, welche Bedingungen im allgemeinen zum ehelichen Glück oder Unglück beitragen, kommen wir zu einer etwas eigenartigen Schlußfolgerung: nämlich, daß die Menschen anscheinend, je zivilisierter sie werden, desto unfähiger sind, mit einem einzigen Partner lebenslang glücklich zu sein. Von irischen Bauern behaupten Leute, die die Verhältnisse kennen sollten, daß sie in ihrem Eheleben im wesentlichen glücklich und treu seien, obgleich dort die Ehen bis in die jüngste Zeit hinein von den Eltern geschlossen wurden. Meist ist das Eheleben dort am einfachsten, wo die Menschen am wenigsten differenziert sind. Wenn sich ein Mann von anderen Männern und eine Frau von anderen Frauen kaum unterscheidet, liegt kein besonderer Grund vor zu bedauern, daß man nicht jemand anders geheiratet hat. Menschen aber mit vielseitigen Neigungen, Beschäftigungen und Interessen werden von ihren Partnern eine gewisse Geistesverwandtschaft verlangen und unzufrieden sein, wenn sie feststellen, daß sie weniger erhalten haben, als sie vielleicht hätten erreichen können. Die Kirche, die dahin tendiert, die Ehe allein vom Gesichtspunkt der Sexualität aus zu betrachten, sieht keinen Grund, warum ein Partner nicht ebenso gut sein sollte wie ein anderer. Sie kann daher auf der Unauflöslichkeit der Ehe bestehen, ohne sich um die Härten zu kümmern, die darin oft liegen.

Ein anderer Umstand, der zum Eheglück beiträgt, ist die geringe Anzahl herrenloser Frauen und der Mangel an gesellschaftlichen Gelegenheiten, bei denen verheiratete Männer mit anständigen Frauen zusammentreffen. Wenn keine Möglichkeit für geschlechtliche Beziehungen mit einer anderen Frau als der eigenen besteht, werden sich die meisten Männer mit der Lage abfinden und sie, außer in besonders schlimmen Fällen, ganz erträglich finden. Das gleiche trifft auf die Ehefrauen zu, vor allem wenn sie nicht mit der Vorstellung an die Ehe herangehen, daß viel Glück davon zu erwarten sei. Mit anderen Worten, eine Ehe hat die meiste Aussicht das zu sein, was man glücklich nennt, wenn keiner der beiden Partner damit rechnet, viel Glück darin zu finden.

Aus dem gleichen Grunde tragen feste gesellschaftliche Sitten dazu bei, sogenannte unglückliche Ehen zu verhüten. Wenn die Bande der Ehe als endgültig und unwiderruflich betrachtet werden, wird die Phantasie nicht angeregt, zu wandern und sich vorzustellen, daß vielleicht größere Wonnen zu erreichen gewesen wären. Wo diese Denkart besteht, genügt es zur Sicherung des häuslichen Friedens, wenn weder der Ehemann noch die Ehefrau übermäßig unter die allgemein anerkannte Norm anständigen Betragens absinken.

Bei den Kulturmenschen der modernen Welt liegt keine der Voraussetzungen für das vor, was man Glück nennt, und so begegnet man nicht vielen Ehen, die nach den ersten paar Jahren noch glücklich sind. Einige der Ursachen für das Unglücklichsein sind an die Zivilisation gebunden, andere aber würden verschwinden, wenn Männer und Frauen zivilisierter wären als sie es sind. Beginnen wir mit letzteren.

Die wichtigste dieser Ursachen ist schlechte Sexualerziehung, ein bei den wohlhabenden Schichten viel allgemeineres Übel als es bei Bauern jemals sein kann. Bauernkinder werden früh an das gewöhnt, was man als die Tatsachen des Lebens bezeichnet, die sie nicht nur bei den Menschen, sondern auch bei den Tieren beobachten können. Auf diese Weise werden sie vor Unwissenheit bewahrt und sind nicht so zimperlich. Dagegen werden die sorgfältig erzogenen Kinder der wohlhabenden Schichten vor jedem praktischen Wissen in sexuellen Dingen behütet, und selbst die modernsten Eltern, die ihre Kinder nach Büchern erziehen, vermitteln ihnen nicht den Sinn praktischen Vertrautseins, den sich das Bauernkind schon früh aneignet. Der Triumph der christlichen Lehre ist, wenn ein Mann und eine Frau heiraten, ohne vorher sexuelle Erlebnisse gehabt zu haben. In einem großen Prozentsatz der Fälle, wo es so ist, sind die Folgen verhängnisvoll. Das sexuelle Verhalten ist bei menschlichen Wesen nicht instinktiv, so daß sich das unerfahrene Brautpaar, das sich wahrscheinlich dieser Tatsache gar nicht bewußt ist, von Scham und Unbehagen überwältigt sieht. Es ist kaum besser, wenn nur die Frau unschuldig ist, der Mann aber seine Kenntnisse von Prostituierten erworben hat. Die meisten Männer sind sich nicht klar darüber, daß die Frau auch nach der Verheiratung umworben sein will, und viele Frauen mit guter Erziehung sind sich nicht klar darüber, welchen Schaden sie einer Ehe zufügen, wenn sie reserviert und körperlich unbeteiligt bleiben. Alles das könnte durch bessere sexuelle Erziehung ins Lot gebracht werden und ist tatsächlich bei der jungen Generation bereits wesentlich besser als es bei ihren Eltern und Großeltern war. Unter den Frauen war die Ansicht weit verbreitet, sie seien den Männern moralisch überlegen, und zwar mit der Begründung, daß sie als Frauen weniger Vergnügen am Geschlechtsgenuß hätten. Diese Einstellung machte eine offenherzige Gemeinschaft zwischen Mann und Frau unmöglich. Das war natürlich an sich schon gänzlich ungerechtfertigt, da fehlendes Vergnügen am Geschlechtsgenuß, ganz abgesehen davon, daß es keine Tugend ist, einen bloßen physiologischen oder psychologischen Mangel bedeutet ebenso wie fehlendes Vergnügen am Genuß von Speisen, wie es vor hundert Jahren ebenfalls von feinen Damen erwartet wurde.

Andere moderne Ursachen unglücklicher Ehen können jedoch nicht so leicht abgetan werden. Ich glaube, daß zivilisierte Menschen ohne Komplexe, Männer sowohl wie Frauen, dem Instinkt nach im allgemeinen polygam veranlagt sind. Sie können sich sehr verlieben und jahrelang in einer Person völlig aufgehen. Früher oder später aber stumpft sexuelle Vertrautheit die Leidenschaft ab, und sie fangen dann an, sich anderwärts nach einer Wiederbelebung des alten Gefühls der Erregung umzusehen. Es ist freilich möglich, diese Regung im Interesse der Moral im Zaum zu halten, aber es ist sehr

schwierig, das Vorhandensein dieser Regung zu verhindern. Mit der wachsenden Freiheit der Frau sind viel mehr Gelegenheiten für eheliche Untreue entstanden als es in früheren Zeiten gab. Die Gelegenheit erzeugt den Gedanken, der Gedanke erzeugt das Verlangen und, wenn keine religiösen Skrupel vorhanden sind, erzeugt das Verlangen die Handlung.
Die Emanzipation der Frau hat die Ehe in verschiedener Hinsicht erschwert. In früheren Tagen mußte sich die Frau an den Ehemann anpassen, nicht aber der Ehemann an die Frau. Heutzutage sind viele Frauen auf Grund des Rechtes der Frau auf ihre eigene Persönlichkeit und auf ihre eigene Lebensgestaltung nicht mehr gewillt, sich an ihre Ehemänner über einen gewissen Punkt hinaus anzupassen, während Männer, die noch immer der alten Tradition männlicher Gebieterschaft nachtrauern, den Grund nicht einsehen, warum sie nun die ganze Anpassung übernehmen sollen. Diese Schwierigkeiten treten besonders im Zusammenhang mit Untreue auf. In früheren Zeiten war der Ehemann gelegentlich untreu, in der Regel ahnte seine Frau jedoch nichts davon. Wenn sie dennoch dahinterkam, gestand er seine Sünden ein und machte ihr glaubhaft, daß er reuig sei. Andererseits war sie im allgemeinen treu. Wenn sie es nicht war und ihr Ehemann merkte es, ging die Ehe in die Brüche. Wo, wie in vielen modernen Ehen, gegenseitige Treue nicht gefordert wird, bleibt die instinktive Eifersucht trotzdem bestehen und erweist sich häufig als verhängnisvoll für die Beständigkeit jeglicher tief verwurzelten Vertrautheit, selbst wenn kein offener Streit ausbricht.

Der modernen Ehe steht noch eine weitere Schwierigkeit im Wege, die besonders von denen empfunden wird, die sich des Wertes der Liebe am meisten bewußt sind. Liebe kann nur gedeihen, solange sie frei und spontan ist; sie wird aber von dem Gedanken ertötet, daß sie nur pflichtmäßig sei. Zu sagen man habe die Pflicht und Schuldigkeit, den oder die Soundso zu lieben, ist das sicherste Mittel, Haß gegen den oder die Betreffende zu erzeugen. Die Ehe als eine Kombination von

Liebe und gesetzlichen Banden setzt sich so zwischen zwei Stühle. Shelley sagt:[30]

Nie hab' ich mich zum großen Troß geschlagen,
der lehrt, es solle jeder einen Freund,
ein Liebchen wählen, dem er treu sich eint,
und all die andern, wären noch so rein
und schön sie, frostigem Vergessen weihn.
Zwar ist's das Machtgebot der heut'gen Sitte,
der Alltagspfad, auf dem mit müdem Schritte
die armen Sklaven wandern, die ins Grab
des Lebens breiten Heerweg gehn hinab,
und so, geschmiedet fest an einen Freund,
der ihnen, ach, vielleicht ein bittrer Feind,
Hinziehn die Bahn, die endlos öde scheint.

Zweifellos bedeutet es eine Verminderung der Empfänglichkeit, der Sympathien und der Gelegenheiten für wertvolle menschliche Beziehungen, wenn man sich mit der Verheiratung gegen alle Annäherungen der Liebe von außen abschließt. Man tut damit einer Sache Gewalt an, die vom idealistischen Standpunkt um ihrer selbst willen erstrebenswert ist. Und wie jede Art von einschränkender Moral leistet dies einer gouvernantenhaften Einstellung zum ganzen menschlichen Leben Vorschub, das heißt der Einstellung, die stets nach Gelegenheiten sucht, irgend etwas zu verbieten.

Aus allen diesen Gründen, von denen viele unzweifelhaft ihre guten Seiten haben, ist die Ehe schwierig geworden, und wenn sie nicht ein Hindernis für das Glück sein soll, muß die Auffassung von der Ehe in ein neues Licht gerückt werden. Eine Lösung, die oft vorgeschlagen wird und in Amerika bereits in großem Umfange ausprobiert wurde, ist die Erleichterung der Scheidung. Wie jeder menschlich Denkende bin natürlich auch ich der Meinung, daß mehr Scheidungsgründe zugelassen werden sollten, als sie das englische Gesetz jetzt anerkennt; aber ich sehe in leichter Scheidung nicht die Lösung für Ehekonflikte. Wenn eine Ehe kinderlos ist, mag die Scheidung oft die richtige Lösung sein, selbst wenn beide Partner ihr Bestes tun, sich an-

---

[30] *Epipsychidion*, Vers 149 ff. (Übersetzung von Adolf Strodtmann).

ständig zu verhalten. Wo aber Kinder vorhanden sind, ist die Beständigkeit der Ehe nach meiner Überzeugung eine Angelegenheit von großer Bedeutung. (Auf dieses Thema werde ich im Zusammenhang mit der Familie zurückkommen.) Wenn eine Ehe fruchtbar ist und beide Partner vernünftig und anständig sind, sollte man nach meiner Meinung erwarten, daß die Verbindung lebenslang besteht, aber nicht, daß sie andere geschlechtliche Beziehungen ausschließt. Eine Ehe, die mit leidenschaftlicher Liebe beginnt und zur Zeugung von Kindern führt, die ersehnt und geliebt werden, sollte ein so tiefes Gefühl der Zusammengehörigkeit zwischen Mann und Frau begründen, daß sie etwas unendlich Kostbares in ihrer Gemeinschaft selbst dann empfinden, wenn ihre erotische Leidenschaft abgeklungen ist und ein oder beide Teile in erotischer Leidenschaft für einen anderen Menschen entbrennen. Diese Abgeklärtheit der Ehe ist durch die Eifersucht verhindert worden; aber obgleich die Eifersucht eine instinktive Regung ist, so kann sie doch bezähmt werden, wenn sie als schlecht erkannt und nicht als Ausdruck berechtigter moralischer Entrüstung betrachtet wird. Eine Gemeinschaft, die viele Jahre und zahlreiche tief empfundene Erlebnisse überdauert hat, besitzt einen Reichtum an Gehalt, der den ersten Tagen der Liebe niemals innewohnen kann, und wenn diese noch so beglückend sind. Und jeder Mensch, der zu würdigen weiß, was die Zeit zur Steigerung der Werte beitragen kann, wird eine solche Gemeinschaft nicht leichtsinnig um einer neuen Liebe willen fortwerfen.

Es ist daher für zivilisierte Menschen möglich, in der Ehe glücklich zu sein, obgleich eine Anzahl von Voraussetzungen erfüllt sein müssen, wenn das der Fall sein soll. Auf beiden Seiten muß das Gefühl völliger Gleichberechtigung vorliegen; es darf keine gegenseitige Behinderung der Freiheit geben; es muß absolute körperliche und geistige Vertrautheit bestehen; es muß eine gewisse Übereinstimmung in bezug auf Wertmaßstäbe vorhanden sein. (Es ist zum Beispiel verhängnisvoll, wenn der eine nur Geld und der andere nur gute Arbeit wertet.) Wenn alle diese Voraussetzungen erfüllt sind, glaube ich, daß die Ehe die beste und wichtigste Beziehung ist, die zwischen zwei Menschen bestehen kann. Wenn dieses Ideal bisher noch nicht oft verwirklicht wurde, so liegt es vor allem daran, daß Ehemänner und Ehefrauen sich gegenseitig als Aufpasser betrachtet haben. Wenn die in der Ehe liegenden Möglichkeiten ausgeschöpft werden sollen, müssen Eheleute zu der Einsicht gelangen, daß sie in ihrem Privatleben Freiheit brauchen, ganz gleichgültig, was das geltende Recht dazu sagt.

Elftes Kapitel

Die Prostitution

Solange die Tugend ehrbarer Frauen als eine Angelegenheit von großer Wichtigkeit angesehen wird, muß die Institution der Ehe durch eine andere Institution ergänzt werden, die aber in Wirklichkeit als ein Teil von ihr betrachtet werden kann – ich meine die Einrichtung der Prostitution. Jeder kennt die berühmte Stelle bei Lecky, wo er von den Prostituierten als Hüterinnen der Heiligkeit des häuslichen Herdes und der Tugend unserer Frauen und Töchter spricht. Die Form des Gedankens ist Jugendstil und die Ausdrucksweise altmodisch, aber die Tatsache ist nicht wegzuleugnen. Die Moralisten haben Lecky angegriffen, weil seine Bemerkung sie erbost hat und sie nicht recht wußten warum; aber es ist ihnen nicht gelungen zu beweisen, daß seine Behauptung unwahr sei. Der Moralist macht – natürlich völlig berechtigt – geltend, daß es keine Prostitution geben würde, wenn die Männer seine Lehren befolgten. Er weiß aber sehr wohl, daß sie sie nicht befolgen, so daß die Überlegung, was wohl wäre, wenn sie es täten, müßig ist.
Die Notwendigkeit der Prostitution ergibt sich daraus, daß erstens viele Männer entweder unverheiratet oder gelegentlich getrennt von ihren Frauen auf Reisen sind, daß zweitens solche Männer sich nicht damit begnügen, enthaltsam zu bleiben, und

daß ihnen drittens in einer traditionell sittenstrengen Gesellschaft keine anständigen Frauen zugänglich sind. Die Gesellschaft sondert daher eine bestimmte Klasse von Frauen für die Befriedigung derjenigen männlichen Bedürfnisse aus, die anzuerkennen sie sich zwar schämt, die sie aber auch nicht gänzlich unbefriedigt lassen möchte. Die Prostituierte hat nicht nur den Vorzug, jeden Augenblick zur Verfügung zu stehen, sondern auch den, ohne Schwierigkeit verborgen bleiben zu können, weil sie außerhalb ihres Berufes kein Leben führt. Außerdem kann der Mann, der bei ihr war, zu seiner Frau, seiner Familie und seiner Kirche mit ungeschmälerter Würde zurückkehren. Trotz des nicht zu bezweifelnden Dienstes, den sie leistet, und trotz der Tatsache, daß sie die Tugend von Frauen und Töchtern und die scheinbare Tugend von Kirchenvorstehern behütet, wird sie, die arme Frau, allgemein verachtet und als Ausgestoßene angesehen, indem man ihr nicht gestattet, mit gewöhnlichen Menschen Umgang zu pflegen, es sei denn geschäftlich. Diese schreiende Ungerechtigkeit begann mit dem Sieg der christlichen Religion und hat seither fortbestanden. Das wirkliche Vergehen der Prostituierten ist, daß sie die Hohlheit der Moralpredigten aufzeigt. Wie bei Freud die verdrängten Gedanken muß sie ins Unterbewußtsein verbannt werden. Aber von dort aus übt sie unwillkürlich Rache, wie es Verbannte zu tun pflegen.

> Doch oft hör ich in nächtlich dunklen Gassen
> der jungen Hure Flüche, die die Zähren
> der kleinen Kinder jäh versiegen lassen
> und mancher Ehe Qual und Tod bescheren.
> *(William Blake)*

Die Prostitution war nicht immer das verachtete und dunkle Gewerbe, zu dem sie sich entwickelt hat. Ihr Ursprung ist in Wirklichkeit so erhaben wie nur möglich. Anfänglich war die Prostituierte eine dem Gott oder der Göttin geweihte Priesterin. Indem sie dem vorbeiziehenden Fremdling zu willen war, vollzog sie eine gottesdienstliche Handlung. In jenen Tagen wurde ihr mit Achtung begegnet, und wenn Männer sie gebrauchten, ehrten sie sie. Die Kirchenväter haben viele Seiten mit Schmähungen gegen dieses System gefüllt, welches, wie sie sagten, die Unzüchtigkeit des heidnischen Gottesdienstes und seinen Ursprung in den Listen des Satans bewies. Die Tempel wurden geschlossen und die Prostitution wurde überall zu dem, was sie schon vielerorts geworden war, nämlich zu einem Geschäft, das des Gewinnes wegen betrieben wurde. Der Gewinn kam natürlich nicht den Prostituierten zugute, sondern denen, deren Sklaven sie praktisch waren, denn bis vor verhältnismäßig kurzer Zeit war die einzelne Prostituierte, die jetzt die Regel ist, eine seltene Ausnahme, und die große Mehrzahl befand sich in Bordellen, Bädern und anderen übelbeleumdeten Etablissements. Katherine Mayo, die Verfasserin von *Mutter Indien*, erwähnt das Fortleben der religiösen Prostitution als einen der Punkte ihrer Anklage gegen dieses Land.

Abgesehen von Südamerika scheint die Prostitution abzunehmen, zweifellos zum Teil auf Grund der Tatsache, daß den Frauen andere Möglichkeiten, sich ihren Lebensunterhalt zu verdienen, in größerem Umfange zu Gebote stehen als früher; zum Teil auch, weil viel mehr Frauen, als es früher der Fall war, aus Liebe und nicht aus geschäftlichen Motiven heraus bereit sind, außereheliche Beziehungen mit Männern einzugehen. Trotzdem glaube ich, daß die Prostitution nicht völlig abgeschafft werden kann. Man nehme zum Beispiel Seeleute, wenn sie nach einer langen Reise an Land gehen. Von ihnen kann man nicht die Geduld verlangen, eine Frau zu umwerben, die sich nur aus Zuneigung mit ihnen einläßt. Oder man nehme die ziemlich umfangreiche Gruppe von Männern, die eine unglückliche Ehe führen und vor ihren Frauen Angst haben. Diese Männer suchen Erleichterung und Entspannung, wenn sie von Hause fort sind, und zwar in einer Form, die möglichst frei von seelischen Verpflichtungen ist. Nichtsdestoweniger gibt es gewichtige Gründe, die Reduzierung der Prostitution auf ein Mindestmaß anzustreben. Drei schwerwiegende Einwände sind es, die man gegen sie erheben kann: erstens die Gefahr für die Gesundheit der Gemeinschaft, zweitens die seelische Schädigung der Frau und drittens die seelische Schädigung des Mannes.

Die Gefährdung der Gesundheit ist von diesen drei Argumenten das wichtigste. Natürlich werden Geschlechtskrankheiten hauptsächlich durch Prostituierte verbreitet. Die Versuche, mit diesem Problem durch Registrierung der Prostituierten und durch polizeiliche Gesundheitskontrollen fertig zu werden, haben sich vom rein medizinischen Standpunkt aus als nicht sehr erfolgreich erwiesen. Diese Verfahren begünstigen auch unerfreuliche Übergriffe auf Grund der Gewalt, die sie der Polizei über die Prostituierten und gelegentlich selbst über Frauen geben, die gar nicht beabsichtigen, gewerbsmäßige Prostituierte zu werden, die aber gegen ihren Willen unter diesen rechtlichen Begriff gefallen sind. Die Geschlechtskrankheiten könnten natürlich viel wirkungsvoller, als es jetzt der Fall ist, bekämpft werden, wenn man sie nicht als gerechte Strafe für Sünde ansähe. Man kann zwar Vorsichtsmaßregeln anwenden, welche die Wahrscheinlichkeit der Ansteckung stark herabmindern, aber man hält es vielfach noch immer für unerwünscht, die Art dieser Vorsichtsmaßregeln in weiten Kreisen bekanntzumachen mit der Begründung, daß deren Kenntnis vielleicht die Sünde fördern könnte. Diejenigen jedoch, die sich eine Geschlechtskrankheit holen, lassen sie oft nicht rechtzeitig genug behandeln, weil sie sich schämen, und jede Krankheit dieser Art als eine Schande betrachtet wird. Die Einstellung der Menschen zu diesen Dingen hat sich unzweifelhaft gegenüber früher gebessert, und wenn die Besserung fortschreitet, ist das Resultat bestimmt eine wesentliche Verringerung der Geschlechtskrankheiten. Jedenfalls liegt auf der Hand, daß die Prostitution, solange sie besteht, der Zwischenträger von Krankheiten bleibt, die gefährlicher sind als alle anderen.

Die Prostitution in ihrer heutigen Form ist gewiß keine schöne Lebensform. Die Gefahr der Erkrankung macht die Prostitution an sich schon zu einem riskanten Gewerbe wie das Arbeiten mit Bleiweiß, aber abgesehen davon ist die Lebensweise demoralisierend. Sie verführt zu Müßiggang und übermäßigem Alkoholgenuß. Sie hat eine große Schattenseite, die darin besteht, daß die Prostituierte im allgemeinen verachtet wird und daß sogar ihre Kunden wahrscheinlich schlecht von ihr denken. Es ist eine Lebensweise, die gegen den Instinkt geht, genau so gegen den Instinkt wie die Lebensweise einer Nonne. Aus allen diesen Gründen ist die Prostitution, wie sie in christlichen Ländern besteht, eine besonders unerfreuliche Art der Lebensführung.

In Japan liegen die Dinge anscheinend ganz anders. Die Prostitution wird als Beruf anerkannt und geachtet, und viele Mädchen betreiben dieses Gewerbe sogar auf Wunsch der Eltern. Es ist eine nicht einmal ungewöhnliche Methode, sich eine Mitgift zu verdienen. Nach Angabe einiger Sachkenner sind die Japaner gegen die Syphilis teilweise immun. Infolgedessen ist das Leben einer Prostituierten in Japan nicht so widerwärtig wie dort, wo die Moral strenger ist. Wenn ohne die Prostitution nicht auszukommen ist, so besteht sie immerhin besser in der japanischen Form fort als in der europäischen. Die Lebensweise der Prostituierten wird offenbar desto niedriger eingeschätzt, je strenger die moralischen Maßstäbe des betreffenden Landes sind.

Der gewohnheitsmäßige Verkehr mit Prostituierten hat sehr häufig eine ungünstige seelische Wirkung auf den Mann. Ein solcher Mann glaubt dann nämlich, daß es nicht notwendig ist, einer Frau zu gefallen, um den Geschlechtsverkehr ausüben zu können. Wenn er von der Richtigkeit der üblichen Moralauffassung überzeugt ist, wird er leicht Verachtung für jede Frau empfinden, mit der er geschlechtlich verkehrt. Die Auswirkung dieser Geistesverfassung auf die Ehe kann außerordentlich verhängnisvoll sein, und zwar sowohl dann, wenn sie sich als Angleichung der Ehe an die Prostitution äußert, als auch umgekehrt, wenn so weit wie möglich zwischen diesen beiden Formen differenziert wird. Manche Männer haben nicht das geringste Verlangen nach geschlechtlicher Vereinigung mit einer Frau, die sie innig lieben und hoch achten. Die Freudianer schreiben dies dem Ödipuskomplex zu, doch glaube ich, daß es ebenso oft auf den Wunsch zurückzuführen ist, eine möglichst weite Kluft zwischen diesen Frauen und

Prostituierten zu schaffen. Ohne immer bis zu diesem Extrem zu gehen, behandeln viele Männer, vor allem die aus der alten Schule, ihre Frauen mit übertriebenem Respekt. Die Folge ist, daß die Frau in seelischer Hinsicht Jungfrau bleibt und ihr das Erlebnis des Geschlechtsgenusses niemals zuteil wird. Nicht minder ist das Unheil, das eintritt, wenn ein Mann seine Frau in Gedanken mit einer Prostituierten identifiziert. Das läßt ihn vergessen, daß der Geschlechtsverkehr nur stattfinden sollte, wenn beide Teile Verlangen danach haben und daß ihm stets ein Vorspiel der Liebeswerbung vorausgehen sollte. Er geht daher roh und brutal mit seiner Frau um und erzeugt in ihr einen Widerwillen, der sehr schwer auszurotten ist.

Sobald wirtschaftliche Motive in das Geschlechtsleben hineingetragen werden, ist die Wirkung stets mehr oder weniger verheerend. Sexuelle Beziehungen sollten ein beiderseitiger Genuß sein und nur aus dem spontanen Impuls beider Teile eingegangen werden. Wo dies nicht der Fall ist, fehlt ihnen der innere Wert. Einen anderen Menschen in dieser intimen Weise nur zu gebrauchen, bedeutet einen Mangel an Achtung vor dem Menschen als solchem, aus der alle wirkliche Moral entspringen muß. Für einen Mann mit einigem Gefühl kann ein derartiger Akt nicht ernstlich anziehend sein. Wenn er trotzdem rein aus der Stärke des physischen Triebes heraus vollzogen wird, wird er wahrscheinlich bereut, und in der Reue sind die Wertmaßstäbe eines Mannes verwirrt. Das trifft natürlich nicht nur auf die Prostitution zu, sondern fast ebensosehr auf die Ehe. Für die Frau ist die Ehe die üblichste Form des Erwerbs, und die Gesamtsumme unverlangter geschlechtlicher Betätigung, welche die Frauen über sich ergehen lassen müssen, ist in der Ehe wahrscheinlich größer als in der Prostitution. Bei geschlechtlichen Beziehungen besteht die Moral, wenn sie frei von Aberglauben ist, im wesentlichen aus Achtung vor der Persönlichkeit des anderen und aus der Weigerung, den anderen Menschen nur als Mittel für die eigene Befriedigung ohne Rücksicht auf seine oder ihre Wünsche zu benutzen. Weil die Prostitution gegen dieses

Prinzip verstößt, wäre sie auch dann abzulehnen, wenn die Prostituierten geachtet und die Gefahren der Geschlechtskrankheiten ausgeschaltet würden.
In seiner hochinteressanten Abhandlung über die Prostitution führt Havelock Ellis ein Argument zu deren Gunsten an, das ich nicht für stichhaltig ansehe. Er beginnt mit einer Betrachtung der Orgie, welche in den meisten frühen Kulturen nachzuweisen und als Ventil für anarchische Triebe zu werten ist, die sonst unter Kontrolle gehalten werden müssen. Nach seiner Meinung entwickelte sich die Prostitution aus der Orgie und dient gewissermaßen dem Zweck, der früher von der Orgie erfüllt wurde. Viele Männer, sagt er, können keine völlige Befriedigung unter den Hemmungen und innerhalb der Grenzen von Schicklichkeit und Anstand einer konventionellen Ehe finden. Er meint nun, daß solche Männer in einem gelegentlichen Besuch bei einer Prostituierten ein Ventil sehen, das weniger gesellschaftsfeindlich ist als irgendein anderes, das ihnen zur Verfügung steht. Im Grunde ist dieses Argument aber das gleiche wie dasjenige Leckys, wenn auch seine Formulierung moderner ist. Frauen, deren Geschlechtsleben frei von Hemmungen ist, empfinden genau wie Männer die Regungen, die Havelock Ellis beschreibt. Wenn die Frauen in ihrem Geschlechtsleben emanzipiert sind, werden die Männer für die betreffenden Triebe Befriedigung finden, ohne Umgang suchen zu müssen mit Prostituierten, deren Motiv ausschließlich der Erwerb ist. Dies ist ein wirklich großer Vorteil, den man sich von der sexuellen Emanzipation der Frau versprechen kann. Soweit ich es beobachten konnte, vermögen Frauen, deren Ansichten und Gefühle auf sexuellem Gebiet nicht den alten Tabus unterliegen, in der Ehe wesentlich vollere Befriedigung zu empfinden und zu geben, als es zu Großmutters Zeiten möglich war. Überall dort, wo die alte Moral in Verfall geraten ist, hat auch die Prostitution abgenommen. Der junge Mann, der früher zu gelegentlichen Besuchen bei Prostituierten getrieben worden wäre, ist jetzt in der Lage, Beziehungen mit Mädchen seiner eigenen Kreise anzuknüpfen, und zwar

Beziehungen, die auf beiden Seiten ohne Hintergedanken sind, die ein ebenso starkes seelisches wie körperliches Element besitzen und die oft auf beiden Seiten ein beträchtliches Maß von leidenschaftlicher Liebe enthalten. Vom Standpunkt jeder echten Moral ist dies ein ungeheurer Fortschritt gegenüber dem alten System. Die Moralisten bedauern es, weil es weniger leicht zu verheimlichen ist, aber es ist schließlich nicht das erste Erfordernis der Moral, Abweichungen vom Wege der Tugend dem Moralisten nicht zu Ohren kommen zu lassen. Die neue Ungezwungenheit unter jungen Menschen ist nach meiner Auffassung etwas, worüber man sich nur freuen kann, denn sie bildet eine Generation von Männern ohne Brutalität und von Frauen ohne gezierte Zimperlichkeit heran. Diejenigen, welche die neue Ungezwungenheit bekämpfen, müssen sich offen bekennen, daß sie tatsächlich für den Fortbestand der Prostitution als des einzigen Sicherheitsventils gegen den Druck eines unerträglich strengen Moralgesetzes eintreten.

Zwölftes Kapitel

Die Probeehe

Bei einer vernünftigen Ethik würde die Ehe nicht als solche gelten, wenn keine Kinder da sind. Eine sterile Ehe sollte ohne weiteres aufgelöst werden können, denn ausschließlich durch die Kinder erlangen geschlechtliche Beziehungen für die Gesellschaft Bedeutung und verdienen es, von einer gesetzlichen Institution überhaupt beachtet zu werden. Das ist freilich nicht der Standpunkt der Kirche, die, von Paulus beeinflußt, die Ehe mehr als eine Alternative für die Unzucht ansieht denn als Mittel für die Zeugung von Kindern. In neuerer Zeit sind jedoch sogar Pfarrer dahintergekommen, daß weder Männer noch Frauen unbedingt die Verheiratung abwarten, bevor sie geschlechtlich verkehren. Im Falle der Männer waren diese Fehltritte verhältnismäßig leicht zu verzeihen, vorausgesetzt sie wurden mit Prostituierten begangen und geziemend geheimgehalten. Im Falle der Frauen aber, abgesehen von gewerbsmäßigen Prostituierten, findet es der Moralist üblichen Stils viel schwerer, sich mit dem, was er Unmoral nennt, abzufinden. Jedenfalls ist seit dem Krieg in Amerika, England, Deutschland und Skandinavien ein großer Wandel eingetreten. Sehr viele Mädchen aus anständigen Familien halten es nicht mehr für erstrebenswert, ihre „Tugend" zu bewahren, während die jungen Männer, anstatt ihre Triebe an Prostituierten auszulassen, Verhältnisse mit Mädchen haben, die sie nur zu gern heiraten würden, wenn sie das Geld dazu hätten. Es scheint, daß dieser Entwicklungsprozeß in den Vereinigten Staaten weiter gegangen ist als in England, und zwar liegt das nach meiner Ansicht am Alkoholverbot und an den Autos. Während der Zeit des Alkoholverbots gehörte es bei jeder lustigen Gesellschaft einfach zum guten Ton, daß alle Teilnehmer sich mehr oder weniger betranken. Andererseits besitzt ein großer Prozentsatz der jungen Mädchen eigene Wagen, so daß es ihnen leicht fällt, mit einem Geliebten aus dem Blickfeld der Eltern und Nachbarn zu verschwinden. Der sich daraus ergebende Zustand ist in den Büchern des Jugendrichters Lindsey beschrieben[31]. Die ältere Generation wirft ihm Übertreibung vor, die jüngere jedoch nicht. Ich habe mir die Mühe gemacht, seine Angaben durch Befragung junger Männer nachzuprüfen, soweit das auf einer Besuchsreise möglich ist. Ich habe bei ihnen nicht das Bestreben festgestellt, irgendeine der von ihm erwähnten Tatsachen abzuleugnen. Es scheint in allen Teilen der Vereinigten Staaten der Fall zu sein, daß ein sehr hoher Prozentsatz von Mädchen, die später heiraten und höchst achtbar werden, sexuelle Erlebnisse, oft mit mehreren Männern, gehabt haben. Und selbst da, wo die Beziehungen nicht bis zum äußersten gehen, gibt es soviel „Knutschen" und

---

[31] *The Revolt of Modern Youth* (Der Aufstand der modernen Jugend) und *Companionate Marriage* (Die Kameradschaftsehe).

„Betatschen", daß das Fehlen der tatsächlichen geschlechtlichen Vereinigung nur als Perversion angesehen werden kann.

Ich kann nicht behaupten, daß ich die augenblickliche Lage der Dinge als zufriedenstellend betrachte. Sie hat gewisse unerfreuliche Seiten, die sie den Moralisten alter Schule verdankt. Aber ehe die herkömmliche Moral nicht abgeändert wird, sehe ich keine Möglichkeit, diese unerfreulichen Seiten zum Verschwinden zu bringen. Gepantschte Sexualität ist genau so viel minderwertiger als das, was sie sein könnte, wie gepantschter Schnaps. Ich glaube, es läßt sich nicht bestreiten, daß es während der Zeit des Alkoholverbots unter den jungen Männern und mehr noch unter den jungen Mädchen der wohlhabenden Klassen in Amerika bedeutend mehr Betrunkenheit gegeben hat als vorher. In der Umgehung des Gesetzes liegt natürlich ein gewisser Kitzel und eine gewisse Angeberei, und während man das Alkoholgesetz umging, ergab es sich von selbst, auch die Regeln der Geschlechtsmoral zu mißachten. Auch hier wirkte das Gefühl des Wagnisses als Aphrodisiakum. Die Folge war, daß geschlechtliche Beziehungen zwischen jungen Menschen leicht die albernsten Formen annahmen, weil sie nicht aus Zuneigung, sondern aus Angeberei, manchmal auch nur aus Betrunkenheit, eingegangen wurden. Die Sexualität mußte wie der Alkohol in konzentrierter und recht wenig schmackhafter Form konsumiert werden, da sie nur in dieser Form der Wachsamkeit der Behörden entging. Geschlechtliche Beziehungen als würdige, vernünftige und von ganzem Herzen kommende Verbindung, in der die gesamte Persönlichkeit mitschwingt, sind meiner Ansicht nach in Amerika außerhalb der Ehe nicht häufig. Das haben die Moralisten wenigstens erreicht. Sie haben die Unzucht nicht verhindern können. Es ist ihnen im Gegenteil gelungen, sie durch ihre Opposition reizvoller zu machen und damit zu ihrer Verbreitung beizutragen. Ebenso ist es ihnen geglückt, sie fast so wenig erstrebenswert zu machen wie sie von ihnen hingestellt wird; genau wie es ihnen geglückt ist, einen großen Teil des während der Prohibition genossenen Alkohols zu dem Gift

zu machen, als welches sie allen Alkohol bezeichnen. Sie haben die jungen Leute gezwungen, die Sexualität unverdünnt zu nehmen, ohne jede tägliche Kameradschaft, ohne gemeinsame Arbeit und ohne seelische Intimität. Die Zaghafteren unter den jungen Menschen gehen nicht bis zum Extrem des vollständigen Geschlechtsaktes, sondern begnügen sich damit, anhaltende Zustände sexueller Erregung ohne Befriedigung herbeizuführen, die das Nervensystem schwächen und dazu angetan sind, den vollen geschlechtlichen Genuß in späterer Zeit zu erschweren oder gar unmöglich zu machen. Ein weiterer Nachteil der Form von sexueller Erregung, wie sie unter der amerikanischen Jugend vorherrschend ist, liegt darin, daß sie entweder Unfähigkeit zu arbeiten oder Verlust an Schlaf mit sich bringt, weil sie in Verbindung mit Geselligkeiten auftritt, die bis zu den frühen Morgenstunden dauern.
Eine schwerer wiegende Angelegenheit ist, wenn die offizielle Moralanschauung so bleibt, die Gefahr einer gelegentlichen Katastrophe. Wenn es das Pech will, kann es passieren, daß die Heldentaten irgendeines jungen Menschen einem Wächter der Moral zu Ohren kommen, der mit gutem Gewissen eine sadistische Skandalorgie veranstalten wird. Und da es für junge Amerikaner fast unmöglich ist, sich gründliches Wissen über Methoden der Geburtenverhütung anzueignen, sind ungewollte Schwangerschaften nicht selten. Diese werden im allgemeinen durch Abtreibung beseitigt, die gefährlich, schmerzhaft, ungesetzlich und keineswegs leicht zu verheimlichen ist. Die gewaltige Kluft, die im heutigen Amerika gewöhnlich zwischen der Moral der Jugend und der Moral des Alters besteht, hat noch ein weiteres unheilvolles Ergebnis, daß nämlich oft keine richtige Vertrautheit oder Freundschaft zwischen Eltern und Kindern herrschen kann und daß die Eltern ihren Kindern nicht mit Rat oder Verständnis helfen können. Wenn junge Menschen in Schwierigkeiten geraten, können sie mit ihren Eltern nicht darüber reden, ohne eine Explosion, vielleicht einen Skandal, sicherlich aber einen hysterischen Ausbruch heraufzubeschwören. Die Beziehung zwischen Eltern

und Kind hat dadurch aufgehört, eine nützliche Funktion zu erfüllen, sobald das Kind die Pubertät erreicht hat. Wieviel zivilisierter sind doch die Bewohner der Trobriand-Inseln, wo ein Vater zu dem Liebhaber seiner Tochter sagen würde: „Du schläfst mit meiner Tochter; also gut, heirate sie.“ [32]

Trotz der Schattenseiten, die wir geschildert haben, liegen in der, wenn auch nur teilweisen Emanzipation der amerikanischen Jugend große Vorteile im Vergleich zur älteren Generation. Sie ist freier von Dünkel, weniger gehemmt und nicht so sehr Sklave einer Autorität, der jegliche vernünftige Grundlage fehlt. Ich glaube auch, daß sie sich als weniger grausam, roh und gewalttätig erweisen wird als ihre Väter. Denn es ist stets ein charakteristischer Zug amerikanischen Lebens gewesen, diejenigen Urtriebe in Gewalttätigkeit auszulassen, denen das sexuelle Ventil versagt war. Man darf vielleicht auch hoffen, daß die jetzt junge Generation, wenn sie die mittleren Jahre erreicht hat, ihr Verhalten während der Jugend nicht völlig vergißt und Experimente auf sexuellem Gebiet, die augenblicklich wegen der Notwendigkeit der Verheimlichung kaum möglich sind, mit Toleranz aufnimmt.

Die Lage der Dinge ist in England mehr oder weniger ähnlich wie in Amerika, wenn auch wegen des fehlenden Alkoholverbots und der geringen Zahl von Autos nicht so ausgeprägt. Nach meiner Meinung gibt es auch in England, bestimmt aber in den übrigen europäischen Ländern, weniger geschlechtliche Erregung ohne letztliche Befriedigung. Und mit einigen rühmlichen Ausnahmen sind achtbare Leute in England im großen und ganzen weniger von Verfolgungseifer beseelt als die entsprechenden Leute in Amerika. Nichtsdestoweniger ist der Unterschied zwischen den beiden Ländern nur ein gradueller.

Der Richter Ben B. Lindsey, der viele Jahre hindurch als Jugendrichter in Denver tätig war und in dieser Stellung unvergleichliche Möglichkeiten besaß, die Tatsachen festzustellen, hat eine neue Einrichtung vorgeschlagen, die er „Kame-

---

[32] Malinowski, *Das Geschlechtsleben der Wilden*, S. 73.

radschaftsehe" nennt. Unglücklicherweise hat er seine Beamtenstellung eingebüßt, denn als es ruchbar wurde, daß er sie dazu benutzte, das Glück der Jugend zu fördern anstatt ihnen das Gefühl der Sünde beizubringen, taten sich der Ku-Klux-Klan und die Katholiken zusammen, um ihn von seinem Posten zu entfernen. Die Kameradschaftsehe ist der Vorschlag eines klugen Konservativen. Es ist ein Versuch, Beständigkeit an Stelle der augenblicklichen Promiskuität in die sexuellen Beziehungen der Jugend zu bringen. Er weist auf die selbstverständliche Tatsache hin, daß der Mangel an Geldmitteln die jungen Menschen von der Verheiratung abhält und daß Geld zu einer Ehe teils der Kinder wegen, teils darum notwendig ist, weil es nicht Sache der Frau ist, sich ihren Lebensunterhalt selbst zu verdienen. Seine Meinung geht dahin, daß es jungen Menschen gestattet sein sollte, eine neue Art von Ehe zu schließen, die sich durch drei Merkmale von der herkömmlichen Form unterscheidet. Erstens sollte vorläufig nicht die Absicht bestehen, Kinder zu bekommen und infolgedessen muß das junge Paar aufs beste über Geburtenbeschränkung belehrt werden. Zweitens sollte die Scheidung bei gegenseitigem Einverständnis möglich sein, solange keine Kinder vorhanden sind oder die Frau nicht schwanger ist. Und drittens sollte die Frau im Falle einer Scheidung keinen Anspruch auf Unterstützung durch den Mann haben. Er meint – und ich glaube zu Recht –, daß, wenn eine derartige Einrichtung gesetzlich verankert würde, viele junge Menschen, zum Beispiel Studenten auf den Universitäten, verhältnismäßig dauerhafte Bindungen eingehen würden, die ein Zusammenleben mit sich brächten und frei von dem dionysischen Charakter ihrer augenblicklichen Geschlechtsbeziehungen wären. Er führt Beweise an, wonach verheiratete Studenten bessere Arbeit leisten als unverheiratete. Es liegt klar auf der Hand, daß sich Arbeit und Geschlechtsleben in einer quasi dauerhaften Beziehung leichter miteinander vereinen lassen als bei dem Durcheinander und der Aufregung von Geselligkeiten unter dem Einfluß von Alkohol. Es besteht nicht der geringste Grund, warum es für zwei junge Leute teurer sein sollte, zusammen als getrennt zu leben, und daher fallen die wirtschaftlichen Gründe fort, die bisher zum Aufschub der Verheiratung geführt haben. Ich habe nicht den leisesten Zweifel, daß Richter Lindseys Plan, wenn er gesetzlich verankert wird, einen sehr günstigen Einfluß haben würde und daß dieser Einfluß allgemein als Gewinn vom moralischen Standpunkt erschiene.

Dessen ungeachtet wurden Lindseys Vorschläge mit einem Geheul des Entsetzens von allen Personen mittleren Alters und von allen Zeitungen kreuz und quer durch ganz Amerika aufgenommen. Es wurde behauptet, er taste die Heiligkeit des häuslichen Herdes an; es wurde behauptet, er öffne mit der Duldung von Ehen, deren Zweck nicht die sofortige Erzeugung von Kindern ist, der vom Gesetz anerkannten Fleischeslust die Schleusen; es wurde behauptet, er übertreibe ungeheuerlich die Häufigkeit der bestehenden außerehelichen Geschlechtsbeziehungen und er verleumde die keusche amerikanische Weiblichkeit; es wurde behauptet, die meisten amerikanischen Geschäftsleute blieben bis zum Alter von dreißig oder fünfunddreißig Jahren froh und munter enthaltsam. Alle diese Dinge wurden behauptet, und ich gebe mir redliche Mühe zu glauben, daß es unter denen, die diese Behauptungen aufstellten, wenigstens einige Menschen gab, die selbst von deren Richtigkeit überzeugt waren. Ich habe viele gegen Richter Lindsey ausgestoßene Schmähungen mitangehört, aber ich habe daraus den Eindruck gewonnen, daß als entscheidend vor allem zwei Argumente angesehen wurden. Erstens, daß Lindseys Vorschläge nicht von Christus gebilligt worden wären, und zweitens, daß sie von den liberaleren amerikanischen Theologen nicht gebilligt wurden. Das zweite Argument schien als das schwerer wiegende betrachtet zu werden und mit Recht, da das andere rein hypothetisch ist und unmöglich bewiesen werden kann. Ich habe keinen Menschen ein Argument vorbringen gehört, das auch nur andeutungsweise zeigen wollte, Lindseys Vorschläge würden das menschliche Glück beeinträchtigen. Dieser Gesichtspunkt, wurde ich zu schließen gezwungen, wird von denen, welche die herkömmliche Moral auf ihre Fahnen geschrieben haben, für völlig bedeutungslos gehalten.

Während ich persönlich restlos überzeugt bin, daß die Kameradschaftsehe ein Schritt auf dem richtigen Wege wäre und eine Menge Gutes mit sich brächte, so glaube ich doch, daß sie nicht weit genug geht. Ich bin der Ansicht, daß alle geschlechtlichen Beziehungen, bei denen keine Kinder mitsprechen, als reine Privatangelegenheit betrachtet werden sollten, und daß es niemand außer die Beteiligten selbst etwas anginge, wenn ein Mann und eine Frau beschließen, zusammen zu leben. Ich würde es nicht für erstrebenswert halten, daß ein Mann oder eine Frau eine so ernsthafte Verbindung wie eine Ehe, aus der Kinder hervorgehen sollen, ohne vorherige geschlechtliche Erfahrungen eingehen. Es gibt eine Unmenge von Beweisen, welche zeigen, daß man das erste sexuelle Erlebnis mit einem auf diesem Gebiet erfahrenen Menschen haben sollte. Beim Menschen ist der Geschlechtsakt nicht instinktiv und ist es auch anscheinend nie gewesen, seit er *a tergo* ausgeführt wurde. Ganz abgesehen von diesem Argument erscheint es absurd, von Menschen das Eingehen einer auf Lebenszeit gedachten Bindung zu verlangen, ohne daß sie von vornherein wissen, ob sie in sexueller Hinsicht zueinander passen. Das ist genau so absurd, als wenn man einem Mann, der ein Haus kaufen will, dessen Besichtigung nicht gestatten wollte, bevor er den Kauf fest abgeschlossen hat. Wenn die biologische Funktion der Ehe hinreichend berücksichtigt würde, wäre es wohl richtig, keine Ehe vor der ersten Schwangerschaft der Frau gesetzlich bindend zu machen. Augenblicklich ist eine Ehe nichtig, wenn der Geschlechtsverkehr unmöglich ist; aber die Zeugung von Kindern und nicht der Geschlechtsverkehr ist der wahre Zweck der Ehe, die daher erst dann als vollzogen zu betrachten wäre, wenn Aussicht auf Kinder besteht. Diese Auffassung beruht zumindest teilweise auf der Trennung zwischen Fortpflanzung und bloßer Sexualität, die durch die Einführung empfängnisverhütender Mittel zustande gekommen ist. Diese Mittel haben die ganze Betrachtungsweise von Sexualität und Ehe verändert und Unterscheidungen nötig gemacht, die vorher unberücksichtigt bleiben konnten. Menschen können sich aus rein geschlechtlichen Motiven zusammenfinden, wie es bei der Prostitution geschieht, oder aus Kameradschaft, bei der das sexuelle Element beteiligt ist, wie bei Lindseys Kameradschaftsehe oder schließlich zum Zwecke, eine Familie aufzuziehen. Diese Motive sind alle verschieden, und keine Moral kann den modernen Verhältnissen gerecht werden, wenn sie alle diese Motive willkürlich in einen Topf wirft.

Dreizehntes Kapitel

Die heutige Familie

Der Leser hat wahrscheinlich jetzt schon nicht mehr in der Erinnerung, daß wir im zweiten und dritten Kapitel die mutterrechtliche und patriarchalische Familie und deren Einfluß auf die primitiven Anschauungen von Geschlechtsmoral untersucht haben. Es ist nun an der Zeit, die Betrachtung der Familie wieder aufzunehmen, denn diese ist die einzige vernünftige Basis für die Begrenzung sexueller Freiheit. Wir sind am Schluß einer langen Parenthese über Sexualität und Sünde angelangt, eine Begriffsverbindung, die nicht vom Frühchristentum erfunden, sondern von ihm nur bis zum äußersten ausgebeutet wurde und jetzt einen wesentlichen Faktor in den spontanen moralischen Urteilen der meisten von uns darstellt. Ich werde mich nun nicht weiter mit der theologischen Anschauung abgeben, daß Sexualität als solche etwas Böses sei, das nur beseitigt werden kann, wenn man die Ehe in Verbindung mit dem Wunsch nach Nachkommenschaft bringt.

Der Gegenstand unserer weiteren Betrachtung ist der Grad von Beständigkeit der geschlechtlichen Beziehungen, welchen das Interesse der Kinder verlangt, das heißt wir müssen die

Familie als Grundtatsache einer dauerhaften Ehe betrachten. Dieses Problem ist alles andere als einfach. Es ist klar, daß der Vorteil, den ein Kind von seiner Zugehörigkeit zu einer Familie hat, davon abhängt, welches die andere Alternative ist: es könnte doch so ausgezeichnete Findlingsanstalten geben, daß sie der großen Mehrzahl der Familien vorzuziehen wären. Wir müssen ebenfalls untersuchen, ob der Vater eine wesentliche Rolle im Familienleben spielt, da nur seinetwegen der Gedanke entstanden ist, daß weibliche Treue für die Familie von ausschlaggebender Bedeutung ist. Wir müssen den Einfluß der Familie auf das individuelle Seelenleben des Kindes prüfen, ein Problem, dessen Behandlung durch Freud uns das Gruseln lehren kann. Wir müssen die Wirkung wirtschaftlicher Systeme auf die Erhöhung oder Verringerung der Wichtigkeit des Vaters betrachten. Wir müssen uns die Frage vorlegen, ob wir es gern sehen würden, wenn der Staat die Stelle des Vaters oder, wie Plato vorschlägt, sogar beider Eltern einnähme. Und selbst angenommen, wir entschieden uns für Vater und Mutter als beste Gewähr für eine günstige Umgebung des Kindes in normalen Fällen, so hätten wir doch noch die sehr zahlreichen Fälle zu berücksichtigen, in denen der eine oder andere Teil für die Verantwortung der Elternschaft untauglich ist oder beide Teile so wenig zueinander passen, daß eine Trennung im Interesse des Kindes wünschenswert erscheint.

Unter den Gegnern sexueller Freiheit, die ihre Ablehnung theologisch begründen, wird üblicherweise gegen die Scheidung eingewandt, sie stehe im Widerspruch zu den Interessen der Kinder. Wenn jedoch dieses Argument von theologisch eingestellten Menschen benutzt wird, ist es nicht echt, wie man aus der Tatsache entnehmen kann, daß diese Leute weder die Scheidung noch empfängnisverhütende Mittel dulden wollen, und zwar selbst dann nicht, wenn ein Elternteil syphilitisch ist und die Kinder es voraussichtlich ebenfalls werden. Fälle dieser Art zeigen, daß der mit schluchzender Stimme vorgebrachte Appell an die Interessen kleiner Kinder, wenn er bis zum äußersten getrieben wird, nur ein Vorwand für Grausamkeit ist. Das ganze Problem der Wechselbeziehungen zwischen Ehe und Interessen der Kinder muß vorurteilslos und mit der Einsicht betrachtet werden, daß die Lösung nicht von Anfang an auf der Hand liegt. An dieser Stelle sind einige wiederholende Worte angebracht.

Die Familie ist eine vormenschliche Einrichtung, deren biologische Berechtigung darauf beruht, daß die Hilfe des Vaters während der Schwangerschafts- und Stillperiode zum Gedeihen der Jungen beiträgt. Wie wir jedoch im Falle der Trobriand-Insulaner gesehen haben und wie wir ohne weiteres im Falle der Menschenaffen folgern können, wird diese Hilfe unter primitiven Umständen nicht aus den gleichen Gründen gegeben, welche den Vater in einer zivilisierten Gemeinschaft dazu bewegen. Der primitive Vater weiß nicht, daß das Kind mit ihm eine biologische Verbindung hat, ihm gilt das Kind als Abkömmling des geliebten weiblichen Wesens. Diese Tatsache ist ihm bekannt, denn er hat der Geburt des Kindes beigewohnt. Diese Tatsache ist es, welche die instinktmäßige Bindung zwischen ihm und dem Kind hervorruft. Auf dieser Stufe sieht er keine biologische Notwendigkeit für die Wahrung der Treue seiner Frau, obgleich er zweifelsohne instinktiv eifersüchtig sein wird, wenn ihm ihre Untreue auffällt. Auf dieser Kulturstufe hat er auch nicht das Gefühl des Eigentums am Kind. Das Kind ist das Eigentum seiner Frau und des Bruders seiner Frau; seine eigene Beziehung zum Kind besteht nur in Zuneigung.

Mit der Entwicklung des Geistes muß der Mensch jedoch früher oder später vom Baum der Erkenntnis von Gut und Böse essen. Er erkennt, daß das Kind aus seinem Samen entspringt, und muß sich daher der Tugend seiner Frau vergewissern. Frau und Kind werden sein Eigentum, und auf einer gewissen Stufe wirtschaftlicher Entwicklung werden sie wahrscheinlich sogar zu einem sehr wertvollen Besitz. Er nimmt die Religion zu Hilfe, um Frau und Kinder zu veranlassen, daß sie ihm gegenüber ein Pflichtgefühl empfinden. Bei den Kindern ist dies von besonderer Bedeutung, denn obzwar er stärker ist als sie, wenn sie noch jung sind, kommt doch einmal die Zeit, wo er gebrechlich wird, während sie in voller Manneskraft stehen. Zu dem Zeitpunkt ist es von ausschlaggebender Bedeutung für sein Glück, daß sie ihn verehren. Die Fassung des vierten Gebotes ist hinterlistig. Es müßte heißen: „Du sollst deinen Vater und deine Mutter ehren, auf daß *sie* lange leben im Lande." Der Abscheu gegen den Vatermord, dem man bei frühen Kulturen begegnet, zeigt, wie groß die Versuchung war, die überwunden werden mußte; denn ein Verbrechen, von dem wir uns nicht vorstellen können, daß wir es selbst begehen könnten, wie zum Beispiel Kannibalismus, vermag nicht, uns echten Abscheu einzuflößen.

Erst die Wirtschaftsbedingungen der frühen weide- und landwirtschaftlichen Gemeinschaften ließen den Familiengedanken voll zum Tragen kommen. Für die meisten Menschen war Sklavenarbeit nicht verfügbar, und es war daher das einfachste Mittel, Arbeitskräfte zu bekommen, indem man sie selbst züchtete. Um zu gewährleisten, daß sie auch für ihren Vater arbeiteten, war es erforderlich, die Einrichtung der Familie mit dem ganzen Gewicht von Religion und Moral zu heiligen. Allmählich dehnte das Erstgeburtsrecht die Einheit der Familie auf Nebenlinien aus und steigerte die Macht des Familienoberhauptes. Königtum und Aristokratie beruhen im wesentlichen auf diesem Gedankengang, und sogar die Götterordnung, da Zeus der Vater der Götter und Menschen war.

Bis zu diesem Punkt hatte die Entwicklung der Kultur die Macht der Familie vermehrt. Von diesem Punkt an hat jedoch eine Gegenbewegung eingesetzt, bis die Familie in der westlichen Welt zu einem Schatten dessen wurde, was sie gewesen war. Die Ursachen, welche zum Verfall der Familie geführt haben, waren teils wirtschaftlicher, teils kultureller Natur. Auf der höchsten Stufe ihrer Entwicklung war sie weder für Stadtbewohner noch für Seefahrer besonders geeignet. Der Handel war in allen Zeiten außer der unseren die Hauptquelle der Kultur, da er die Männer mit Sitten in Berührung brachte, die anders waren als die eigenen, und sie so von Stammesvorurteilen befreite. Infolgedessen finden wir bei den seefahrenden Griechen sehr viel weniger sklavische Ergebenheit der Familie gegenüber als bei ihren Zeitgenossen. Andere Beispiele für den emanzipierenden Einfluß der Seefahrt finden wir in Venedig, Holland und England zur Zeit der Königin Elisabeth. Das gehört jedoch nicht zur Sache. Das einzige, was uns hier beschäftigt, ist die Tatsache, daß ein Familienglied, wenn es auf eine lange Reise ging, während die übrigen daheim blieben, unweigerlich der Familienaufsicht entzogen und die Familie entsprechend geschwächt wurde. Die Abwanderung der Landbevölkerung in die Städte, die für alle Perioden kulturellen Aufschwungs charakteristisch ist, hatte die gleiche Wirkung wie der Seehandel, das heißt sie schwächte die Familie. Ein anderer Einfluß, der für die niederen Schichten der Gesellschaft vielleicht noch größere Bedeutung hatte, war die Sklaverei. Der Herr nahm wenig Rücksicht auf die familiären Beziehungen seiner Sklaven. Er konnte Ehemänner von ihren Frauen trennen, wenn es ihm paßte, und konnte selbstverständlich mit jeder Sklavin, die ihm gefiel, geschlechtlich verkehren. Es ist wahr, diese Einflüsse schwächten nicht die aristokratische Familie, die durch das Bedürfnis nach Geltung und nach Erfolg in den Montague-Capulet Fehden[33] zusammengehalten wurde, wie sie ebenso charakteristisch für das Stadtleben der Antike wie für das Stadtleben Italiens im späteren Mittelalter und in der Renaissance sind. Die Aristokratie verlor jedoch ihre Bedeutung während des ersten Jahrhunderts des römischen Imperiums, und das Christentum, welches schließlich den Sieg davontrug, war anfangs eine Religion von Sklaven und Proletariern. Die voraufgegangene Schwächung der Familie in diesen Gesellschaftsschichten erklärt die Erscheinung, daß das Frühchristentum der Familie in gewissem Maße feindlich gegenüberstand und eine Ethik aufstellte, in welcher der Platz der Familie viel geringer war als in

---

[33] Siehe *Romeo und Julia*.

jeder früheren Ethik mit Ausnahme der buddhistischen. In der christlichen Ethik ist die Beziehung der Seele zu Gott wesentlich, nicht die Beziehung des Menschen zu seinem Mitmenschen.

Der Fall des Buddhismus sollte uns jedoch vor übertriebener Betonung der rein wirtschaftlichen Ursächlichkeit der Religionen warnen. Ich kenne den Zustand Indiens zur Zeit, als sich der Buddhismus ausbreitete, nicht genügend, um seiner Betonung der einzelnen Seele wirtschaftliche Ursachen zuschreiben zu können, und ich bin stark im Zweifel, ob derartige Ursachen bestanden. Während der gesamten Blütezeit des Buddhismus in Indien scheint er in erster Linie eine Religion für Fürsten gewesen zu sein, und es hatte wohl nicht ausbleiben können, daß mit der Familie zusammenhängende Gedankengänge auf diese einen stärkeren Einfluß ausübten als auf irgendeine andere Klasse. Jedenfalls bürgerten sich die Verachtung der diesseitigen Welt und die Suche nach Erlösung ein mit dem Ergebnis, daß die Familie in der buddhistischen Ethik einen sehr untergeordneten Platz einnimmt.

Große Religionsstifter mit Ausnahme von Mohammed – und Konfuzius, wenn man seine Lehre als Religion bezeichnen kann – haben im allgemeinen sozialen und politischen Gesichtspunkten sehr gleichgültig gegenübergestanden und haben viel eher danach getrachtet, die Seele durch Meditation, Disziplin und Selbstverleugnung vollkommen zu machen. Die Religionen, welche in geschichtlicher Zeit aufkamen – im Gegensatz zu denen, die beim Beginn historischer Überlieferung bereits bestanden haben – waren im großen und ganzen individualistisch und neigten zu der Auffassung, ein Mensch könne einsam seine ganze Pflicht tun. Wenn sie auch verlangt haben, daß ein Mensch die zu seinen gesellschaftlichen Bindungen gehörigen Pflichten erfüllt, so haben sie doch in der Regel nicht jede Einzelheit solcher Bindungen an und für sich als verpflichtend betrachtet. Dies trifft insbesondere auf das Christentum zu, dessen Einstellung zur Familie nie eindeutig war. „Wer Vater oder Mutter mehr liebt denn mich, der ist mein nicht wert", lesen wir im Evangelium. Das bedeutet, daß ein Mensch tun soll, was er für richtig hält, selbst wenn seine Eltern es für falsch halten – ein Standpunkt, den ein alter Römer oder ein Chinese alter Schule nicht anerkennen würde. Dieser Sauerteig des Individualismus hat langsam gearbeitet, bewirkte aber eine allmähliche Schwächung aller gesellschaftlichen Beziehungen, besonders bei denen, die sie sehr ernst nahmen. Diese Auswirkung läßt sich weniger beim Katholizismus als beim Protestantismus feststellen, denn beim Protestantismus trat das anarchische Element in den Vordergrund, welches in dem Prinzip liegt, Gott mehr zu gehorchen als den Menschen. Gott zu gehorchen bedeutet in der Praxis, dem eigenen Gewissen zu gehorchen, und die Gewissen der Menschen können verschieden sein. Es muß daher gelegentlich Konflikte zwischen Gewissen und Gesetz geben, bei denen der wahre Christ eher den Menschen wird achten müssen, der seinem Gewissen folgt als den, der sich nach den gesetzlichen Vorschriften richtet. In frühen Kulturen war der Vater der Gott; beim Christentum ist Gott der Vater, mit dem Erfolg, daß die Autorität des nur menschlichen Vaters geschwächt wird.

Der Verfall der Familie in neuester Zeit muß zweifellos in der Hauptsache der industriellen Revolution zugeschrieben werden; aber er hatte bereits vorher eingesetzt, und seine Anfänge lagen im Individualismus. Junge Menschen forderten das Recht, nach eigenem Wunsch zu heiraten und nicht auf elterlichen Befehl. Der Brauch, daß die verheirateten Söhne im väterlichen Hause leben, starb aus. Es wurde üblich, daß die Söhne nach Abschluß ihrer Erziehung das Haus verlassen, um ihren Lebensunterhalt zu verdienen. Solange kleine Kinder in Fabriken arbeiten durften, waren sie für ihre Eltern eine Einkommensquelle, jedenfalls solange, bis sie an Überarbeitung starben. Aber die Arbeitsgesetze machten Schluß mit dieser Form der Ausbeutung trotz des Einspruches jener, die davon lebten. Aus einer Einnahmequelle wurden die Kinder zu einer wirtschaftlichen Belastung. In diesem Stadium wurden empfängnisverhütende Mittel bekannt, und das Fallen der Geburtenziffer setzte ein. Es läßt sich viel für die Auffassung sagen, daß ein Mann zu allen Zeiten der Geschichte im Durchschnitt so viel Kinder gehabt hat, wie es sich für ihn lohnte, nicht mehr und nicht weniger. Jedenfalls trifft das allem Anschein nach auf australische Eingeborene, Arbeiter in den Baumwollfabriken von Lancashire und englische Adlige zu. Ich möchte nicht behaupten, daß sich diese Ansicht mit theoretischer Genauigkeit aufrechterhalten läßt, aber sie ist nicht so weit von der Wahrheit entfernt, wie man vielleicht annehmen möchte.

In moderner Zeit ist die Stellung der Familie durch staatliche Einwirkung sogar in ihrem letzten Bollwerk geschwächt worden. Die Familie bestand zu ihren besten Zeiten aus einem greisen Patriarchen, einer großen Zahl erwachsener Söhne, deren Frauen und Kindern – und vielleicht auch deren Kindeskindern –, die alle im gleichen Hause lebten, die alle als wirtschaftliche Einheit zusammen arbeiteten und die alle der Außenwelt gegenüber so geschlossen auftraten wie die Bürger eines modernen Militärstaates. Heutzutage ist die Familie auf Vater und Mutter und deren jüngere Kinder zusammengeschrumpft; aber auf Anordnung des Staates verbringen selbst die jüngeren Kinder den größten Teil ihrer Zeit in der Schule, wo sie das lernen, was der Staat für gut befindet, und nicht das, was ihre Eltern wünschen. (Hier macht allerdings die Religion zum Teil eine Ausnahme.) Weit davon entfernt – wie ein römischer Vater es konnte –, über seine Kinder die Gewalt von Leben und Tod auszuüben, muß ein englischer Vater gewärtigen, wegen Grausamkeit angeklagt zu werden, wenn er sein Kind so behandelt, wie die meisten Väter vor hundert Jahren es zu einer moralischen Erziehung für unentbehrlich hielten. Der Staat sorgt für ärztliche und zahnärztliche Behandlung und ernährt das Kind, wenn die Eltern mittellos sind. Die Funktionen des Vaters sind also auf ein Minimum verringert, weil die meisten Funktionen vom Staat übernommen wurden. Mit dem Fortschritt der Zivilisation ist das unvermeidlich. Im primitiven Zustand war der Vater, wie bei Vögeln und Menschenaffen, aus wirtschaftlichen Gründen notwendig; auch mußte er die Jungen und deren Mutter vor Gewalt schützen. Die Funktion des Schutzes hat schon lange der Staat übernommen. Ein Kind, dessen Vater gestorben ist, braucht sich ebensowenig vor Tötung zu fürchten als eines, dessen Vater lebt. Die wirtschaftliche Funktion des Vaters kann bei den wohlhabenden Schichten wirksamer erfüllt werden, wenn er tot ist, als wenn er lebt, da er sein Vermögen den Kindern hinterlassen kann, ohne einen Teil davon für seinen eigenen Unterhalt verbrauchen zu müssen. Bei denen, die von verdientem Geld abhängig sind, ist der Vater noch wirtschaftlich nützlich, aber soweit es sich um Lohnempfänger handelt, verringert sich diese Nützlichkeit ständig infolge der humanitären Gesinnung der Gemeinschaft, die für ein gewisses Mindestmaß an Betreuung des Kindes sorgt, selbst wenn es keinen Vater hat, der dafür bezahlt. Beim Mittelstand ist der Vater augenblicklich von größter Wichtigkeit: er kann nämlich seinen Kindern, solange er lebt und ein gutes Einkommen hat, Vorteile in Form einer teuren Erziehung verschaffen, die es ihnen wiederum ermöglicht, ihr gesellschaftliches und wirtschaftliches Niveau zu halten; stirbt er, solange die Kinder noch jung sind, werden sie mit großer Wahrscheinlichkeit auf der gesellschaftlichen Stufenleiter heruntersinken. Die Gefährlichkeit dieses Zustandes wird jedoch durch die Einrichtung der Lebensversicherung beträchtlich herabgemindert, da hierdurch ein Vater, auch wenn er freien Berufen angehört, viel tun kann, um seine eigene Nützlichkeit zu reduzieren.

Im modernen Leben ist die große Mehrzahl der Väter von ihrem Beruf so sehr in Anspruch genommen, daß sie von ihren Kindern nicht viel zu sehen bekommen. Morgens haben sie es zu eilig, an ihre Arbeitsstelle zu gelangen, als daß sie Zeit zur Unterhaltung hätten. Wenn sie abends heimkommen, sind die Kinder schon im Bett oder sollten es sein. Man hört Geschichten von Kindern, die ihren Vater nur als den „Mann, der zum Wochenende kommt“ kennen. An dem wichtigen Geschäft der Betreuung des Kindes kann der Vater selten teilnehmen. In diese Pflicht teilen sich die Mütter und der Staat. Es ist richtig, daß der Vater seine Kinder oft sehr lieb hat, trotz der wenigen Zeit, die er mit ihnen zusammensein kann. Jeden Sonntag kann man in den ärmeren Gegenden Londons zahlreiche Väter mit ihren kleinen Kindern beobachten, die offensichtlich an der kurzen Gelegenheit, ihre Buben oder Mädchen kennenzulernen, riesige Freude haben. Aber wie sich das auch vom Gesichtspunkt des Vaters aus ansehen mag – für das Kind ist es lediglich eine Spielbeziehung ohne ernsthafte Bedeutung. Bei den Angehörigen der oberen Klassen und der freien Berufe besteht die Sitte, die Kinder in jungen Jahren ihren Kindermädchen zu überlassen und sie dann auf ein Internat zu schikken. Die Mutter wählt das Kindermädchen und der Vater die Schule aus, so daß die Eltern ihr Machtgefühl über die Kinder intakt erhalten, was Eltern aus der Arbeiterklasse nicht vergönnt ist. Aber ein inniges Verhältnis zwischen Mutter und Kind besteht in der Regel seltener bei den wohlhabenden Schichten als bei den Lohnempfängern. Der Vater hat mit seinen Kindern eine Spielbeziehung an Feiertagen und während des Urlaubs, aber er beteiligt sich nicht mehr an ihrer wirklichen Erziehung und seelischen Formung als ein Arbeitervater. Er trägt freilich die wirtschaftliche Verantwortung und hat die Macht der Entscheidung, wo die Kinder erzogen werden sollen, aber sein persönlicher Konnex mit ihnen ist im allgemeinen nicht sehr eng.

Wenn ein Kind heranwächst, entsteht häufig ein Konflikt zwischen Eltern und Kind, weil der Sprößling sich mittlerweile für durchaus fähig hält, seine Angelegenheiten selbst in die Hand zu nehmen, während Vater und Mutter von elterlicher Besorgnis erfüllt sind, die oft nichts weiter ist als ein verkapptes Machtgelüst. Eltern meinen gewöhnlich, sie seien für die verschiedenen moralischen Probleme, die in der Pubertätszeit auftauchen, in besonderer Weise zuständig. Die Ansichten der Eltern sind jedoch in der Regel so dogmatisch, daß die Jugend sich ihnen nur ungern anvertraut und lieber heimlich eigene

Wege geht. Man kann daher nicht behaupten, daß die meisten Eltern in diesem Lebensabschnitt den Kindern viel nützen.

Bisher haben wir nur die Schwächen der modernen Familie betrachtet. Jetzt müssen wir uns nun mit den Punkten befassen, in denen sie noch immer stark ist.

Heutzutage ist die Familie wichtiger wegen der Gefühle, die sie den Eltern einflößt, als aus irgendeinem anderen Grunde. Elterliche Gefühle können in starkem Maße die Handlungsweise beeinflussen und sind bei Männern wie bei Frauen vielleicht ausschlaggebender als jede andere Empfindung. Männer und Frauen, die Kinder haben, passen sich ihnen gewöhnlich in ihrer Lebensführung weitgehend an, und Kinder veranlassen völlig durchschnittliche Männer und Frauen, in gewissen Dingen selbstlos zu handeln. Hierfür ist die Lebensversicherung vielleicht das ausgesprochenste Beispiel, weil es in Zahlen gemessen werden kann. Nach den Lehrbüchern der Zeit vor hundert Jahren durfte der Mensch als ökonomische Person niemals mit Kindern gesegnet sein, obgleich der Volkswirtschaftler sich darüber klar sein mußte, daß Kinder vorhanden waren. Man hielt es jedoch für selbstverständlich, daß die vom Volkswirtschaftler theoretisch geforderte allgemeine Konkurrenz zwischen Vätern und Söhnen in Wirklichkeit nicht bestand. Es ist klar, daß die Psychologie der Lebensversicherung etwas völlig anderes ist als die Dinge, mit denen sich die klassische Volkswirtschaftslehre beschäftigt. Aber diese Volkswirtschaftslehre war nicht psychologisch selbständig, da der Wunsch nach Besitz mit elterlichen Gefühlen sehr eng verknüpft ist. Rivers ging sogar so weit, die Theorie aufzustellen, alles Privateigentum verdanke seinen Ursprung dem Familiengefühl. Er erwähnt gewisse Vögel, die während der Brut und der Aufzucht der Jungen eigenen Landbesitz haben, nicht aber zu anderen Zeiten. Ich glaube, die meisten Menschen werden bestätigen, daß sie viel mehr auf den Erwerb eingestellt sind, wenn sie Kinder haben, als sie es vorher waren. Diese Wirkung ist im populären Sinn instinktiv, das heißt, sie ist spontan, und ihr Ursprung liegt im Unterbewußtsein. Ich glaube, daß die Familie in dieser

Hinsicht von unermeßlicher Bedeutung für die wirtschaftliche Entwicklung der Menschheit war, und daß sie noch immer ein ausschlaggebender Faktor bei den Menschen ist, denen es so gut geht, daß sie Geld sparen können.

Über diesen Punkt entsteht leicht zwischen Vätern und Kindern ein eigenartiges Mißverständnis. Ein Mann, der sich in seinem Beruf abrackert, sagt sicher oft zu seinem müßigen Sohn, daß er sich ein ganzes Leben lang nur für seine Kinder geplagt habe. Andererseits wären dem Sohn viel lieber als ein Vermögen nach dem Tode des Vaters ein Hundertmarkschein auf der Hand und ein bißchen Freundlichkeit. Der Sohn stellt außerdem ganz richtig fest, daß der Vater aus Gewohnheit ins Büro geht und keineswegs aus väterlicher Liebe. Der Sohn ist daher genau so davon überzeugt, daß sein Vater ein Aufschneider ist, wie umgekehrt der Vater, daß sein Sohn ein Tunichtgut ist. Der Sohn ist jedoch ungerecht. Er sieht seinen Vater in mittleren Jahren, wenn alle seine Gewohnheiten bereits starre Formen angenommen haben, und er weiß nichts von den dunklen, unterbewußten Kräften, die zu der Entstehung dieser Gewohnheiten geführt haben. Der Vater hat vielleicht in seiner Jugend unter Armut gelitten, und als sein erstes Kind geboren wurde, hat er vielleicht instinktiv geschworen, keines seiner Kinder dürfe jemals das durchmachen, was er selbst hatte erdulden müssen. Ein solcher Entschluß ist ungeheuer wichtig und braucht bewußt niemals wiederholt zu werden; er bestimmt ohne bewußte Wiederholung das ganze spätere Verhalten. In dieser Beziehung ist die Familie noch immer eine stark wirkende Kraft.

Vom Standpunkt des kleinen Kindes aus ist das Wichtige an den Eltern, daß es von ihnen die Liebe empfängt, die keinem anderen Wesen außer den Geschwistern zuteil wird. Das ist teils gut und teils schlecht. Ich will die seelischen Einwirkungen der Familie auf die Kinder im nächsten Kapitel erörtern. Ich möchte deshalb jetzt nicht mehr darüber sagen, als daß die Familie offenbar ein sehr wesentliches Element in der Charakterbildung ist, und daß Kinder, die vom Elternhaus entfernt erzogen werden, sich wahrscheinlich von normalen Kindern beträchtlich unterscheiden; ob zum Guten oder zum Schlechten, mag dahingestellt bleiben.

In einer aristokratischen Gesellschaftsform oder vielmehr in einer Gesellschaftsform, in der ein Mensch einen hohen Rang bekleiden kann, ist die Familie ein Kennzeichen historischer Kontinuität mit einer gewissen Verpflichtung bedeutenden Sippenangehörigen gegenüber. Beobachtungen scheinen zu beweisen, daß Leute namens Darwin bessere wissenschaftliche Arbeit leisten, als sie es tun würden, wenn ihr Name während der Kindheit in Snooks abgeändert worden wäre. Ich nehme an, daß die gleichen Wirkungen festzustellen wären, wenn sich die Familiennamen in der weiblichen Linie vererbten, anstatt in der männlichen. Es ist ganz unmöglich, in derartigen Fällen die Anteile von Vererbung und Milieu richtig einzuschätzen, aber ich bin restlos überzeugt, daß die Familientradition in den Erscheinungen, die Galton [34] und seine Schüler der Vererbung zuschreiben, eine ganz wesentliche Rolle spielt. Als Beispiel für den Einfluß der Familientradition kann man vielleicht den Grund anführen, der Samuel Butler [35] veranlaßt haben soll, seine Lehre vom unbewußten Gedächtnis aufzustellen und eine neolamarckistische [36] Vererbungstheorie zu vertreten. Die Ursache war, daß er es aus Familiengründen für notwendig hielt, anderer Ansicht zu sein als Charles Darwin. Sein Großvater hatte anscheinend mit Darwins Großvater gestritten, sein Vater mit dessen Vater, und so mußte er mit ihm streiten. Bernard Shaws *Zurück zu Methusalem* verdankt seine Entstehung also dem Umstand, daß Darwin und Butler streitsüchtige Großväter hatten.

In unserer Epoche der Empfängnisverhütung liegt die größte Bedeutung der Familie vielleicht darin, daß sie die Gewohnheit aufrechterhält, Kinder zu haben. Wenn ein Mann kein Eigentumsrecht an seinem Kinde und keine Gelegenheit zu

---

[34] Sir Francis Galton (1822–1911), Vetter Darwins, engl. Rassenhygieniker.
[35] Samuel Butler (1825–1902), engl. Schriftsteller.
[36] Jean Baptiste de Lamarck (1744–1829), französischer Zoologe.

herzlichen Beziehungen mit ihm hätte, wäre es sinnlos für ihn, es zu zeugen. Mit einer geringfügigen Abänderung unserer wirtschaftlichen Einrichtungen wäre es freilich möglich, Familien zu schaffen, die nur aus Müttern bestünden; aber derartige Familien möchte ich im Augenblick nicht in meine Betrachtung einbeziehen, da sie keine Motive für geschlechtliche Tugendhaftigkeit liefern und uns in der vorliegenden Betrachtung gerade die Familie als Grund für eine Dauer-Ehe beschäftigt. Es ist durchaus möglich – und ich halte es für keineswegs unwahrscheinlich –, daß der Vater in absehbarer Zeit völlig ausgeschaltet wird, außer bei den Reichen, sofern nicht der Sozialismus allem Reichtum ein Ende setzt. In diesem Falle werden sich die Frauen mit dem Staat in die Kinder teilen, und nicht mit einem einzelnen Vater. Sie werden so viel Kinder haben, wie es ihnen paßt, und die Väter werden keinerlei Verantwortung zu tragen haben. Wenn die Mütter so veranlagt sind, daß sie mit mehreren Männern geschlechtlich verkehren, ist es ja auch schwierig, die Vaterschaft zu ermitteln. Sollte es aber wirklich dazu kommen, so werden tiefgreifende Veränderungen im Seelenleben und Verhalten der Menschen vor sich gehen, viel tiefergreifend, als die meisten Leute annehmen. Ob die Auswirkungen auf die Menschen gut oder schlecht sein werden, möchte ich mir nicht anmaßen vorauszusagen. Die einzige Empfindung, die von gleich großer Bedeutung wie die geschlechtliche Liebe ist, würde aus ihrem Leben verbannt werden. Die geschlechtliche Liebe selbst würde verflachen. Die Anteilnahme an allem Geschehen nach dem eigenen Tode würde nachlassen. Die Aktivität des Mannes würde schwächer werden, und er würde sich wahrscheinlich früher zur Ruhe setzen. Sein Interesse an der Geschichte und sein Sinn für die Kontinuität der historischen Tradition würden erlahmen. Gleichzeitig würde die wildeste und stärkste Leidenschaft ausgeschaltet, deren der Kulturmensch fähig ist, nämlich die rasende Wut, die ihn ergreift, wenn es sich darum handelt, Weib und Kind vor dem Angriff farbiger Völker zu schützen. Ich glaube, daß die kriegerische Veranlagung des Menschen und sein Erwerbstrieb hierdurch stark gedämpft würden. Es ist kaum möglich, zu sagen, ob die guten oder schlechten Auswirkungen überwiegen, aber fraglos wären diese Auswirkungen einschneidend und weitreichend. Die patriarchalische Familie ist daher noch immer wichtig, obgleich es zweifelhaft ist, wie lange dies noch der Fall sein wird.

Vierzehntes Kapitel

Die Familie und das Seelenleben des Individuums

In diesem Kapitel möchte ich untersuchen, wie der Charakter des Individuums durch Familienbindungen beeinflußt wird. Dieses Thema gliedert sich in drei Aspekte: den Einfluß auf die Mutter, den Einfluß auf den Vater und den Einfluß auf die Kinder. Es ist natürlich nicht ganz einfach, diese drei auseinanderzuhalten, da die Familie ein engverknüpftes Gebilde ist, und alle Einflüsse auf die Eltern gleichfalls auf die Kinder wirken. Nichtsdestoweniger will ich versuchen, die Betrachtung in diese drei Punkte zu unterteilen; es ergibt sich von selbst, mit den Kindern zu beginnen, weil jeder erst Kind in der elterlichen Familie ist, bevor er Elternteil in der eigenen Familie wird.

Wenn wir Freud Glauben schenken dürfen, sind die Empfindungen eines kleinen Kindes den anderen Mitgliedern seiner Familie gegenüber recht überspannt. Ein Junge haßt seinen Vater, den er als sexuellen Rivalen ansieht. Für seine Mutter hat er Gefühle, die von der herkömmlichen Moral mit größtem Abscheu betrachtet werden. Er haßt seine Geschwister, weil sie ihm einen Teil der Beachtung der Eltern rauben, die er ganz auf sich selbst gerichtet wissen möchte. Im späteren Leben sind die Auswirkungen dieser ungestümen Leidenschaft von der unterschiedlichsten und grauenhaftesten Art und schwanken von Homosexualität im besten Falle bis zum Irrsinn im schlimmsten.

Diese Lehre Freuds hat geringeren Schrecken verbreitet, als zu erwarten stand. Es ist richtig, daß Professoren von ihren Lehrstühlen entfernt wurden, weil sie daran glaubten, und daß die englische Polizei einen der besten Männer seiner Generation deportiert hat, weil er danach handelte. Aber der Einfluß des christlichen Asketismus war so stark, daß man von Freuds Betonung der Sexualität mehr entsetzt war als von seiner Darstellung kindlicher Haßgefühle. Wir hingegen müssen uns ohne Voreingenommenheit ein Urteil bilden und dahingestellt sein lassen, ob Freuds Ansichten von kindlichen Leidenschaften richtig oder falsch sind. Ich muß gleich zugeben, daß umfangreiche Erfahrungen mit kleinen Kindern während der letzten Jahre mich zu der Ansicht gebracht haben, daß an Freuds Theorien viel mehr Wahres ist, als ich früher angenommen hatte. Trotzdem bin ich der Meinung, daß sie nur *eine* Seite der Wahrheit darstellen, und zwar eine Seite, die mit etwas gesundem Menschenverstand seitens der Eltern leicht neutralisiert werden kann.

Beginnen wir mit dem Ödipuskomplex. Die kindliche Sexualität ist fraglos stärker, als es vor Freud vermutet wurde. Ich glaube sogar, daß in der frühen Kindheit die Heterosexualität stärker ist, als man es Freuds Schriften entnehmen kann. Für eine unvernünftige Mutter ist es nicht schwer, die heterosexuellen Gefühle ihres kleinen Sohnes ganz ohne Absicht auf sich selbst zu lenken, und es ist durchaus richtig, daß die von Freud erwähnten schlimmen Folgen höchstwahrscheinlich eintreten werden. Dies geschieht jedoch mit sehr viel geringerer Wahrscheinlichkeit, wenn das Geschlechtsleben der Mutter ihr Befriedigung bringt, weil sie in dem Falle bei ihrem Kinde nicht die gefühlsmäßige Befriedigung sucht, die nur bei Erwachsenen gefunden werden sollte. Der Elterntrieb in seiner reinen Form ist der Trieb, für die Jungen zu sorgen und nicht Zuneigung von ihnen zu fordern, und wenn eine Frau in ihrem Geschlechtsleben glücklich ist, wird sie sich ganz von selbst aller unangebrachten Forderungen nach Gefühlserwiderung seitens ihres Kindes enthalten. Aus diesem Grunde ist anzunehmen, daß eine glückliche Frau eine bessere Mutter sein wird als eine unglückliche. Keine Frau kann sich jedoch die Gewißheit verschaffen, ständig glücklich zu sein, und es ist zu Zeiten, wenn sie nicht glücklich ist, vielleicht ein gewisses Maß von Selbstzucht erforderlich, um zu hohe Forderungen an die Kinder zu vermeiden. Dieses Maß von Selbstzucht ist nicht schwierig aufzubringen, aber in früheren Zeiten wurde dessen Notwendigkeit nicht erkannt, und das Verhalten einer Mutter wurde als völlig in der Ordnung betrachtet, wenn sie ihre Kinder pausenlos mit Zärtlichkeiten überschüttete. Die heterosexuellen Gefühle kleiner Kinder können sich im Umgang mit anderen Kindern auf natürliche, gesunde und unschuldige Art austoben; in dieser Form sind sie ein Teil des Spiels, und wie jedes Spiel stellen sie eine Vorbereitung auf die Tätigkeiten der Erwachsenen dar. Nach dem Alter von drei oder vier Jahren braucht ein Kind für seine gefühlsmäßige Entwicklung die Gesellschaft anderer Kinder beider Geschlechter, und zwar nicht nur von Geschwistern, die außer bei Zwillingen notwendigerweise älter oder jünger sind, sondern von gleichaltrigen. Die moderne kleine Familie ist, ganz für sich genommen, zu stickig und eng für eine gesunde Entfaltung während der ersten Jahre; das soll aber nicht heißen, daß sie nicht einen positiven Bestandteil der Umgebung des Kindes darstellt.

Es sind aber nicht nur die Mütter, die in einem kleinen Kind unerwünschte Liebesgefühle erwecken können. Dienstmädchen und Kinderfräulein und in späteren Jahren dann Lehrer und Lehrerinnen sind ebenso gefährlich, vielleicht sogar noch gefährlicher, weil sie in der Regel sexuell ausgehungert sind. Erziehungsbehörden sind der Auffassung, daß diejenigen, die sich mit Kindern in den ersten Schuljahren abgeben, immer unglückliche alte Jungfern sein müssen. Diese Ansicht beweist grobe psychologische Unkenntnis und kann von niemand geteilt werden, der die gefühlsmäßige Entwicklung kleiner Kinder genau beobachtet hat.

Eifersucht auf die Geschwister kommt in Familien sehr häufig vor und ist im späteren Leben oft die Ursache von Mordgelüsten und anderen weniger gefährlichen Geistesstörungen. Die

Eifersucht läßt sich – von geringfügigen Anwandlungen abgesehen – verhältnismäßig leicht vermeiden, unter der Voraussetzung nämlich, daß Eltern und andere Menschen, die mit den Kindern zu tun haben, sich etwas beherrschen. Man darf natürlich keines der Kinder den anderen vorziehen, und die peinlichste Gerechtigkeit in bezug auf Spielzeug, Leckereien und Beachtung muß eingehalten werden. Bei der Geburt eines Brüderchens oder Schwesterchens muß dafür gesorgt werden, daß sich die älteren Geschwister nicht einbilden, sie wären ihren Eltern jetzt weniger wichtig geworden, als sie es vorher waren. Wenn ernsthafte Fälle von Eifersucht vorkommen, wird man meiner Meinung nach diese einfachen Regeln außer acht gelassen haben.

Es müssen also gewisse Bedingungen erfüllt sein, wenn die seelische Wirkung des Familienlebens auf die Kinder günstig sein soll. Die Eltern, und vor allem die Mütter, müssen in ihrem Geschlechtsleben möglichst glücklich sein. Beide Elternteile müssen solche Gefühlsbeziehungen mit ihren Kindern vermeiden, die eine für ein kleines Kind ungeeignete Erwiderung erfordern. Auf gar keinen Fall darf eines der Geschwister vorgezogen werden, sondern die Behandlung aller muß mit völlig unparteiischer Gerechtigkeit erfolgen. Und nach dem Alter von drei oder vier Jahren darf das Heim nicht die einzige Umgebung des Kindes bilden, vielmehr soll ein beträchtlicher Teil seines Tageslaufes in der Gesellschaft von Altersgenossen verbracht werden. Wenn diese Voraussetzungen gegeben sind, ist es meiner Ansicht nach sehr unwahrscheinlich, daß die von Freud befürchteten ungünstigen Auswirkungen auftreten.

Andererseits fördert elterliche Liebe der richtigen Art zweifellos die Entwicklung eines Kindes. Kinder, deren Mütter keine warme Zuneigung zu ihnen empfinden, sind gewöhnlich schmächtig und nervös und entwickeln Charakterfehler, wie zum Beispiel Kleptomanie. Die elterliche Liebe gibt den Kindern das Gefühl der Sicherheit in dieser gefährlichen Welt und verleiht ihnen Kühnheit im Experimentieren und in der Erforschung ihrer Umgebung. Für das Seelenleben eines Kindes ist das Gefühl notwendig, der Gegenstand warmer Zuneigung zu sein, da es sich instinktiv seiner Hilflosigkeit bewußt ist und empfindet, daß es den Schutz braucht, den nur Liebe gewähren kann. Wenn ein Kind glücklich, offen und furchtlos aufwachsen soll, benötigt es eine gewisse Wärme in seiner Umgebung, die außer durch elterliche Liebe schwer zu erlangen ist.

Noch einen anderen Dienst können verständige Eltern ihren Kindern erweisen, obgleich sie das bis vor kurzer Zeit kaum jemals taten. Er besteht darin, ihnen die Tatsachen des Geschlechtslebens und der Vater- und Mutterschaft in der bestmöglichen Weise nahezubringen. Wenn Kinder von der Sexualität als einer Beziehung zwischen ihren Eltern erfahren, der sie ihre eigene Existenz verdanken, so erfahren sie davon auf die beste Art und in Zusammenhang mit derem biologischem Zweck. In früheren Zeiten erwarben sie ihre ersten Kenntnisse auf diesem Gebiete praktisch immer in Form zotiger Witze und als Quelle von Vergnügen, deren man sich schämen mußte. Diese erste Einweihung durch heimliche, unanständige Gespräche hinterließ meist einen unauslöschlichen Eindruck, so daß es ihnen für ihr ganzes späteres Leben unmöglich wurde, eine anständige Einstellung gegenüber allem, was mit Sexualität zusammenhängt, zu finden.

Um entscheiden zu können, ob das Familienleben im ganzen wünschenswert ist oder nicht, müssen wir natürlich prüfen, was die einzigen praktisch möglichen Alternativen sind. Es scheint deren zwei zu geben: erstens die patriarchalische Familie und zweitens öffentliche Anstalten in der Art von Waisenhäusern. Um eine von diesen Alternativen zur Regel werden zu lassen, wären beträchtliche wirtschaftliche Veränderungen erforderlich. Wir wollen einmal annehmen, sie wären in die Tat umgesetzt, und wollen ihre Auswirkungen auf das Seelenleben der Kinder betrachten.

Beginnen wir mit der matriarchalischen Familie. Hier wird vorausgesetzt, daß die Kinder nur einen Elternteil kennen und daß eine Frau sich ein Kind anschafft, wenn sie sich eines wünscht, ohne jedoch vom Vater zu erwarten, daß er sich besonders um das Kind kümmert, und ohne unbedingt immer den gleichen Vater für verschiedene Kinder zu wählen. Angenommen, die wirtschaftlichen Voraussetzungen wären geschaffen, würden dann die Kinder unter einem solchen System sehr zu leiden haben? Was ist also die psychologische Nützlichkeit des Vaters für seine Kinder? Ich glaube, der wesentlichste Nutzen liegt in dem zuletzt erwähnten Punkt, nämlich in der Verbindung von Sexualität und ehelicher Liebe und Zeugung. Nach den ersten Jahren der Kindheit besteht auch ein ausgesprochener Vorteil darin, das Kind sowohl mit einer männlichen als einer weiblichen Lebensauffassung in Berührung zu bringen. Vor allem für die geistige Entwicklung der Knaben ist dies von Bedeutung. Andererseits kommt es mir nicht so vor, als ob der Vorteil sehr tiefgreifend wäre. Kinder, deren Vater während ihrer frühesten Kindheit gestorben ist, entwickeln sich, soweit mir bekannt ist, nicht schlechter als andere Kinder. Fraglos ist der ideale Vater besser als gar keiner, aber viele Väter sind vom Ideal so weit entfernt, daß ihre Nichtexistenz eher von Vorteil für die Kinder sein kann.

Was soeben gesagt wurde, setzte eine gesellschaftliche Konvention voraus, die ganz verschieden ist von der augenblicklich bestehenden. Wenn eine Konvention üblich ist, leiden Kinder unter deren Verletzung: ein Kind empfindet kaum etwas so schmerzlich wie das Bewußtsein, in irgendeiner Weise ausgefallen zu sein. Diese Erwägung trifft auf die Scheidung in unserer heutigen Gesellschaft zu. Ein Kind, das an beide Eltern gewöhnt war und an ihnen gehangen hat, empfindet eine Scheidung der Eltern als Zerstörung seines gesamten Gefühls der Sicherheit. Wahrscheinlich wird es sogar unter diesen Umständen krankhafte Angstvorstellungen und andere nervöse Störungen entwickeln. Wenn ein Kind erst einmal an beiden Eltern hängt, nehmen diese eine schwere Verantwortung auf sich, wenn sie auseinandergehen. Ich glaube daher, daß eine Gesellschaftsform, in der Väter keinen Platz haben, günstiger für die Kinder wäre als eine, in der Scheidungen häufig sind, wenn sie auch noch immer als Ausnahmen angesehen werden.

Ich finde nicht, daß sehr viel für Platos Vorschlag spricht, die Kinder sowohl von ihren Müttern als auch von ihren Vätern zu trennen. Aus den bereits erwähnten Gründen glaube ich, daß die elterliche Liebe für die Entwicklung des Kindes wesentlich ist und daß, wenn es auch vielleicht genügt, diese Liebe nur von einem Elternteil zu empfangen, es bestimmt sehr bedauerlich wäre, wenn sie ganz fehlte. Vom Gesichtspunkt der Geschlechtsmoral, mit der wir uns hier in erster Linie befassen, ist die Nützlichkeit des Vaters das wichtigste Problem. Es ist sehr schwer, hierzu etwas Bestimmtes zu sagen, doch liegt die Schlußfolgerung nahe, daß der Vater im günstigen Falle einen beschränkten Nutzen hat, während er im ungünstigen Falle durch Tyrannei, Übellaunigkeit und streitsüchtiges Wesen leicht mehr Schaden anrichten als Gutes tun kann. Vom Gesichtspunkt der Kinderpsychologie aus steht die Sache für die Väter also nicht übermäßig günstig.

Die Bedeutung der Familie in ihrer jetzigen Form für die Psychologie der Mutter ist sehr schwer abzuschätzen. Ich glaube, daß eine Frau während der Schwangerschafts- und Stillperiode in der Regel ein gewisses instinktives Verlangen nach männlichem Schutz hat, zweifellos ein Gefühl, das von den Menschenaffen ererbt ist. Wahrscheinlich wird eine Frau, die in unserer heutigen, ziemlich grausamen Welt ohne diesen Schutz auskommen muß, dazu neigen, unverhältnismäßig kampflustig und selbstbewußt zu werden. Diese Gefühle sind jedoch nur zum Teil instinktiv. Sie würden sehr abgeschwächt und in einigen Fällen gänzlich ausgelöscht werden, wenn der Staat in ausreichendem Maße für werdende und stillende Mütter und kleine Kinder sorgte. Nach meiner Meinung wäre vielleicht der hauptsächlichste Schaden, der den Müttern durch die Abschaffung der Stellung des Vaters in der Familie erwachsen würde, die Verminderung der Intimität und Ernsthaftigkeit ihrer Beziehungen zum männlichen Geschlecht. Menschliche Wesen sind so beschaffen, daß jedes Geschlecht viel vom anderen lernen kann, aber bloße geschlechtliche Beziehungen genügen, selbst wenn sie leidenschaftlich sind, nicht für die gegen-

seitige Belehrung. Die Zusammenarbeit in dem ernsthaften Geschäft der Aufzucht der Kinder und die Kameradschaft während der hierfür erforderlichen langen Jahre bringen eine viel wesentlichere und für beide Teile bereichernde Beziehung zustande, als wenn die Väter keinerlei Verantwortung für ihre Kinder hätten. Und ich glaube nicht, daß Mütter, die in einer rein weiblichen Atmosphäre leben oder deren Kontakt mit Männern oberflächlich ist, für ihre Kinder vom Standpunkt der gefühlsmäßigen Erziehung ganz so gut wären wie Frauen, die glücklich verheiratet sind und mit ihren Ehemännern in jeder Beziehung zusammenarbeiten.
Man muß dem jedoch in sehr vielen Fällen andere Erwägungen entgegensetzen. Wenn eine Frau wirklich sehr unglücklich in ihrer Ehe ist – und das ist schließlich ein keineswegs ungewöhnlicher Fall – macht es ihr das Unglücklichsein sehr schwer, das rechte gefühlsmäßige Gleichgewicht im Umgang mit den Kindern aufzubringen. In solchen Fällen könnte sie zweifelsohne eine bessere Mutter sein, wenn sie den Vater los wäre. Wir gelangen so zu der gänzlich trivialen Schlußfolgerung, daß glückliche Ehen gut und unglückliche schlecht sind.
Bei weitem das wichtigste Problem bei der Betrachtung der Familie im Seelenleben des Individuums ist die Wirkung auf den Vater. Wir haben bereits verschiedentlich Gelegenheit gehabt, auf die Bedeutung der Vaterschaft und der damit verbundenen Leidenschaft hinzuweisen. Wir haben gesehen, welche Rolle sie im Zusammenhang mit der Entwicklung der patriarchalischen Familie und der Unterordnung der Frau in der Frühgeschichte gespielt hat, und wir können uns daraus ein Urteil bilden, was für eine starke Leidenschaft das Vaterschaftsgefühl ist. Aus nicht so leicht zu ergründenden Ursachen ist es in hochzivilisierten Gemeinschaften nicht annähernd so stark wie anderswo. Römer der oberen Klassen zur Zeit des Imperiums hatten das Gefühl anscheinend nicht mehr, und vielen Intellektuellen unserer Zeit geht es fast oder völlig ab. Nichtsdestoweniger hat noch immer die große Mehrzahl der Männer dieses Gefühl, und zwar selbst in den höchstzivilisierten Ge-

meinschaften. Männer heiraten viel eher aus diesem Grunde als aus dem Geschlechtstrieb heraus, denn es ist nicht schwierig, sich sexuelle Befriedigung zu verschaffen, ohne zu heiraten. Es gibt eine Theorie, wonach der Wunsch nach Kindern bei Frauen stärker ist als bei Männern, aber mein eigener Eindruck – soweit man ihm Wert beimessen kann – ist genau das Gegenteil. In einer sehr großen Zahl moderner Ehen sind die Kinder ein Zugeständnis der Frau an die Wünsche des Mannes. Letzten Endes hat die Frau Schmerzen und Arbeit und vielleicht auch eine gewisse Einbuße an Schönheit zu gewärtigen, wenn sie ein Kind zur Welt bringt, während ein Mann dergleichen nicht zu befürchten hat. Die Gründe für den Wunsch eines Mannes, seine Familie zu beschränken, sind im allgemeinen wirtschaftlicher Art. Diese Gründe spielen ebenso auch bei der Frau mit, aber sie hat außerdem ihre besonderen Gründe. Die Stärke des männlichen Verlangens nach Kindern wird klar, wenn man den Verlust an materieller Bequemlichkeit bedenkt, den Männer der freien Berufe freiwillig auf sich nehmen, sobald sie eine Familie auf die kostspielige Art unterhalten, die ihre Kreise für standesgemäß erachten.

Würden Männer Kinder zeugen, wenn sie nicht in den Genuß der Rechte kämen, welche die Vaterschaft augenblicklich gewährt? Einige Leute mögen sagen, daß sie rücksichtslos Kinder zeugen würden, wenn sie keine Verantwortung mehr hätten. Daran glaube ich nicht. Ein Mann, der sich ein Kind wünscht, wünscht sich auch die Verantwortung, die daraus entsteht. Und in dieser Zeit empfängnisverhütender Mittel wird ein Mann nicht sehr häufig bloß aus Zufall im Verfolg seiner Vergnügungen ein Kind in die Welt setzen. Wie auch die Rechtslage sein mag, so bliebe es natürlich einem Mann und einer Frau stets überlassen, eine Dauerverbindung einzugehen, die dem Manne etwas von den Freuden verschaffen würde, die jetzt durch die Vaterschaft vermittelt werden. Wenn aber Recht und Sitte dem Gesichtspunkt entsprächen, daß die Kinder der Mutter allein gehören, würden die Frauen alles, was einer Ehe nahekäme, wie wir sie jetzt kennen, als Verletzung ihrer Unabhängigkeit und als unnötige Beeinträchtigung ihres Besitzrechtes an den Kindern empfinden. Wir müssen daher erwarten, daß es den Männern nicht oft gelänge, Frauen zur Aufgabe der Rechte zu bestimmen, die ihnen gesetzlich zustehen.

Im letzten Kapitel wurde etwas über die Auswirkungen eines solchen Systems auf die Psychologie des Mannes gesagt. Diese würden meiner Überzeugung nach die Ernsthaftigkeit der Beziehungen der Männer zu den Frauen sehr stark vermindern, weil diese Beziehungen mehr und mehr zu einer Angelegenheit bloßen Genusses würden, anstatt zu einer innigen Vereinigung der Herzen, Seelen und Körper. Das ergäbe eine gewisse Oberflächlichkeit in allen persönlichen Beziehungen, so daß sich die ernsthaften Empfindungen eines Mannes mit seinem Beruf, seinem Land oder sonst einem unpersönlichen Gegenstand beschäftigen würden. All das ist jedoch etwas zu allgemein ausgedrückt, da sich die einzelnen Männer grundlegend voneinander unterscheiden, und was für den einen ein schwerer Verlust wäre, fände der andere vielleicht durchaus annehmbar. Meine Auffassung, die ich allerdings mit einigem Zögern vorbringe, ist, daß die Abschaffung der Vaterschaft als anerkannte gesellschaftliche Beziehung das Gefühlsleben der Männer oberflächlich und inhaltslos machen und schließlich eine allmählich ansteigende Langeweile und Verzweiflung erzeugen würde, unter deren Einfluß der Fortpflanzungstrieb nach und nach absterben müßte, um die Gattung Mensch der Ergänzung durch Rassegut zu überlassen, das die ältere Konvention beibehalten hat. Die Langeweile und Oberflächlichkeit ließe sich nach meiner Meinung nicht vermeiden. Gegen den Bevölkerungsschwund könnte man natürlich Vorkehrungen treffen, indem man den Frauen einen ausreichenden Betrag dafür zahlte, daß sie den Mutterberuf ergreifen. Das wird voraussichtlich in gar nicht so ferner Zeit geschehen, wenn der Militarismus so stark bleibt, wie er gegenwärtig ist. Aber dieser Gedankengang gehört zur Betrachtung der Bevölkerungsfrage, mit der sich das folgende Kapitel beschäftigt. Ich möchte ihn daher hier nicht weiter verfolgen.

Fünfzehntes Kapitel

Familie und Staat

Obgleich die Familie einen biologischen Ursprung hat, ist sie in zivilisierten Gemeinschaften ein Produkt der Gesetzgebung. Die Ehe ist gesetzlich geregelt und das Recht der Eltern über ihre Kinder ist genauestens festgelegt. Wenn keine Ehe besteht, hat der Vater keine Rechte und das Kind gehört ausschließlich der Mutter. Aber wenn auch die Gesetze die Aufrechterhaltung der Familie bezwecken, so sind sie doch neuerdings in steigendem Maße zwischen Eltern und Kinder getreten und werden so allmählich gegen Wunsch und Absicht der Gesetzgeber eines der Hauptinstrumente für die Auflösung des Familiensystems. Das rührt daher, daß man sich bei schlechten Eltern nicht darauf verlassen kann, daß sie so für die Kinder sorgen, wie es das allgemeine Empfinden der Gemeinschaft für notwendig hält. Und nicht nur schlechte, sondern auch sehr arme Eltern erfordern die Einmischung des Staates, damit ihre Kinder vor Unheil bewahrt werden. Im Anfang des 19. Jahrhunderts erhob sich heftiger Widerstand gegen den Vorschlag, die Kinderarbeit in Fabriken abzuschaffen, und zwar mit der Begründung, man schwäche dadurch die elterliche Autorität. Obwohl das englische Recht, im Gegensatz zum altrömischen, den Eltern nicht gestattete, ihre Kinder schnell und schmerzlos umzubringen, so erlaubte es ihnen doch, ihren Kindern den Lebenssaft durch einen langsamen Todeskampf harter Arbeit zu entziehen. Dieses heilige Recht wurde von Eltern, Arbeitgebern und Volkswirtschaftlern verteidigt. Nichtsdestoweniger wurde das Moralempfinden der Gemeinschaft durch diese abstrakte Pedanterie geweckt, und die Arbeitsgesetze wurden trotzdem erlassen.

Der nächste Schritt war noch bedeutungsvoller, nämlich die Einführung der allgemeinen Schulpflicht. Dies ist eine wirklich ernst zu nehmende Einmischung in die elterlichen Rechte. An allen Tagen außer an Feiertagen müssen die Kinder viele

Stunden lang von daheim fort sein, um Dinge zu lernen, die zu wissen der Staat für notwendig hält; was aber die Eltern darüber denken, ist rechtlich belanglos. Durch die Schulen wird die Kontrolle des Staates über das Leben der Kinder allmählich ausgedehnt. Man sorgt für ihre Gesundheit, selbst wenn die Eltern Szientisten[37] sind. Wenn die Kinder geistesschwach sind, schickt man sie auf besondere Schulen. Wenn sie bedürftig sind, kann man ihnen zu essen geben. Man kann sie mit Schuhen versehen, wenn die Eltern sich deren Anschaffung nicht leisten können. Wenn die Kinder mit Anzeichen elterlicher Mißhandlung in die Schule kommen, müssen die Eltern strafrechtliche Konsequenzen gewärtigen. Früher hatten die Eltern Anspruch auf den Verdienst ihrer Kinder, solange diese nicht volljährig waren. Jetzt haben die Kinder das Recht, ihren Verdienst für sich zu behalten, obgleich das in der Praxis vielleicht Schwierigkeiten macht. Dieses Recht kann sogar von Gesetzes wegen erzwungen werden, wenn die Umstände es erforderlich erscheinen lassen. Eines der wenigen Rechte, das den Eltern aus der Arbeiterklasse verbleibt, ist dies, daß sie ihren Kindern jede Art von Aberglauben beibringen lassen können, der von einer großen Anzahl Eltern in der gleichen Nachbarschaft geteilt wird. Und selbst dieses Recht ist den Eltern in vielen Ländern entzogen worden.

Bei diesem Prozeß der Ersetzung des Vaters durch den Staat läßt sich kein Ende absehen. Es sind eher die Funktionen des Vaters als die der Mutter, die der Staat übernommen hat, da er für das Kind die Dienste leistet, für die der Vater normalerweise bezahlen müßte. In den oberen und mittleren Schichten hat dieser Prozeß kaum eingesetzt. Infolgedessen ist der Vater bei den Begüterten wichtiger und die Familie beständiger geblieben als bei den Lohnempfängern. Dort wo der Sozialismus ernst genommen wird, wie in Sowjetrußland, wird die Abschaffung oder völlige Umorganisation der Erziehungsanstalten, die früher für die Kinder der Reichen bestimmt waren, als

[37] Anhänger der „Christian Science", die die einzige Heilmöglichkeit im Glauben sehen.

ein bedeutungsvolles und lebenswichtiges Unternehmen betrachtet. Man kann sich schwer vorstellen, daß etwas derartiges in England geschieht. Ich habe selbst gesehen, wie führende englische Sozialisten Schaum vor den Mund bekamen bei dem Vorschlag, alle Kinder auf die Volksschule zu schicken. „Was? Meine Kinder sollen mit den Gören aus dem Pottlappenviertel zusammen sein? Niemals!" verkünden sie. Eigenartigerweise vergegenwärtigen sie sich nicht, wie eng die Klassenunterschiede mit dem Erziehungssystem verknüpft sind.
Die gegenwärtige Tendenz in allen Ländern läuft auf eine ständig wachsende Einmischung des Staates in die Machtbefugnisse und Funktionen des Vaters bei den lohnempfangenden Schichten hinaus, ohne daß dem eine entsprechende Einmischung bei den anderen Schichten (außer in Rußland) gegenüberstünde. Der Erfolg ist die Entstehung zweier ziemlich verschiedener Anschauungsweisen bei den Armen beziehungsweise bei den Reichen: der Familiengedanke wird bei der ärmeren Bevölkerung geschwächt, während sich bei den wohlhabenden Kreisen nichts ändert. Man darf, glaube ich, annehmen, daß das humanitäre Empfinden Kindern gegenüber, das den Staat bereits früher zum Eingreifen veranlaßt hat, andauern und mehr und mehr behördliche Eingriffe verursachen wird. Die Tatsache, daß ein beträchtlicher Prozentsatz der Kinder in den armen Stadtteilen Londons, und mehr noch in den Industriestädten des Nordens, an Rachitis leidet, erfordert zum Beispiel staatliche Maßnahmen. Die Eltern können dem Übelstand nicht abhelfen und wenn sie sich noch so sehr bemühen, da hierzu eine geeignete Ernährung sowie frische Luft und Licht notwendig sind, alles Bedingungen, die sie nicht erfüllen können. Es ist ebenso verschwenderisch wie grausam, zuzulassen, daß Kinder während der ersten Jahre ihres Lebens körperlich ruiniert werden; und je mehr sich Hygiene und richtige Ernährungsweise durchsetzen, desto lauter wird die Forderung erhoben werden, die Kinder vor unnötigem Schaden zu bewahren. Es ist freilich nicht zu leugnen, daß alle derartigen Vorschläge auf heftigen politischen Widerstand stoßen.

Die Wohlhabenden in jedem Londoner Stadtteil tun sich zusammen, um die Gemeindeabgaben niedrig zu halten, mit anderen Worten, um zu erreichen, daß so wenig wie nur möglich zur Linderung von Krankheit und Not unter den Armen getan wird. Wenn die Gemeindeverwaltung aber tatsächlich wirksame Maßnahmen trifft, um die Kindersterblichkeit herunterzudrücken, wie zum Beispiel im Londoner Arbeiterbezirk Poplar, werden die Verantwortlichen ins Gefängnis gesteckt[38]. Aber dieser Widerstand der Reichen wird allmählich gebrochen, und die Gesundheit der armen Bevölkerung wird laufend verbessert. Wir dürfen daher zuversichtlich hoffen, daß die Funktionen des Staates in bezug auf die Betreuung der Arbeiterkinder in naher Zukunft eher ausgedehnt als beschnitten werden mit dem Erfolg, daß die Funktionen des Vaters entsprechend weiter zusammenschmelzen. Der biologische Zweck des Vaters ist, die Kinder während der Jahre ihrer Hilflosigkeit zu beschützen, und wenn diese biologische Funktion vom Staat übernommen wird, verliert der Vater seine Daseinsberechtigung. Bei einer kapitalistischen Wirtschaftsordnung müssen wir daher mit einer fortschreitenden Spaltung der Gesellschaft in zwei Kasten rechnen, wobei die Reichen die Familie in der alten Form beibehalten, während die Armen sich mehr und mehr darauf verlassen, daß der Staat die wirtschaftlichen Funktionen übernimmt, die eigentlich der Vater zu versehen hätte.

Noch radikalere Umgliederungen der Familie hat man in Sowjetrußland geplant. Aber in Anbetracht dessen, daß 80 % der Bevölkerung aus Bauern bestehen, bei denen die Familienidee noch so stark ist wie im Westeuropa des Mittelalters, werden sich die kommunistischen Theorien wahrscheinlich nur auf einen verhältnismäßig kleinen städtischen Bevölkerungsteil auswirken. Wir können also in Rußland die genaue Antithese zu der Situation erhalten, die wir bei den kapitalistischen Län-

[38] Im Jahre 1922 war die Säuglingssterblichkeit in Poplar 5‰ niedriger als im reichen Kensington. Nachdem 1926 die Wiederherstellung der gesetzlichen Ordnung ihre wohltuende Wirkung getan hatte, war sie 10‰ höher.

dern gesehen haben, nämlich eine Oberklasse, die auf die Familie verzichtet, und eine Unterklasse, welche sie beibehält.
Es gibt noch eine weitere, nicht zu unterschätzende Kraft, die auf die Ausschaltung des Vaters hinarbeitet, und zwar das Streben der Frau nach wirtschaftlicher Unabhängigkeit. Diejenigen Frauen, die sich bisher politisch am ausgesprochensten betätigt haben, waren unverheiratet, aber dieser Zustand ist wahrscheinlich vorübergehend. Das den verheirateten Frauen zugefügte Unrecht ist gegenwärtig viel schlimmer als das, unter dem die ledigen zu leiden haben. Die Lehrerin, die sich verheiratet, wird genau so behandelt wie eine Lehrerin, die öffentlich in Sünde lebt. Selbst behördlich angestellte Geburtshelferinnen müssen unverheiratet sein. Der Grund für alles dies ist nicht, daß man Frauen als ungeeignet für die betreffende Arbeit betrachtet oder daß ein gesetzliches Hindernis für ihre Verwendung an einer solchen Stelle besteht. Im Gegenteil, vor nicht allzu vielen Jahren wurde ein Gesetz erlassen, das ausdrücklich bestimmt, daß keine Frau auf Grund ihrer Eheschließung Nachteile haben darf. Der ganze Grund für die Nichtanstellung verheirateter Frauen ist der männliche Wunsch, die wirtschaftliche Macht über die Frau nicht aus der Hand zu geben. Man kann nicht annehmen, daß die Frauen sich eine derartige Tyrannei auf die Dauer gefallen lassen werden. Es ist freilich etwas schwierig, eine Partei zu finden, die sich ihrer Sache annimmt, weil die Konservativen das Heim lieben und die Arbeiterpartei den werktätigen Mann liebt. Jetzt, wo die Frauen die Mehrheit in der Wählerschaft stellen, ist jedenfalls nicht anzunehmen, daß sie sich auf ewig in den Hintergrund drängen lassen. Wenn ihre Forderungen anerkannt werden, wird deren Wirkung auf die Familie wahrscheinlich einschneidend sein. Für verheiratete Frauen gibt es zwei verschiedene Wege, zu wirtschaftlicher Unabhängigkeit zu gelangen. Ein Weg ist der, die Tätigkeit beizubehalten, die sie vor der Eheschließung ausübten. Das bedingt, daß sie ihre Kinder anderen Menschen anvertrauen, und würde zu einer sehr beträchtlichen Vermehrung der Krippen und Kindergärten führen, deren

logische Konsequenz die Beseitigung jeglicher Bedeutung der Mutter sowohl wie des Vaters im Seelenleben des Kindes wäre. Der andere Weg ist, daß Frauen mit kleinen Kindern vom Staat ein Gehalt bekämen unter der Bedingung, sich der Betreuung ihrer Kinder zu widmen. Diese Methode würde natürlich allein nicht ausreichen und müßte durch Bestimmungen ergänzt werden, welche es den Frauen gestatten, zu ihrer normalen Arbeit zurückzukehren, sobald ihre Kinder aus dem Gröbsten heraus sind. Aber sie hätte den Vorteil, die Frauen in die Lage zu versetzen, sich selbst um ihre Kinder zu kümmern ohne erniedrigende Abhängigkeit von einem einzelnen Mann. Außerdem würde hierdurch anerkannt – und das ist heutzutage mehr und mehr der Fall –, daß ein Kind zu haben nicht wie früher eine bloße Folge des Geschlechtsgenusses ist sondern eine freiwillig übernommene Aufgabe, die, weil sie eher zum Vorteil des Staates als zu dem der Eltern gereicht, auch vom Staat entlohnt werden sollte, anstatt eine schwere Bürde für Vater und Mutter mit sich zu bringen. Dieser Punkt wird durch das Eintreten für die Familienunterstützung berücksichtigt, aber es wird noch nicht eingesehen, daß Zahlungen für Kinder an die Mutter allein zu leisten sind. Ich glaube jedoch, man kann annehmen, daß die Arbeiterfrauenbewegung die Anerkennung dieses Punktes und seine Verankerung im Gesetz erreichen wird.

Nehmen wir an, ein derartiges Gesetz wäre erlassen, so würde sein Einfluß auf die Familienmoral davon abhängen, wie es formuliert ist. Der Gesetzestext kann dahin lauten, daß eine Frau keine Zahlung erhält, wenn ihr Kind unehelich ist, oder es kann sogar festgelegt sein, daß die Zahlung an ihren Ehemann und nicht an sie selbst zu leisten ist, wenn sie auch nur eines einzigen Falles von Ehebruch überführt wird. Wenn das Gesetz so bestimmte, wird die örtliche Polizei jede verheiratete Frau besuchen müssen, um ihren moralischen Zustand zu prüfen. Die Wirkung wäre vielleicht sehr erhebend, aber ich bezweifle, ob diejenigen, die erhoben werden, ihre reine Freude daran hätten. Ich glaube, man würde bald die Forderung stellen, die Polizei solle sich nicht mehr einmischen, und würde sich entschließen, auch den Müttern unehelicher Kinder die Zahlung zu gewähren. Wenn das durchgeführt würde, wäre die wirtschaftliche Machtstellung des Vaters bei der Klasse der Lohnempfänger endgültig am Ende, und die Familie würde wohl nach einer gewissen Zeit aufhören, aus zwei Elternteilen zu bestehen, da der Vater keine größere Bedeutung mehr besäße als bei Hunden und Katzen.

Es besteht jedoch heutzutage bei der einzelnen Frau oft eine solche Abneigung gegen den Haushalt, daß nach meiner Meinung viele Frauen unbedingt vorziehen würden, die Tätigkeit, die sie vor der Ehe ausübten, fortzusetzen, anstatt sich für die Versorgung der eigenen Kinder bezahlen zu lassen. Es würde genügend Frauen geben, die ihr eigenes Heim zu verlassen bereit sind, um kleine Kinder in einer Krippe zu betreuen, weil dies eine Berufstätigkeit wäre. Aber ich glaube nicht, daß die meisten berufstätigen Frauen, wenn sie die Wahl hätten, sich als bezahlte Betreuerinnen ihrer eigenen Kinder im Haushalt ebenso glücklich fühlen würden, wie wenn sie auf Arbeit gingen, um mit der vor der Ehe ausgeübten Tätigkeit Geld zu verdienen. Das ist jedoch Ansichtssache, und ich kann nicht den Anspruch erheben, irgendwelche schlüssigen Beweise beizubringen. Wenn an dem, was wir gesagt haben, etwas Wahres ist, so scheint die Entwicklung der Frauenbewegung in nicht zu ferner Zeit sogar im Rahmen der kapitalistischen Gesellschaftsform bei der Arbeiterklasse zur Ausschließung eines, wenn nicht gar beider Elternteile von der Kinderbetreuung zu führen.

Die Auflehnung der Frau gegen die beherrschende Stellung des Mannes ist eine Bewegung, die im rein politischen Sinne praktisch abgeschlossen ist, im weiteren Sinne aber noch in den Anfängen steckt. Allmählich werden sich ihre sekundären Wirkungen herausstellen. Die Gefühle, die Frauen angeblich haben, sind, wenigstens vorläufig noch, Spiegelbilder männlicher Interessen und Empfindungen. Man findet in den Büchern männlicher Romanschriftsteller, daß Frauen ein körperliches Lustgefühl beim Stillen ihres Säuglings verspüren. Durch Befragung jeder beliebigen Mutter im Bekanntenkreis kann man aber erfahren, daß das nicht der Fall ist. Bis zu dem Zeitpunkt, als die Frauen stimmberechtigt wurden, dachte jedoch kein Mann daran, sich danach zu erkundigen. Über die Muttergefühle im allgemeinen ist so lange von Männern, die darin unterbewußt das Mittel zu ihrer eigenen Vormachtstellung sahen, gefühlsduselige Sabberei ergossen worden, daß beträchtliche Anstrengungen erforderlich sind, um zu ergründen, was die Frauen tatsächlich in dieser Hinsicht empfinden. Bis vor kurzer Zeit nahm man von allen anständigen Frauen an, daß sie sich Kinder wünschen, die Sexualität jedoch hassen. Selbst jetzt sind viele Männer noch entsetzt, wenn Frauen offen zugeben, daß sie keine Kinder haben wollen. Es ist sogar nicht einmal ungewöhnlich, daß Männer sich bemüßigt fühlen, solchen Frauen eine Moralpauke zu halten. Solange sich die Frauen im Zustand der Unterordnung befanden, wagten sie nicht, ehrlich ihre eigenen Gefühle zu offenbaren; sie bekannten sich vielmehr zu denen, die dem Manne gefielen. Wir können daher in unserer Erörterung nicht von dem ausgehen, was bisher als normale Einstellung der Frau zum Kind gegolten hat, da wir vielleicht feststellen werden, daß die Gefühle der Frau seit ihrer vollständigen Emanzipation größtenteils völlig anders sind, als bislang angenommen wurde. Ich glaube, daß die Zivilisation, jedenfalls in ihren bisherigen Formen, zu einer beträchtlichen Verringerung des Muttergefühls der Frau führen wird. Es ist wahrscheinlich, daß eine hohe Kulturstufe in Zukunft nicht aufrechtzuerhalten ist, wenn man den Frauen nicht die Beträge für die Erzeugung von Kindern zahlt, die ihnen die Mutterschaft als einbringlichen Erwerb lohnend erscheinen lassen. Wenn das geschähe, wäre es natürlich nicht notwendig, daß alle Frauen oder auch nur die Mehrzahl diesen Beruf ergriffen. Es wäre ein Beruf unter vielen, der mit geschäftsmäßiger Gründlichkeit ausgeübt werden müßte. Das sind jedoch Theorien. Das einzige, was daran ziemlich sicher zu sein scheint, ist dies, daß die Frauenrechtsbewegung in ihren späteren Entwicklungsstadien wesentlich zur Zersetzung der patriarchalischen Familie beitragen wird, die den Triumph des Mannes über die Frau in prähistorischer Zeit bedeutet hat.

Daß der Staat an die Stelle des Vaters tritt, ist – soweit sich diese Entwicklung im westlichen Kulturkreis bisher überblicken läßt – in mancher Hinsicht ein Fortschritt. Der Gesundheitszustand der Gemeinschaft und der allgemeine Bildungsgrad wurden bedeutend gehoben. Die grausame Behandlung der Kinder ist zurückgegangen, und Leiden, wie sie David Copperfield erdulden mußte, können nicht mehr vorkommen. Man kann eine weitere Steigerung des allgemeinen Niveaus körperlicher Gesundheit und geistiger Fähigkeiten erwarten, vor allem durch die Verhütung der schlimmsten Übel, die dann auftreten, wenn das Familiensystem nicht funktioniert.

Andererseits liegen jedoch sehr schwere Gefahren in der Ersetzung der Familie durch den Staat. Eltern lieben in der Regel ihre Kinder und betrachten sie nicht bloß als Material für politische Pläne. Vom Staat kann man diese Einstellung nicht erwarten. Personen, die, wie zum Beispiel Lehrer, in staatlichen Anstalten mit Kindern in Berührung kommen, können, wenn sie nicht überarbeitet und unterbezahlt sind, vielfach ein dem elterlichen Gefühl nahekommendes aufbringen. Lehrer besitzen aber wenig Macht; die Macht liegt bei den Verwaltungsbeamten, die die Kinder, deren Leben sie unter ihrer Kontrolle haben, niemals sehen. Und da sie Beamtentypen sind – sonst hätten sie ja ihre Posten nicht bekommen – sind sie wahrscheinlich besonders darauf eingestellt, menschliche Wesen nicht als Endzweck zu betrachten, sondern als Material für irgendein Vorhaben. Außerdem schätzt der Beamte die Gleichförmigkeit. Sie ist bequem für Statistiken und Klassifikationen, und wenn es die „richtige" Sorte der Gleichförmigkeit ist, bedeutet sie das Vorhandensein einer großen Menge gefügiger Menschen. Kinder, die staatlichen Anstalten auf Gnade oder Ungnade ausgeliefert sind, werden daher die Tendenz haben, alle gleich zu sein, während die wenigen, die sich dem anerkannten Schema nicht anpassen können, der Verfolgung nicht nur ihrer Kameraden, sondern auch der Behörde ausgesetzt sind. Das bedeutet, daß gerade diejenigen mit den größten geistigen Fähigkeiten gehetzt und gequält werden, bis sie seelisch gebrochen sind. Es bedeutet ferner, daß die überwiegende Mehrzahl, die sich einzufügen versteht, sehr selbstsicher, verfolgungsfreudig und gänzlich unfähig wird, ihr Ohr geduldig einer neuen Idee zu leihen. Solange die Welt in konkurrierende militaristische Staaten aufgeteilt ist, bedeutet die Ersetzung der Eltern durch öffentliche Körperschaften in der Erziehung aber vor allem eine Intensivierung dessen, was man unter Patriotismus versteht, das heißt der Bereitschaft, ohne auch nur einen Augenblick zu zögern in gegenseitigem Abschlachten zu schwelgen, wenn die Regierungen es wünschen. Zweifelsohne ist der sogenannte Patriotismus die schwerste Gefahr, der die Zivilisation gegenwärtig ausgesetzt ist, und alles, was seine Virulenz erhöht, muß mehr als Seuchen, Pestilenz und Hungersnot gefürchtet werden. Bisher ist das Anhänglichkeitsgefühl der Jugend noch geteilt und richtet sich einerseits auf die Eltern, andererseits auf den Staat. Wenn die Jugend aber ihre ganze Anhänglichkeit ausschließlich dem Staat schenkt, besteht aller Grund zu der Befürchtung, daß die Welt noch blutdürstiger wird, als sie es jetzt schon ist. Ich glaube daher, daß, solange das Problem des Weltstaates ungelöst ist, der wachsende Anteil des Staates an der Erziehung und Betreuung der Kinder so schwere Gefahren in sich schließt, daß die nicht zu bezweifelnden Vorteile aufgewogen werden.

Wenn andererseits eine internationale Regierung errichtet würde, die imstande ist, in Streitfällen zwischen einzelnen Nationen Gewalt durch Recht zu ersetzen, wäre die Lage eine völlig andere. Eine solche Regierung würde anordnen, daß Nationalismus in seiner überspannten Form nicht Bestandteil des Lehrplanes in irgendeinem Lande sein darf. Sie könnte darauf bestehen, daß Anhänglichkeit an den internationalen Überstaat allenthalben gelehrt und das Weltbürgertum als Gefühl an Stelle des gegenwärtigen Kadavergehorsams der Staatsflagge gegenüber eingeprägt wird. Obgleich die Gefahr übertriebener Gleichförmigkeit und zu scharfer Verfolgung etwaiger Außenseiter noch immer bestehen würde, so wäre in dem Falle doch wenigstens die Gefahr der Heraufbeschwörung eines Krieges behoben. Die Kontrolle der Erziehung durch den Überstaat wäre sogar ein wirklicher Schutz gegen den Krieg. Man kann wohl den Schluß ziehen, daß die Ersetzung des Vaters durch den Staat ein Gewinn für die Zivilisation wäre, wenn der Staat international ist, daß diese aber eine vermehrte Bedrohung der Zivilisation durch Krieg bedeuten würde, solange der Staat nationalistisch und militaristisch ist. Die Familie befindet sich in schnellem Verfall, und der Internationalismus in nur langsamem Anwachsen. Die Lage gibt daher zu ernsten Besorgnissen Anlaß. Sie ist aber nicht hoffnungslos, da der Internationalismus in Zukunft vielleicht schneller Boden gewinnt, als es in der Vergangenheit der Fall war. Vielleicht ist es unser Glück, daß wir die Zukunft nicht voraussagen können. Wir haben die Berechtigung zu der Hoffnung, wenn nicht gar zu der Erwartung, daß uns die kommende Zeit im Vergleich zur Gegenwart eine Besserung bringen wird.

Sechzehntes Kapitel

Die Scheidung

Die Scheidung als rechtliche Institution wurde in den meisten Zeiten und Ländern bei Vorliegen bestimmter Gründe zugelassen. Sie sollte keine neue Eheform als Ersatz für die monogame Familie herbeiführen, sondern war nur zur Linderung von Härten gedacht in Fällen, wo die Fortsetzung einer Ehe aus besonderen Gründen für untragbar gehalten wurde. Der Rechtsstandpunkt in dieser Hinsicht ist in verschiedenen Zeiten und Gegenden sehr unterschiedlich gewesen und schwankt heute noch sogar innerhalb der Vereinigten Staaten vom Extrem der Unzulässigkeit der Scheidung in Süd Carolina bis zum entgegengesetzten Extrem in Nevada[39]. In vielen nichtchristlichen Kulturen war es für den Ehemann sehr leicht, die Scheidung zu erreichen; in einigen Kulturen war es auch für die Ehefrau nicht schwer. Das mosaische Gesetz erlaubt dem Manne, einen Scheidebrief zu geben. Das chinesische Gesetz läßt die Scheidung zu, vorausgesetzt, daß der Besitz, den die Frau in die Ehe eingebracht hat, zurückerstattet wird. Weil die Ehe ein Sakrament ist, gestattet die katholische Kirche die Scheidung auf gar keinen Fall; in der Praxis wird diese Strenge jedoch gemildert – insbesondere, wenn es sich um die Großen dieser Welt handelt –, und zwar durch die Tatsache, daß es viele Gründe für die Nichtigkeit einer Ehe gibt[40]. In christlichen Ländern ist die Nachsichtigkeit gegenüber der Scheidung der Intensität des Protestantismus proportional gewesen. John Milton trat in seinen Schriften, wie jeder weiß, für sie ein, weil er sehr protestantisch war. Die englische Kirche erkannte zu der Zeit, da sie sich als protestantisch betrachtete, die Scheidung wegen Ehebruch an, aber aus keinem anderen Grunde. Heutzutage ist die große Mehrzahl der anglikanischen Geistlichen gegen jegliche Scheidung. Skandinavien hat keine strengen Scheidungsbestimmungen. Ebenso ist es in den stark protestantischen Teilen Amerikas. Schottland betrachtet die Scheidung freundlicher als England. In Frankreich schaffte die antiklerikale Strömung Erleichterungen der Scheidung. In Sowjetrußland kann die Scheidung auf Antrag eines der beiden Ehepartner ausgesprochen werden; da aber weder gesellschaftliche noch rechtliche Strafen auf Ehebruch oder Unehelichkeit liegen, hat die Ehe in Rußland die Bedeutung verloren, welche sie anderwärts besitzt, jedenfalls was die herrschenden Klassen angeht.

---

[39] In Nevada gibt es folgende Scheidungsgründe: böswilliges Verlassen, Verurteilung wegen Kapitalverbrechen, Verlust der Ehrenrechte, schwere Trunksucht, Impotenz zur Zeit der Eheschließung, wenn sie bis zur Scheidung andauert, schwere Grausamkeit, Versäumnis der Unterhaltspflicht für ein Jahr, Geisteskrankheit während zwei Jahren. Siehe *Sex in Civilization*, Seite 224.

[40] Ich erinnere an den Fall des Herzogs und der Herzogin von Marlborough, wo die Ehe für nichtig erklärt wurde, weil die Herzogin die Ehe unter Zwang eingegangen war. Dieser Grund wurde als triftig angesehen, obgleich das Ehepaar jahrelang zusammengelebt hatte und Kinder da waren.

Das Merkwürdigste an der Scheidung ist der Unterschied, der oft zwischen Recht und Sitte bestanden hat. Die lockersten Scheidungsbestimmungen bewirken keineswegs immer die größte Häufigkeit der Scheidungen. Vor den Wirren der zwanziger Jahre war in China die Scheidung fast unbekannt, da sie trotz des Beispiels von Konfuzius für nicht ganz gesellschaftsfähig galt. Schweden gestattet die Scheidung auf Grund beiderseitigen Einverständnisses; aber ich habe festgestellt, daß im Jahre 1922, dem letzten, für das ich Vergleichszahlen beschaffen konnte, die Zahl der Scheidungen auf ein Hunderttausend der Bevölkerung in Schweden 24 gegen 136 in den Vereinigten Staaten betrug[41]. Ich halte diese Unterscheidung zwischen Recht und Sitte für wesentlich; denn wenn ich auch für milde Gesetze auf diesem Gebiet bin, so gibt es doch nach meiner Auffassung gewichtige Gründe dafür, daß die Sitte – abgesehen von extremen Fällen – gegen die Scheidung sein sollte, solange die aus zwei Elternseiten bestehende Familie als Norm gilt. Ich vertrete diesen Standpunkt, weil ich in der Ehe nicht in erster Linie sexuelle Partnerschaft sehe, sondern vor allen Dingen eine Verpflichtung zum Zusammenwirken bei der Erzeugung und Erziehung von Kindern. Wie wir in früheren Kapiteln gesehen haben, ist es möglich und sogar wahrscheinlich, daß die so aufgefaßte Ehe unter der Einwirkung verschiedener Kräfte, von denen die wirtschaftlichen die ausschlaggebendsten sind, zusammenbrechen wird. Wenn dies einträte, so würde die Scheidung ebenfalls gegenstandslos werden, da sie eine von der Existenz der Ehe abhängige Einrichtung ist, in der sie eine Art von Sicherheitsventil darstellt. Unsere gegenwärtige Betrachtung wird sich also ausschließlich innerhalb des Rahmens der als Norm anzusehenden Familie mit zwei Elternteilen bewegen.

Protestanten wie Katholiken haben die Scheidung im allgemeinen nicht vom Gesichtspunkt des biologischen Zweckes der Familie, sondern vom Standpunkt der theologischen Sünden-

---

[41] Seitdem ist die Gesamtzahl der Scheidungen und Nichtigkeitserklärungen in Schweden von 1531 im Jahre 1923 auf 1966 im Jahre 1927 gestiegen, während die Prozentzahl auf 100 Ehen in den Vereinigten Staaten von 13,4 auf 15 angewachsen ist.

lehre aus beurteilt. Da die Katholiken die Ehe als unauflöslich im Angesicht Gottes betrachten, müssen sie notwendigerweise die Auffassung vertreten, daß von zwei verheirateten Menschen keiner während der Lebenszeit des anderen sündenfreien Geschlechtsverkehr mit irgendeiner anderen Person haben kann, gleichgültig, was in der Ehe geschieht. Die Protestanten haben, soweit sie für die Scheidung waren, ihren Standpunkt teils aus Opposition gegen die katholische Sakramentslehre eingenommen, teils aber auch, weil sie sahen, daß die Unauflöslichkeit der Ehe eine Ursache des Ehebruchs ist und sie meinten, Erleichterung der Scheidung werde die Zahl der Ehebrüche einschränken. Infolgedessen stößt der Ehebruch in protestantischen Ländern, wo Ehen leicht geschieden werden, auf äußerste Mißbilligung; in Ländern dagegen, welche die Scheidung nicht anerkennen, wird der Ehebruch zwar als sündig angesehen, doch wird ein Auge zugedrückt, jedenfalls, wenn es sich um Männer handelt. Im zaristischen Rußland, wo die Scheidung außergewöhnlich schwer war, dachte niemand schlecht von Gorki wegen seines Privatlebens, was man auch immer von seiner politischen Einstellung gedacht haben mag. In Amerika dagegen, wo niemand etwas gegen seine politische Einstellung hatte, wurde er aus moralischen Gründen gehetzt, und kein Hotel wollte ihm Unterkunft auch nur für eine Nacht gewähren. Weder der protestantische noch der katholische Standpunkt in dieser Frage läßt sich aus Vernunftgründen aufrechterhalten. Betrachten wir den katholischen Standpunkt zuerst. Angenommen, der Mann oder die Frau wird nach der Verheiratung geisteskrank; in diesem Falle muß man wünschen, daß keine weiteren Kinder aus der geisteskranken Erbmasse hervorgehen und daß etwa bereits geborene Kinder mit dem Geisteskranken nicht in Berührung kommen. Völlige Trennung der Eltern ist daher im Interesse der Kinder selbst dann anzustreben, wenn der geisteskranke Elternteil längere oder kürzere lichte Momente hat. Zu bestimmen, daß in diesem Falle der gesunde Partner niemals gesetzlich anerkannte Geschlechtsbeziehungen haben darf, ist unverantwortliche Grausamkeit, die auch nicht den geringsten gemeinnützigen Zweck erfüllt. Der gesunde Ehepartner sieht sich vor eine sehr heikle Wahl gestellt. Er oder sie kann sich für Enthaltsamkeit entscheiden, das heißt für das, was das Gesetz und die öffentliche Moralauffassung erwarten, oder für ein heimliches, voraussichtlich kinderloses Verhältnis oder für das, was man offene Sünde nennt, und zwar mit oder ohne Kinder.

Gegen alle drei Möglichkeiten bestehen schwere Einwände. Völlige Enthaltsamkeit in geschlechtlicher Hinsicht ist kaum erträglich, insbesondere für jemand, der in der Ehe bereits an ein geregeltes Geschlechtsleben gewöhnt war. Sie macht einen Mann oder eine Frau oft vorzeitig alt. Es ist nicht ausgeschlossen, daß sie Nervenstörungen hervorruft, jedenfalls aber erzeugt der damit verbundene Energieaufwand die Neigung zu einem unliebenswürdigen, neidischen und boshaften Wesen. Beim Manne besteht immer die schwere Gefahr, daß seine Selbstbeherrschung plötzlich zusammenbricht und er sich dadurch zu Brutalitäten hinreißen läßt, denn wenn er ernstlich von der Sündhaftigkeit jedes außerehelichen Geschlechtsverkehrs überzeugt ist, wird er, wenn er solchen Verkehr dennoch begehrt, leicht zu der Meinung kommen, es sei nun schon gleichgültig, wofür man ihn verdammt; und schließlich wird er alle moralischen Hemmungen verlieren.

Die zweite Alternative, nämlich die der Unterhaltung eines heimlichen, kinderlosen Verhältnisses, ist bei der von uns betrachteten Situation in der Praxis am häufigsten. Auch hiergegen sind schwere Bedenken geltend zu machen. Alles Heimliche ist unerquicklich, und ernsthafte Geschlechtsbeziehungen können ihre schönsten Möglichkeiten ohne Kinder und ohne eine gemeinsame Lebensführung nicht entfalten. Wenn ein Mann oder eine Frau jung und kräftig ist, liegt es außerdem nicht im Interesse der Allgemeinheit zu sagen: „Du darfst keine Kinder mehr haben." Noch weniger liegt es im Interesse der Allgemeinheit zu sagen, was das Gesetz tatsächlich sagt, nämlich: „Du darfst keine Kinder mehr haben, es sei denn, du wählst einen Irrsinnigen als deren anderen Elternteil."

Die dritte Möglichkeit, nämlich die des Lebens in „offener Sünde", ist für den einzelnen wie für die Gemeinschaft am wenigsten schädlich – wenn sie sich durchführen läßt. Aus wirtschaftlichen Gründen kommt sie jedoch in den meisten Fällen nicht in Frage. Ein Arzt oder Rechtsanwalt, der in offener Sünde zu leben versuchte, würde alle seine Patienten oder Klienten loswerden. Ein Mann, der in irgendeinem pädagogischen Berufszweig tätig ist, würde seinen Posten sofort verlieren[42]. Selbst wenn die wirtschaftlichen Verhältnisse die offene Sünde nicht unmöglich machten, würden die meisten Menschen davor zurückschrecken, um nicht von der Gesellschaft in Acht und Bann getan zu werden. Männer sind gern Mitglied irgendeines Klubs, und Frauen wollen gern geachtet sein und von anderen Frauen besucht werden. Diese Annehmlichkeiten zu entbehren, wird anscheinend als schwer erträglich angesehen. Infolgedessen ist offene Sünde schwierig – außer für reiche Leute oder für Künstler, Schriftsteller und andere, deren Beruf es ihnen ermöglicht, mehr oder weniger das Leben eines Bohemiens zu führen.

Es folgt daraus, daß in einem Land, das, wie zum Beispiel England, die Scheidung wegen Geisteskrankheit ablehnt, der Mensch, dessen Ehepartner geisteskrank wird, in eine unerträgliche Lage gerät, zu deren Gunsten keinerlei Argument angeführt werden kann – es sei denn religiöser Aberglauben. Und was für die Geisteskrankheit gilt, gilt ebenso für Geschlechtskrankheiten, Gewohnheitsverbrechen und Trunksucht. All dies sind Dinge, die eine Ehe in jeder Beziehung zerstören. Sie machen die Kameradschaft unmöglich, die Zeugung von Kindern unerwünscht und lassen den Umgang des schuldigen Elternteiles mit dem Kind nicht ratsam erscheinen. In derartigen Fällen kann man die Scheidung nur mit der Begründung ablehnen, daß die Ehe eine Falle sei, in die nichtsahnende Menschen auf hinterlistige Weise gelockt werden, um darin durch Leid geläutert zu werden.

[42] Es sei denn, er lehrt an einer der alten Universitäten und ist nah mit einem Lord verwandt, der einmal Minister war.

Böswilliges Verlassen muß natürlich ein Scheidungsgrund sein, denn in diesem Falle bestätigt der Ausspruch der Scheidung nur rechtskräftig, was bereits Tatsache ist, nämlich, daß die Ehe zu Ende ist. Vom Rechtsstandpunkt aus besteht jedoch der Nachteil, daß von böswilligem Verlassen, wenn es Scheidungsgrund ist, aus eben diesem Grunde Gebrauch gemacht wird und es deswegen viel häufiger vorkommt, als wenn es kein Scheidungsgrund wäre. Die gleiche Schwierigkeit stellt sich in bezug auf verschiedene andere Scheidungsgründe ein, die an und für sich durchaus berechtigt sind. Viele Ehepaare sehnen sich so leidenschaftlich nach Trennung, daß sie zu fast jedem vom Gesetz erlaubten Mittel greifen. Wenn, wie es vordem in England der Fall war, ein Mann sowohl der Grausamkeit als des Ehebruchs schuldig befunden werden mußte, um geschieden zu werden, passierte es nicht selten, daß ein Ehemann mit seiner Frau vereinbarte, sie vor den Hausangestellten zu schlagen, um auf diese Weise das Beweismaterial für Grausamkeit zu schaffen. Ob es wirklich erstrebenswert ist, zwei Menschen, die sich unbedingt trennen wollen, durch den Druck des Gesetzes zu zwingen, die Gesellschaft des anderen zu ertragen, ist eine andere Frage. Aber wir müssen uns ehrlich darüber klar sein, daß alle zugelassenen Scheidungsgründe bis zum Äußersten ausgenutzt werden und daß viele Menschen sich absichtlich so verhalten, daß diese Gründe geltend gemacht werden können. Wir wollen jedoch von den rechtlichen Schwierigkeiten absehen und unsere Untersuchung der Umstände fortsetzen, welche den Fortbestand einer Ehe unerwünscht erscheinen lassen.

Ehebruch sollte nach meiner Meinung kein Scheidungsgrund sein. Wenn Menschen nicht durch Hemmungen oder starke moralische Skrupel davor zurückgehalten werden, ist es äußerst unwahrscheinlich, daß sie ihr ganzes Leben durchlaufen, ohne gelegentlich einen starken Hang zum Ehebruch zu verspüren. Aber die Existenz derartiger Regungen braucht keineswegs zu bedeuten, daß die Ehe ihrem Zweck nicht länger dienen könnte. Zwischen Mann und Frau kann noch immer innige Zuneigung und durchaus der Wunsch zur Fortführung der Ehe vorhanden

sein. Nehmen wir zum Beispiel an, daß ein Mann mehrere Monate wegen einer Geschäftsreise von seinem Heim fernbleiben muß. Wenn er robust ist, wird es ihm schwerfallen, die ganze Zeit enthaltsam zu bleiben, und wenn er seine Frau noch so lieb hat. Das gleiche gilt für seine Frau, sofern sie nicht völlig von der Richtigkeit der moralischen Konventionen überzeugt ist. Untreue unter solchen Umständen sollte überhaupt kein Hinderungsgrund für späteres Glück sein, und sie ist es tatsächlich auch nicht, wenn Mann und Frau es nicht für nötig finden, in melodramatischen Eifersuchtsorgien zu schwelgen. Wir können noch weitergehen und sagen, daß jeder Partner imstande sein sollte, sich mit vorübergehenden Anwandlungen abzufinden, wie sie immer vorkommen können, vorausgesetzt, die grundlegende Zuneigung bleibt unangetastet. Die Psychologie des Ehebruchs ist von der konventionellen Moral verfälscht worden, die in monogamen Ländern annimmt, daß Verliebtheit in einen Menschen nicht gleichzeitig neben ernsthafter Liebe zu einem anderen bestehen kann. Jeder weiß, daß das nicht wahr ist, und doch ist jeder unter dem Einfluß der Eifersucht schnell damit bei der Hand, auf diese unrichtige Theorie zurückzugreifen und aus der Mücke einen Elefanten zu machen. Der Ehebruch ist daher kein geeigneter Scheidungsgrund, es sei denn, daß die Liebe ausgesprochenermaßen dem anderen Menschen und nicht dem Ehepartner gehört.
Wenn ich das sage, so setze ich natürlich voraus, daß aus dem ehebrecherischen Geschlechtsverkehr keine Kinder hervorgehen. Sobald illegitime Kinder auf der Bildfläche erscheinen, wird das Problem wesentlich komplizierter. Das ist besonders dann der Fall, wenn es sich um Kinder der Frau handelt; der Ehemann ist dann vor die Notwendigkeit gestellt, bei Fortbestand der Ehe das Kind eines anderen Mannes mit seinen eigenen und, wenn ein Skandal vermieden werden soll, sogar als sein eigenes aufziehen zu müssen. Das geht gegen die biologische Grundlage der Ehe und bringt auch eine fast unerträgliche instinktive Belastung mit sich. Aus diesem Grunde hat der Ehebruch vor Bekanntwerden der empfängnisverhütenden

Mittel vielleicht die Bedeutung verdient, die ihm beigemessen wurde. Diese Mittel haben es jedoch weit eher als vordem möglich gemacht, zwischen dem Geschlechtsverkehr als solchem und der Ehe als schöpferischer Partnerschaft zu unterscheiden. Deswegen braucht man dem Ehebruch jetzt nicht mehr die große Bedeutung beizumessen, welche ihm die althergebrachten Moralvorschriften zuerkannten.

Die Gründe, die eine Scheidung wünschenswert erscheinen lassen, sind von zweierlei Art. Die einen ergeben sich aus den Mängeln eines Ehepartners, wie Geisteskrankheit, Trunksucht und Verbrechen; die anderen ergeben sich aus den Beziehungen zwischen Mann und Frau. Es kann vorkommen, daß es einem Ehepaar unmöglich wird, freundschaftlich oder ohne zu große Opfer zusammenzuleben, und daß man trotzdem keinem der beiden Partner einen Vorwurf machen kann. Es kann vorkommen, da jeder der beiden wichtige Arbeiten zu verrichten hat, und daß diese Arbeiten es erforderlich machen, an getrennten Orten zu leben. Es kann vorkommen, daß ein Ehepartner von einer tiefen Neigung zu einem anderen Menschen erfaßt wird, ohne jedoch den anderen Ehepartner nicht mehr zu lieben, und daß diese Neigung so tief geht, daß die Ehe als unerträgliche Fessel empfunden wird. In diesem Falle muß Haß entstehen, wenn es keine Abhilfe auf dem Rechtswege gibt. Wie jedem bekannt ist, können solche Umstände tatsächlich zum Mord führen. Wenn eine Ehe aus Unverträglichkeit oder wegen einer übermächtigen Leidenschaft zu einem anderen Menschen in die Brüche geht, sollte man sich gar nicht mit der Frage beschäftigen, wer nun Schuld daran trägt. Aus diesem Grunde ist in allen solchen Fällen beiderseitiges Einverständnis bei weitem der beste Scheidungsgrund. Andere Gründe als beiderseitiges Einverständnis sollten nur herangezogen werden, wenn eine Ehe durch einen ganz ausgesprochenen Defekt eines Partners scheitert.

Scheidungsgesetze zu entwerfen ist äußerst schwierig; denn wie die Gesetze auch beschaffen sein mögen, Richter und Geschworene werden von ihrer Leidenschaft regiert, während Ehemänner und Ehefrauen alles Erforderliche tun werden, um die Absichten der Gesetzgeber zu umgehen. Obgleich nach englischem Recht eine Scheidung nicht ausgesprochen werden darf, wenn zwischen Mann und Frau eine Übereinkunft vorliegt, so weiß doch jeder, daß in Wirklichkeit ein solches Einverständnis oft besteht. Im Staate New York ist es durchaus üblich, noch weiterzugehen und einen meineidigen Zeugen anzuheuern, um den Beweis für den vorgeschriebenen Ehebruch zu erbringen. Grausamkeit ist theoretisch ein vollständig ausreichender Scheidungsgrund, kann aber so ausgelegt werden, daß der Sinn völlig verfehlt wird. Als der berühmteste aller männlichen Filmstars von seiner Frau wegen Grausamkeit auf Scheidung verklagt wurde, war einer der Punkte in der Beweisführung, daß er häufig Freunde mit nach Hause brachte, die sich über Kant unterhielten. Ich kann kaum annehmen, daß es in der Absicht der kalifornischen Gesetzgeber lag, jeder Frau die Scheidung von ihrem Mann zu ermöglichen, weil er sich gelegentlich in ihrer Gegenwart einer geistig anspruchsvollen Unterhaltung schuldig macht. Der einzige Ausweg aus diesen Verwirrungen, Ausflüchten und Sinnlosigkeiten ist die Einführung der Scheidung durch beiderseitige Einwilligung in allen den Fällen, wo kein ausgesprochener und erwiesener Grund wie Geisteskrankheit vorliegt, der ein einseitiges Verlangen nach Scheidung rechtfertigt. Die beiden Parteien müßten dann alle geldlichen Auseinandersetzungen ohne Inanspruchnahme des Rechtsweges regeln und keine hätte es nötig, kluge Männer zu engagieren, um zu beweisen, daß die andere ein wahres Monstrum von Schlechtigkeit ist. Ich möchte hinzufügen, daß die Nichtigkeitserklärung, die gegenwärtig ausgesprochen wird, wenn der Geschlechtsverkehr unmöglich ist, anstatt dessen auf Antrag zugestanden werden sollte, wenn die Ehe kinderlos ist. Mit anderen Worten: wenn sich ein kinderloses Ehepaar trennen will, sollte die Ehe bei Vorlage eines ärztlichen Attestes, welches bescheinigt, daß die Frau nicht schwanger ist, für nichtig erklärt werden. Kinder sind der Zweck der Ehe, und Menschen zur Aufrechterhaltung einer kinderlosen Ehe zu zwingen, ist grausamer Betrug.

Soviel zur *rechtlichen* Seite der Scheidung; die *Sitte* ist wieder eine andere Sache. Wie wir bereits gesehen haben, kann das Gesetz die Scheidung erleichtern, während die Sitte sie trotzdem zu einer seltenen Erscheinung macht. Die große Häufigkeit der Scheidung in Amerika ergibt sich nach meiner Meinung teilweise aus dem Umstand, daß die Menschen nicht das in der Ehe suchen, was sie suchen sollten; und das beruht wiederum zum Teil auf der Tatsache, daß der Ehebruch nicht geduldet wird. Die Ehe sollte eine Partnerschaft sein, die von beiden Seiten so gedacht ist, daß sie wenigstens während der Jugendzeit der Kinder bestehen bleibt, und die von keiner Seite durch vorübergehende Liebeleien gefährdet wird. Wenn vorübergehende Liebschaften von der öffentlichen Meinung oder vom Gewissen der Beteiligten nicht geduldet werden, müßte sich jeder Flirt zu einer Ehe entwickeln. Dies kann leicht bis zur vollständigen Zerstörung der Zwei-Elternfamilie führen, denn wenn eine Frau alle zwei Jahre einen neuen Ehemann und von jedem ein neues Kind hat, sind die Kinder tatsächlich ihrer Väter beraubt, und die Ehe verliert dadurch ihre Daseinsberechtigung. Das führt uns zurück zu Paulus: die Ehe wird in Amerika wie im ersten Korintherbrief als ein Ventil gegen die Unzucht angesehen; jedesmal, wenn ein Mann Unzucht treibt, müßte er geschieden werden, obgleich er nicht geschieden werden kann.

Wenn die Ehe im Blick auf die Kinder betrachtet wird, kommt eine ganz andere Ethik zum Tragen. Wenn Mann und Frau ihre Kinder lieb haben, werden sie ihr Verhalten so einrichten, daß sie ihren Kindern die besten Möglichkeiten für eine glückliche und gesunde Entwicklung bieten. Das kann zuweilen eine recht beträchtliche Selbstüberwindung erfordern. Auf alle Fälle erfordert es die Einsicht beider Teile, daß die Ansprüche der Kinder vor den Ansprüchen eigener romantischer Gefühle den Vorrang haben. Aber all das geschieht von allein und ganz selbstverständlich, wenn die elterliche Liebe echt ist und keine falschverstandene Ethik Eifersucht aufflammen läßt. Es gibt Leute, die sagen, daß es für einen Mann und eine Frau unmöglich ist, in ausreichendem Maße bei der Erziehung ihrer Kinder zusammenzuarbeiten, wenn sie sich nicht mehr leidenschaftlich lieben und sich nicht gegenseitig an außerehelichen sexuellen Erlebnissen hindern. So sagt zum Beispiel Walter Lippmann: „Eheleute, die nicht gleichzeitig Liebesleute sind, werden niemals richtig in der Zeugung von Kindern zusammenarbeiten, wie Bertrand Russell es von ihnen erwartet; sie werden abgelenkt, unzureichend und, am schlimmsten von allem, nur vom Pflichtgefühl geleitet sein“ [43]. Hier liegt zunächst einmal ein kleineres, vielleicht gar nicht beabsichtigtes Fehlzitat vor. Freilich werden Eheleute, die nicht auch Liebesleute sind, in der *Zeugung* von Kindern nicht zusammenarbeiten. Aber mit der Geburt der Kinder ist es nicht getan, wie Walter Lippmann anscheinend unterstellen möchte. Und selbst nach dem Aufhören leidenschaftlicher Liebe in der *Aufzucht* der Kinder zusammenzuarbeiten, sollte keineswegs eine übermenschliche Aufgabe für vernünftige Leute sein, die natürlicher Regungen fähig sind. Das kann ich auf Grund einer großen Anzahl mir persönlich bekannter Fälle bezeugen. Zu sagen, daß solche Eltern sich nur vom Pflichtgefühl leiten lassen, bedeutet Unkenntnis des Gefühls elterlicher Liebe, eines Gefühls, das, wenn es echt und stark ist, ein unlösbares Band zwischen Mann und Frau bildet, lange nachdem die körperliche Leidenschaft abgeflaut ist. Man muß annehmen, daß Walter Lippmann niemals von Frankreich gehört hat, wo die Familie stark ist und die Eltern sehr pflichttreu sind, obgleich außergewöhnliche Freiheit in bezug auf Ehebruch herrscht. Das Familiengefühl ist in Amerika äußerst schwach, und die Häufigkeit der Scheidung ist eine Folge dieser Erscheinung. Wo das Familiengefühl stark ist, wird die Scheidung verhältnismäßig selten sein, selbst wenn sie rechtlich einfach ist. Leichte Scheidung, wie sie in Amerika besteht, muß als ein Übergangsstadium von der Zweielternfamilie zur reinen Mutterfamilie betrachtet werden. Es ist jedoch ein Stadium, das für die Kin-

---

[43] *A Preface to Morals* (Ein Vorwort zur Moral), 1929, S. 308.

der beträchtliche Härten mit sich bringt, da die Kinder in einer Welt wie der heutigen erwarten, zwei Eltern zu haben, und Zuneigung zu ihrem Vater fassen können, bevor die Scheidung durchgeführt wird. Solange die Familie mit zwei Eltern weiterhin die anerkannte Regel bildet, scheinen mir Eltern, die sich aus anderen als sehr schwerwiegenden Gründen scheiden lassen, ihre elterliche Pflicht zu verletzen. Ich glaube nicht, daß ein rechtlicher Zwang zur Fortführung der Ehe daran etwas ändern würde. Was mir in erster Linie nötig erscheint, ist ein gewisses Maß von beiderseitiger Freiheit, das die Ehe dauerhafter macht, und zweitens das Bewußtsein von der Wichtigkeit der Kinder, das von der Betonung der Sexualität, die wir Paulus und der romantischen Bewegung verdanken, überdeckt worden ist.

Die Schlußfolgerung scheint zu sein, daß einerseits die Scheidung in vielen Ländern, darunter England, zu sehr erschwert ist, daß andererseits aber eine leichte Scheidung keine wirkliche Lösung des Eheproblems bringt. Wenn die Einrichtung der Ehe fortbestehen soll, so ist die Beständigkeit der Ehe im Interesse der Kinder wichtig, aber diese Beständigkeit läßt sich am besten dadurch erreichen, daß man zwischen Ehe und bloßen geschlechtlichen Beziehungen einen Unterschied macht und den Ton auf die biologische im Gegensatz zur romantischen Seite der ehelichen Liebe legt. Ich will nicht behaupten, daß die Ehe von lästigen Pflichten befreit werden kann. Es ist richtig, daß bei dem von mir empfohlenen System die Menschen von der Pflicht sexueller ehelicher Treue entbunden werden, doch haben sie dafür die Pflicht, die Eifersucht zu zügeln. Ein gutes Leben kann man ohne Selbstbeherrschung nicht führen; es ist aber besser, eine beschränkende und feindselige Regung wie die Eifersucht einzudämmen, als eine großzügige und freundliche wie die Liebe. Die konventionelle Moral hat ihren Irrtum nicht damit begangen, daß sie Selbstbeherrschung forderte, sondern daß sie diese am falschen Platze forderte.

Siebzehntes Kapitel

Bevölkerung

Der Hauptzweck der Ehe ist, die menschliche Bevölkerung der Erde immer wieder zu ergänzen. Einige Ehesysteme erfüllen diese Aufgabe in unzureichendem Maße, andere wiederum im Überfluß. Von diesem Gesichtspunkt aus möchte ich im vorliegenden Kapitel die Geschlechtsmoral betrachten.

In der freien Natur benötigen die größeren Säugetiere einen beträchtlichen Flächenraum pro Kopf, um sich am Leben zu erhalten. Infolgedessen ist die Gesamtzahl aller Arten von großen, wilden Säugetieren klein. Die Anzahl der Schafe und Kühe ist sehr groß, aber das ist durch menschliches Zutun so geworden. Die Zahl menschlicher Wesen steht in gar keinem Verhältnis zu der irgendeines anderen großen Säugetieres. Das beruht natürlich auf unserer Geschicklichkeit. Die Erfindung von Pfeil und Bogen, die Zähmung von Wiederkäuern, die Anfänge der Landwirtschaft und die industrielle Revolution, sie alle erhöhten die Zahl der Personen, die vom Ertrag eines Quadratkilometers leben konnten. Der letzte dieser wirtschaftlichen Fortschritte wurde, wie wir aus Statistiken wissen, zu diesem Zwecke benutzt; aller Wahrscheinlichkeit nach war das bei den anderen ebenso. Der menschliche Verstand ist mehr zur Erhöhung der Bevölkerungszahl gebraucht worden als zu irgendeinem anderen Einzelzweck.

Es ist richtig, daß, wie Carr Saunders gezeigt hat, die Bevölkerung in der Regel praktisch gleich zahlreich gewesen ist, und daß ein Ansteigen, wie es im 19. Jahrhundert zu verzeichnen war, eine ganz außergewöhnliche Erscheinung darstellt. Wir können annehmen, daß etwas Ähnliches in Ägypten und Babylonien vor sich ging, als man in diesen Ländern zur Bodenbewässerung und zu sorgfältig betriebener Landwirtschaft übergegangen war. Aber in geschichtlicher Zeit scheint etwas Derartiges nicht vorgekommen zu sein. Alle Schätzungen der Bevölkerungszahl vor dem 19. Jahrhundert beruhen weitgehend auf Vermutungen, aber in dieser Hinsicht stimmen sie alle überein. Eine schnell ansteigende Bevölkerungsziffer ist daher eine seltene Ausnahmeerscheinung. Wenn, wie es der Fall zu sein scheint, die Bevölkerungszahl jetzt wieder die Tendenz zeigt, in den meisten Kulturländern auf gleicher Höhe zu bleiben, so bedeutet dies nur, daß die Menschen einen anomalen Zustand durchgemacht haben und jetzt wieder zur Norm zurückgekehrt sind.

Das große Verdienst des Buches von Carr Saunders über die Bevölkerung liegt in dem Nachweis, daß die freiwillige Beschränkung der Bevölkerungszahl fast allezeit und überall durchgeführt wurde und mehr dazu beigetragen hat, die Kopfzahl auf etwa gleicher Höhe zu halten, als der Ausfall durch eine hohe Sterblichkeitsziffer. Möglicherweise geht er in seinen Behauptungen etwas zu weit. In Indien und China zum Beispiel scheint es im wesentlichen die hohe Sterblichkeitsziffer zu sein, welche das sehr rasche Ansteigen der Bevölkerung verhindert. Für China fehlen Statistiken, aber für Indien sind sie vorhanden. Dort ist die Geburtenziffer enorm und dennoch vermehrt sich die Bevölkerung, wie Carr Saunders selbst angibt, um ein Geringes langsamer als in England. Dies ist in der Hauptsache auf die Kindersterblichkeit sowie auf die Pest und andere schwere Krankheiten zurückzuführen. Ich glaube, daß China ähnliche Zustände erkennen lassen würde, wenn Statistiken erreichbar wären. Trotz dieser wichtigen Einwände ist die These von Carr Saunders jedoch zweifellos im wesentlichen richtig. Verschiedene Methoden zur Einschränkung der Bevölkerung sind angewandt worden. Die einfachste ist der Kindermord, den es in sehr großem Umfange dort gegeben hat, wo die Religion ihn erlaubte. Zuweilen hatte sich das Verfahren so fest eingebürgert, daß die Menschen bei der Annahme des Christentums forderten, die Religion dürfe sich in diese Sitte nicht einmischen[44]. Die Duchoborzen zum Beispiel waren mit der zaristischen Regierung in Schwierigkeiten geraten, weil sie

[44] Das geschah z. B. in Island. Siehe Carr Saunders, *Population,* S. 19.

ihre Kriegsdienstverweigerung mit der Heiligkeit des Menschenlebens begründeten; später hatten sie mit der kanadischen Regierung Differenzen wegen ihres Hanges zur Kindstötung. Andere Methoden sind jedoch ebenfalls üblich gewesen. Bei vielen Völkern enthält sich die Frau des Geschlechtsverkehrs nicht nur während der Schwangerschaft, sondern auch während der Stillperiode, die sich oft auf zwei oder drei Jahre erstreckt. Das beschränkt die Fruchtbarkeit notwendigerweise sehr beträchtlich, insbesondere bei Wilden, die viel schneller alt werden als Angehörige zivilisierter Rassen. Die australischen Ureinwohner vollziehen einen außerordentlich schmerzhaften operativen Eingriff, der die männliche Potenz sehr stark vermindert und die Fruchtbarkeit merklich einschränkt. Wie wir aus Genesis 38, 9f. wissen, war im Altertum mindestens eine ausgesprochene Geburtenbeschränkungsmethode bekannt und in Anwendung, obgleich sie von den Juden mißbilligt wurde, deren Religion stets sehr antimalthusianisch gewesen ist. Durch die Anwendung dieser verschiedenen Methoden entgingen die Menschen dem Massensterben durch Hunger, das eingetreten wäre, wenn sie ihre Fruchtbarkeit bis zum Äußersten ausgenutzt hätten.

Der Hungertod hat trotzdem beträchtlich dazu beigetragen, die Bevölkerung niedrig zu halten; vielleicht nicht so sehr unter ganz primitiven Verhältnissen wie bei landwirtschaftlichen Gemeinschaften eines nicht sehr fortgeschrittenen Typs. Die irische Hungersnot der Jahre 1846/47 war so schwer, daß die Bevölkerungszahl seither auch nicht annähernd den früheren Stand wieder erreicht hat. Hungersnöte waren in Rußland häufig, und die des Jahres 1921 ist vielen noch in der Erinnerung. Als ich 1920 in China war, litten große Teile des Landes unter einer Hungersnot, die genau so schwer war wie die russische des folgenden Jahres, aber die Opfer wurden weniger bemitleidet als die an der Wolga, weil ihr Unglück nicht dem Kommunismus in die Schuhe geschoben werden konnte. Solche Tatsachen zeigen, daß die Bevölkerung manchmal bis zur Grenze der Lebensfähigkeit und darüber hinaus ansteigt. Das geschieht jedoch insbesondere dort, wo Schwankungen den Bestand an Nahrungsmitteln plötzlich und drastisch verringern können. Das Christentum beseitigte in den Ländern, in denen es angenommen wurde, alle Beschränkungen der Bevölkerungszunahme – mit Ausnahme der Enthaltsamkeit. Die Kindstötung war natürlich verboten; ebenso die Abtreibung und alle empfängnisverhütenden Maßnahmen. Es ist richtig, daß die Geistlichkeit sowie Mönche und Nonnen im Zölibat lebten, aber ich glaube nicht, daß sie im mittelalterlichen Europa einen Prozentsatz der Bevölkerung bildeten, der so groß war wie der Anteil der unverheirateten Frauen im heutigen England. Sie stellten daher keine statistisch sehr wesentliche Einschränkung der Fruchtbarkeit dar. Infolgedessen gab es im Mittelalter im Vergleich mit der Antike wahrscheinlich eine größere Anzahl von Todesfällen durch Hunger und Seuchen. Die Bevölkerung stieg nur sehr langsam an. Einen etwas höheren Steigerungsgrad wies das 18. Jahrhundert auf, aber mit dem 19. Jahrhundert fand eine ganz außergewöhnliche Veränderung statt, und die Vermehrung der Bevölkerung nahm wahrscheinlich vordem nie erreichte Ausmaße an. Es wird geschätzt, daß England und Wales im Jahre 1066 auf die Quadratmeile 26 Personen zählten. Im Jahre 1801 war diese Zahl auf 153, im Jahre 1901 auf 561 gestiegen. Die absolute Vermehrung war also während des 19. Jahrhunderts beinahe viermal so groß wie von der normannischen Eroberung bis zum Beginn des 19. Jahrhunderts. Aber der Bevölkerungszuwachs von England und Wales vermittelt nicht einmal ein richtiges Bild der Verhältnisse, weil die britische Rasse während dieses Zeitraumes große Teile der Welt bevölkerte, die früher von einigen wenigen Wilden bewohnt wurden.

Es besteht sehr wenig Veranlassung, dieses Anwachsen der Bevölkerung einer Steigerung der Geburtenziffer zuzuschreiben. Man muß es vielmehr auf ein Absinken der Sterblichkeitsziffer zurückführen, das teilweise auf dem Fortschritt der medizinischen Wissenschaft, nach meiner Meinung aber in viel höherem Maße auf dem Ansteigen des durch die industrielle

Revolution verursachten Wohlstandes beruht. Vom Jahre 1841, als man in England begann, die Geburtenziffer zu erfassen, bis zu den Jahren 1871–1875 blieb die Geburtenziffer nahezu konstant, um in der genannten Zeitspanne das Maximum von 35,5 zu erreichen. In diesem Stadium traten zwei Ereignisse ein. Das eine war das Erziehungsgesetz von 1870, das andere der Prozeß gegen Bradlaugh wegen neomalthusianischer Propaganda im Jahre 1878. Man kann daraufhin feststellen, daß die Geburtenziffer von dem Zeitpunkt an erst langsam und dann katastrophal absank. Das Erziehungsgesetz stellte das Motiv, da Kinder nun keine lohnende Kapitalanlage mehr waren, und Bradlaugh lieferte die Mittel. In den fünf Jahren von 1911–1915 war die Geburtenziffer auf 23,6 zurückgegangengen, und im ersten Quartal des Jahres 1929 auf 16,5 gefallen. Infolge der Verbesserungen auf medizinischem und hygienischem Gebiet steigt die Bevölkerung Englands noch immer langsam an, nähert sich aber rasch dem Stillstand. Wie jeder weiß, hat Frankreich schon seit geraumer Zeit eine praktisch stationäre Bevölkerung gehabt.

Die Geburtenziffer ist in ganz Westeuropa sehr rasch und allgemein gesunken. Die einzigen Ausnahmen bildeten rückständige Länder wie zum Beispiel Portugal. Das Sinken hat sich bei städtischen Gemeinschaften stärker bemerkbar gemacht als bei ländlichen. Es begann bei den wohlhabenden Schichten, ergriff dann aber alle Klassen in Städten und Industriegebieten. Die Geburtenziffer ist jetzt noch höher bei der armen als bei der gutsituierten Bevölkerung, ist aber in den ärmsten Vierteln Londons jetzt niedriger als sie es vor zehn Jahren in den reichsten war. Diese Abnahme beruht, wie jedermann weiß (wenn auch manche es nicht zugeben wollen), auf der Anwendung empfängnisverhütender Mittel und auf Abtreibung. Es besteht kein besonderer Grund, warum sie an dem Punkt stehen bleiben sollte, wo die Bevölkerung stets gleichbleibt. Die sinkende Tendenz könnte ebensogut anhalten bis die Bevölkerung abzunehmen beginnt, und das Endergebnis wäre eigentlich, soweit wir es übersehen können, das Aussterben der höchstzivilisierten Rassen.

Bevor uns die Erörterung dieses Problems einigen Nutzen bringen kann, müssen wir uns darüber klar werden, worauf wir hinaus wollen. Für jeden Zustand wirtschaftlicher Errungenschaft gibt es das, was Carr Saunders ein Optimum an Bevölkerungsdichte nennt, das heißt eine Dichte, die ein Maximum an Einkommen pro Kopf gewährleistet. Wenn die Bevölkerung unter dieses Niveau sinkt oder es übersteigt, so wird der allgemeine wirtschaftliche Wohlstand verringert. Mit anderen Worten, jeder Fortschritt der wirtschaftlichen Errungenschaften erhöht die optimale Bevölkerungsdichte. Auf der Jägerstufe ist eine Person auf die Quadratmeile ungefähr richtig, während in einem fortgeschrittenen Industriestaat eine Bevölkerung von mehreren Hundert auf die Quadratmeile wahrscheinlich nicht zu hoch ist. Es besteht Grund zu der Annahme, daß England seit dem Weltkrieg übervölkert ist. Das gleiche kann man von Frankreich nicht behaupten, und noch weniger von Amerika. Aber es ist nicht wahrscheinlich, daß Frankreich oder ein anderes westeuropäisches Land durch eine Bevölkerungszunahme im Durchschnitt an Wohlstand gewinnen würde. Wenn dem so ist, haben wir keine Veranlassung, vom wirtschaftlichen Standpunkt aus ein Anwachsen der Bevölkerung zu wünschen. Diejenigen, welche diesen Wunsch haben, werden gewöhnlich von Motiven eines nationalistischen Militarismus geleitet. Der von ihnen gewünschte Bevölkerungsanstieg kann jedoch nicht von Dauer sein, da er sofort wieder ausgelöscht wird, sobald sie ihr Ziel, nämlich den Krieg, erreicht haben. In Wirklichkeit ist also der Standpunkt dieser Leute der, daß man die Bevölkerung besser durch den Tod auf dem Schlachtfeld als durch Verhütung der Empfängnis beschränkt. Diese Ansicht kann von keinem denkenden Menschen geteilt werden; und wer dieser Meinung ist, beweist die Verworrenheit seiner Gedanken. Abgesehen von Argumenten, die mit dem Krieg zusammenhängen, haben wir allen Grund uns zu freuen, daß die Kenntnis von Methoden zur Geburtenkontrolle die Bevölkerung zivilisierter Länder stationär werden läßt.

Das Problem sähe sich jedoch ganz anders an, wenn die Bevölkerung tatsächlich abnähme; denn eine Abnahme bedeutet, wenn ihr nicht Einhalt geboten wird, letzten Endes Aussterben; und wir können uns doch wohl nicht wünschen, dem Verschwinden der zivilisiertesten Rassen der Welt zusehen zu müssen. Die Anwendung empfängnisverhütender Mittel ist daher nur zu begrüßen, sofern man Schritte unternehmen kann, sie in den Grenzen zu halten, die die Erhaltung des jetzigen Bevölkerungsstandes annähernd ermöglichen. Ich glaube nicht, daß das Schwierigkeiten machen würde.

Die Gründe für die Beschränkung der Familie sind im wesentlichen, wenn auch nicht ausschließlich, wirtschaftlicher Natur. Die Geburtenziffer könnte durch Herabsetzung der von den Kindern verursachten Kosten erhöht werden oder, wenn es sich als notwendig erweist, dadurch, daß man die Kinder zu einer wirklichen Einkommensquelle für ihre Eltern macht. Jede derartige Maßnahme wäre jedoch in der gegenwärtigen nationalistischen Welt sehr gefährlich, da sie zur Schaffung eines militärischen Übergewichtes mißbraucht werden könnte. Man kann sich vorstellen, daß alle führenden militaristischen Länder dem Wettrüsten ein Wettzeugen unter dem Motto: „Die Kanonen müssen ihr Futter haben" hinzugesellen würden. Hier sehen wir uns wiederum der absoluten Notwendigkeit einer internationalen Regierung gegenüber, wenn die Zivilisation nicht zugrunde gehen soll. Wenn eine solche Regierung den Weltfrieden mit Erfolg aufrechterhalten will, muß sie Gesetze erlassen, welche den Bevölkerungszuwachs jedes Militärstaates auf ein bestimmtes Maß beschränken. Die Feindschaft zwischen Australien und Japan zeigt, wie schwerwiegend dieses Problem ist. Die Bevölkerung Japans wächst sehr schnell und die Australiens (abgesehen von der Einwanderung) ziemlich langsam. Das bewirkt eine Feindschaft, die nur mit großen Schwierigkeiten zu beseitigen ist, da anscheinend jede der beiden streitenden Parteien durchaus berechtigte Argumente ins Feld führen kann. Man kann, glaube ich, annehmen, daß die Geburtenziffer in absehbarer Zeit in Westeuropa sowohl wie in Amerika keine steigende Tendenz mehr aufweisen wird, es sei denn, daß die betreffenden Regierungen ausdrücklich Schritte unternehmen, die dieses Ziel im Auge haben. Man kann aber nicht erwarten, daß die mächtigsten Militärstaaten stillhalten, während andere Nationen bloß durch den Prozeß der Fortpflanzung das Gleichgewicht der Kräfte verschieben. Jede internationale Behörde, die gründliche Arbeit leisten will, wird sich daher dem Bevölkerungsproblem widmen müssen und wird durchzusetzen versuchen, daß jedes Land, auch wenn es sich sträubt, Propaganda für die Geburtenkontrolle macht. Nur wenn das geschieht, kann der Weltfriede gesichert sein.

Die Bevölkerungsfrage hat also zwei Seiten. Wir müssen uns ebenso gegen eine zu rasche Vermehrung wie gegen eine Abnahme der Bevölkerung schützen. Die erstgenannte Gefahr ist alt und besteht noch in vielen Ländern wie zum Beispiel Portugal, Spanien, Rußland und Japan. Die letztgenannte ist neu und besteht vorläufig nur in Westeuropa. Sie würde auch in Amerika bestehen, wenn Amerikas Bevölkerung auf Fortpflanzung allein angewiesen wäre. Bisher hat aber die Einwanderung eine Bevölkerungszunahme bewirkt, die trotz der sehr niedrigen Geburtenziffer bei eingesessenen Amerikanern wenigstens den wünschenswerten Stand erreicht hat. Die neue Gefahr, nämlich die des Bevölkerungsschwundes, ist ein Problem, an das sich unsere althergebrachten Denkgewohnheiten noch nicht angepaßt haben. Man hat versucht, ihr durch Moralpredigten und Gesetze gegen die Propagierung der Geburtenbeschränkung zu begegnen. Wie die Statistiken beweisen, haben derartige Methoden keinerlei Erfolg. Der Gebrauch von Verhütungsmitteln ist zu einem Bestandteil der allgemeinen Gewohnheiten aller zivilisierten Länder geworden und kann jetzt nicht mehr ausgerottet werden. Die Gepflogenheit, den Tatsachen nicht ins Auge zu sehen, wenn es sich um Sexualität handelt, ist bei Regierungen und wichtigen Persönlichkeiten so tief verwurzelt, daß man hierin keinen plötzlichen Umschwung erwarten kann. Es ist jedoch eine sehr störende Gepflogenheit, und ich glaube, man darf hoffen, daß die heutige Jugend, wenn sie einmal wichtige Posten bekleidet, in dieser Hinsicht vernünftiger ist als ihre Väter und Großväter es waren. Man darf ferner hoffen, daß sie die Unvermeidbarkeit empfängnisverhütender Maßnahmen offen anerkennen und einsehen, daß diese sogar erwünscht sind, solange sie keine tatsächliche Bevölkerungsabnahme verursachen. In jedem Land, das sich von einem wirklichen Bevölkerungsschwund bedroht sieht, ist das einzige richtige Verfahren offensichtlich die versuchsweise Verringerung der finanziellen Belastung durch Kinder, bis ein Punkt erreicht ist, wo die Geburtenziffer die Aufrechterhaltung der bestehenden Bevölkerungszahl wieder ermöglicht.

In diesem Zusammenhang ist ein Kapitel unseres Moralkodex zu nennen, das zum allgemeinen Nutzen abgeändert werden könnte. In England gibt es zwei Millionen mehr Frauen als Männer, die durch Gesetz und Sitte dazu verurteilt sind, kinderlos zu bleiben. Für viele ist das zweifellos eine schwere Entbehrung. Würde die Sitte die unverheiratete Mutter dulden und ihre wirtschaftliche Lage erträglich machen, so würde fraglos eine große Zahl der Frauen, die gegenwärtig zum Zölibat verdammt sind, Kinder bekommen. Strenge Monogamie beruht auf der Voraussetzung, daß die Kopfzahlen der beiden Geschlechter annähernd gleich sind. Wo dies nicht der Fall ist, bedeutet es eine nicht geringe Grausamkeit gegenüber denjenigen, die durch ein Rechenexempel gezwungen werden, ledig zu bleiben. Wo aber sogar Veranlassung besteht, eine Steigerung der Geburtenziffer für wünschenswert zu halten, kann diese Grausamkeit nicht nur persönliche, sondern auch allgemeine Nachteile mit sich bringen.

Mit dem Fortschritt des Wissens wird es immer leichter möglich, durch wohlüberlegte Maßnahmen der Regierung Kräfte in die richtigen Bahnen zu lenken, die man bisher für Naturkräfte gehalten hatte. Die Bevölkerungszunahme ist eine solche Kraft. Seit der Einführung des Christentums wurde sie dem blinden Walten des Instinkts überlassen. Aber die Zeit rückt mit Macht heran, wo man sie mit Überlegung regeln muß. Wie vorher in bezug auf die staatliche Kontrolle der Jugend, so müssen wir auch in dieser Beziehung feststellen, daß eine segensreiche Einmischung des Staates in diese Dinge nur von einem internationalen Staat ausgehen kann und nicht von den gegenwärtigen, miteinander konkurrierenden Militärstaaten.

Achtzehntes Kapitel

Rassenhygiene

Rassenhygiene ist der Versuch, die biologischen Merkmale einer Zucht durch wohlüberlegte und zu diesem Zweck angewandte Methoden zu verbessern. Die Gedankengänge, auf denen sie beruht, sind darwinistisch, und wie es sich gehört, ist der Präsident der Rassenhygienischen Gesellschaft ein Sohn von Charles Darwin. Aber der eigentliche Vater der rassenhygienischen Gedanken war Francis Galton, der das Vererbungsmoment in der menschlichen Leistung stark betonte. Heutzutage ist die Vererbung zu einer Parteifrage geworden, besonders in Amerika. Die amerikanischen Konservativen behaupten, daß der Charakter des ausgereiften Mannes im wesentlichen auf angeborenen Eigenschaften beruht, während amerikanische Radikale im Gegensatz dazu behaupten, daß die Erziehung alles und Vererbung nichts sei. Ich stimme mit keiner dieser beiden extremen Ansichten überein und kann auch die Voraussetzung, die beiden gemeinsam ist und ihre entgegengesetzten Vorurteile erzeugt, nicht teilen, nämlich, daß Italiener, Südslaven und dergleichen als fertige Produkte minderwertiger sind als im Lande geborene Amerikaner vom Ku-Klux-Klan.
Es gibt bisher noch keine Unterlagen, die es ermöglichen, festzustellen, welcher Anteil an den geistigen Fähigkeiten des Menschen der Vererbung und welcher der Erziehung zukommt. Wenn dies wissenschaftlich ermittelt werden sollte, müßte man Tausende von eineiigen Zwillingen nehmen, sie von Geburt an trennen und sie auf möglichst verschiedenartige Weise erziehen.

Dieses Experiment läßt sich jedoch gegenwärtig nicht durchführen. Meine eigene Ansicht, die, wie ich zugebe, unwissenschaftlich ist und nur auf Eindrücken beruht, geht dahin, daß zwar jeder durch eine schlechte Erziehung verdorben werden kann und es tatsächlich auch in den meisten Fällen wurde, daß aber nur Menschen mit gewissen angeborenen Fähigkeiten außergewöhnlich Großes auf den verschiedenen Gebieten vollbringen können. Ich glaube nicht, daß auch ein Höchstmaß an Erziehung aus einem durchschnittlich begabten Knaben einen erstklassigen Pianisten machen könnte; ich glaube nicht, daß die beste Schule der Welt uns alle in Einsteins verwandeln könnte; ich glaube nicht, daß Napoleon seinen Schulkameraden in Brienne nicht an angeborener Begabung überlegen war und die Strategie nur dadurch gelernt hat, daß er seine Mutter beobachtete, wie sie ihre Horde unbändiger Söhne im Schach hielt. Ich bin überzeugt, daß in solchen Fällen und in geringerem Maße in allen Fällen besonderer Begabung eine angeborene Veranlagung besteht, die bewirkt, daß die Erziehung bessere Resultate zeitigt als bei durchschnittlichem Material. Es gibt sogar ganz auffällige Dinge, die diese Ansicht bestätigen. So kann man zum Beispiel an der Kopfform erkennen, ob ein Mensch klug ist oder ein Idiot, und das kann man wohl kaum als ein von der Erziehung bewirktes Charakteristikum bezeichnen.

Betrachten wir darauf das andere Extrem, nämlich die Idiotie, Blödheit und Geistesschwäche. Nicht einmal der fanatischste Gegner der Rassenhygiene bestreitet, daß die Idiotie, jedenfalls in den meisten Fällen, angeboren ist. Für einen Menschen mit Sinn für statistische Symmetrie bedeutet dies, daß es am entgegengesetzten Ende der Skala einen entsprechenden Prozentsatz von Personen mit abnorm großen Fähigkeiten geben muß. Ich will daher ohne weitere Umstände annehmen, daß bei den Menschen Unterschiede in bezug auf die angeborenen Geistesgaben bestehen. Ich nehme ferner an, daß kluge Leute ihrem Gegenteil vorzuziehen sind, was vielleicht eher angezweifelt werden kann. Wenn diese beiden Dinge zugegeben werden, sind die Grundlagen für den Standpunkt des Rassenhygienikers geschaffen. Wir dürfen daher über die ganze Angelegenheit nicht die Nase rümpfen, was wir auch immer über gewisse Einzelheiten bei bestimmten Vertretern der Idee denken mögen.

Über das Thema der Rassenhygiene ist eine ganz außergewöhnliche Menge Unsinn zusammengeschrieben worden. Die meisten ihrer Verfechter ergänzen ihre einwandfreie biologische Grundlage durch gewisse soziologische Behauptungen von recht fragwürdiger Art, zum Beispiel, daß die Tugend im proportionalen Verhältnis zum Einkommen stehe, daß die Vererbung der, ach, so verbreiteten Armut eine biologische und keine rechtliche Erscheinung sei, und daß daher alle Menschen reich wären, wenn wir die Begüterten anstatt die Armen zur Vermehrung veranlassen könnten. Man macht eine Menge Aufhebens von der Tatsache, daß die Armen sich stärker vermehren als die Reichen. Ich kann mich nicht entschließen, diese Tatsache so sehr zu bedauern, da ich keinerlei Belege dafür habe, daß die Reichen den Armen in irgendeiner Hinsicht überlegen sind. Selbst wenn es bedauerlich wäre, bestünde kein Anlaß zu wirklich ernsthafter Besorgnis, da tatsächlich nur eine Zeitdifferenz von wenigen Jahren vorliegt. Die Geburtenziffer fällt bei den Armen und ist jetzt bei ihnen genau so niedrig wie sie vor neun Jahren bei den Reichen war[45]. Es ist richtig, daß es gewisse Faktoren gibt, die eine Regelung der Geburtenziffer auf unerwünschte Art fördern. Wenn zum Beispiel Regierungen und Polizeibehörden der Beschaffung von Informationen über Geburtenkontrolle Schwierigkeiten in den Weg legen, so ist die Folge, daß Personen von unterdurchschnittlicher Intelligenz diese Informationen nicht erhalten, während die behördlichen Anstrengungen bei den anderen erfolglos sind. Infolgedessen führt alle Opposition gegen die Verbreitung von Wissen über Empfängnisverhütung dazu, daß dumme Leute größere Familien haben als kluge. Es ist jedoch wahrscheinlich, daß dies eine

[45] Siehe Julius Wolf, *Die neue Sexualmoral und das Geburtenproblem unserer Tage*, 1928, S. 165–67.

vorübergehende Erscheinung ist, weil selbst die dümmsten Menschen sich über kurz oder lang entweder Auskunft über Empfängnisverhütung beschafft haben werden oder – und ich befürchte, daß dies ein ziemlich häufiges Ergebnis der behördlichen Verdunklungstaktik ist – Leute ausfindig gemacht haben, die dazu bereit sind, eine Abtreibung vorzunehmen[46].

Es gibt zwei Arten von Rassenhygiene: eine positive und eine negative. Erstere beschäftigt sich mit der Förderung wertvollen und letztere mit der Lahmlegung schlechten Rassegutes. Letztere ist gegenwärtig eher praktisch anwendbar. Sie hat sogar in einzelnen Staaten Amerikas große Fortschritte gemacht, und die Sterilisation der Untauglichen liegt in England im unmittelbaren Bereich der angewandten Politik. Die Einwände, die man natürlich gegen derartige Maßnahmen gefühlsmäßig macht, sind nach meiner Überzeugung nicht berechtigt. Wie jeder weiß, haben schwachsinnige Frauen meist enorme Mengen unehelicher Kinder, die in der Regel alle für die Gemeinschaft gänzlich wertlos sind. Diese Frauen wären selbst glücklicher, wenn sie steril wären, weil sie nicht aus Gebärfreudigkeit schwanger werden. Das gleiche trifft natürlich auch auf schwachsinnige Männer zu. Das System birgt freilich schwere Gefahren in sich, da es den Behörden vielleicht einfallen könnte, jede ungewöhnliche Ansicht oder jede Opposition gegen die Regierung als ein Zeichen von Schwachsinn anzusehen. Es lohnt sich aber vielleicht, dieses Risiko auf sich zu nehmen, weil ganz offensichtlich die Anzahl der Idioten, Blöden und Geistesschwachen durch derartige Maßnahmen enorm verringert werden könnte.

Sterilisationsmaßnahmen sollten nach meiner Meinung unbedingt auf Menschen beschränkt werden, die *geistig* defekt sind. Ich kann Gesetze wie das des Staates Idaho nicht befürworten,

---

[46] Laut Julius Wolf (*ebd.* S. 6 ff.) spielt die Abtreibung eine größere Rolle als die Empfängnisverhütung beim Sinken der Geburtenziffer in Deutschland. Er schätzt, daß gegenwärtig in Deutschland 600 000 Abtreibungen pro Jahr vorgenommen werden. Es ist schwieriger die Zahl für Großbritannien zu schätzen, da Fehlgeburten nicht registriert werden. Es besteht aber aller Grund zu der Vermutung, daß die Zustände nicht viel anders sind als in Deutschland.

das die Sterilisation folgender Kategorien zuläßt: geistig Defekte, Epileptiker, Gewohnheitsverbrecher, sittlich Entartete und sexuell Perverse. Die letzten beiden Gruppen sind sehr wenig genau umrissen, und die Begriffe können an verschiedenen Orten ganz verschieden ausgelegt werden. Das Gesetz von Idaho hätte die Sterilisation von Sokrates, Plato, Julius Cäsar und Paulus gerechtfertigt. Ferner kann der Gewohnheitsverbrecher durchaus das Opfer einer gestörten Nervenfunktion sein, die jedenfalls theoretisch durch Psychoanalyse geheilt werden könnte und keineswegs erblich zu sein braucht. Sowohl in England als in Amerika werden Gesetze in dieser Beziehung ohne Kenntnis der Arbeiten von Psychoanalytikern gemacht. Man wirft daher gänzlich verschiedene Arten von Geistesstörungen in einen Topf mit der alleinigen Begründung, daß sie einigermaßen ähnliche Symptome aufweisen. Man ist also einige dreißig Jahre hinter dem besten Wissensstand der Zeit zurück. Dies macht deutlich, daß es in all solchen Dingen äußerst gefährlich ist, Gesetze zu erlassen, bevor die Wissenschaft nicht zu festen Schlußfolgerungen gekommen ist, die wenigstens einige Jahrzehnte lang unangefochten geblieben sind; andernfalls dringen falsche Gedanken in die rechtlichen Bestimmungen ein und wachsen den Beamten so sehr ans Herz, daß die praktische Anwendung besserer Gedanken ungemein verzögert wird. Geistige Defekte sind nach meiner Überzeugung das Einzige, was gegenwärtig mit ausreichender Sicherheit festgestellt werden kann, so daß ohne Gefahr gesetzliche Bestimmungen auf diesem Sektor erlassen werden können. Die Diagnose kann auf objektive Weise gestellt werden, ohne daß die Sachverständigen darüber verschiedener Meinung wären; sittliche Entartung dagegen ist Ansichtssache. Der gleiche Mensch, den der eine für sittlich entartet hält, kann von einem anderen als Prophet angesehen werden. Ich will nicht sagen, daß das Gesetz in späteren Zeiten nicht weiter ausgedehnt werden sollte. Ich sage nur, daß unsere wissenschaftlichen Erkenntnisse hierzu vorläufig noch nicht ausreichen, und daß es sehr gefährlich ist, wenn eine Gemeinschaft es zuläßt, daß ihre moralische Mißbilligung unter dem Deckmantel der Wissenschaft auftritt, wie es fraglos in verschiedenen Staaten Nordamerikas der Fall gewesen ist.

Ich komme jetzt zur positiven Rassenhygiene, die viel interessantere Möglichkeiten in sich birgt, wenn diese auch vorläufig noch Zukunftsmusik sind. Die positive Rassenhygiene besteht in dem Versuch, geeignete Eltern dazu anzuregen, eine große Anzahl von Kindern zu haben. Im Augenblick ist das genaue Gegenteil üblich. Ein außergewöhnlich kluger Volksschüler zum Beispiel wird wahrscheinlich in die Klasse der Kopfarbeiter aufsteigen und daher im Alter von fünfunddreißig oder vierzig Jahren heiraten, während seine früheren, nicht abnorm klugen Mitschüler mit fünfundzwanzig Jahren schon heiraten. Die hohen Kosten der Erziehung sind eine schwere Belastung für die geistigen Berufe und veranlassen daher ihre Vertreter zu einer starken Beschänkung der Größe ihrer Familie. Vermutlich ist ihr Intelligenzdurchschnitt etwas höher als der der meisten anderen Volksklassen, so daß diese Beschränkung bedauerlich ist. Die einfachste Maßnahme, um ihrer Lage Rechnung zu tragen, wäre, ihren Kindern freie Erziehung einschließlich des Universitätsstudiums zu gewähren, oder mit anderen Worten: Stipendien mehr auf Grund der Leistungen der Eltern als der Kinder zu geben. Das würde nebenbei den Vorteil haben, daß Büffeln und Überarbeitung aufhören; sie sind nämlich gegenwärtig die Ursache dafür, daß viele der klügsten jungen Leute durch zu große Belastung geistige und körperliche Schäden davontragen, bevor sie ein Alter von einundzwanzig Jahren erreicht haben. Es ist wahrscheinlich aber in England und Amerika unmöglich, daß der Staat wirkungsvolle Maßnahmen ergreift, um Angehörige der geistigen Berufe zur Aufzücht großer Familien zu veranlassen. Was dem im Wege steht, ist die Demokratie. Die Gedankengänge der Rassenhygiene beruhen auf dem Grundsatz, daß die Menschen ungleich sind, während die Demokratie auf dem Grundsatz beruht, daß sie gleich sind. Es ist infolgedessen politisch sehr schwierig, rassenhygienischen Ideen in einer demokratischen Gemeinschaft Geltung zu verschaffen, wenn diese Ideen nicht darauf hinauslaufen, daß es eine Minorität minderwertiger Menschen wie zum Beispiel Schwachsinniger gibt, sondern wenn sie anerkennen, daß es eine Minorität höherwertiger Menschen gibt. Ersteres ist der Majorität angenehm, letzteres aber unangenehm. Maßnahmen, die sich auf die Minderwertigen beziehen, werden daher die Unterstützung der Mehrheit gewinnen können, während Maßnahmen zugunsten der Höherwertigen abgelehnt werden.

Jedenfalls weiß jeder, der über dieses Problem nachgedacht hat, daß es zwar schwierig ist zu bestimmen, wer das beste Rassegut darstellt, daß es aber fraglos in dieser Hinsicht Unterschiede gibt, die zu messen der Wissenschaft hoffentlich in absehbarer Zeit gelingen wird. Man stelle sich die Reaktion eines Bauern vor, dem gesagt wird, er müsse allen seinen Jungstieren die gleichen Chancen geben! Tatsächlich wird der Bulle, der der Erzeuger der nächsten Generation werden soll, sorgfältig nach dem Gesichtspunkt ausgewählt, welche milchgebenden Eigenschaften seine weiblichen Vorfahren hatten. Nebenbei sei bemerkt, daß – da Wissenschaft, Kunst und Krieg dieser Spezies unbekannt sind – nur das weibliche Geschlecht besonders hoch bewertet wird und das männliche bestenfalls der Zwischenträger bei der Vererbung weiblicher Qualitäten ist. Alle Haustierrassen sind durch wissenschaftliche Zuchtmethoden enorm verbessert worden, und es ist keine Frage, daß menschliche Wesen durch ähnliche Verfahren in jeder gewünschten Richtung verändert werden könnten. Es ist freilich viel schwieriger anzugeben, welche Qualitäten wir im Menschen anstreben sollen. Wenn wir die Menschen auf körperliche Stärke züchten, würden wir vielleicht ihr Gehirn verkümmern lassen. Wenn wir sie auf geistige Fähigkeiten züchten, machen wir sie vielleicht anfälliger für verschiedene Krankheiten. Wenn wir seelisches Gleichgewicht zu erzeugen suchen, vernichten wir vielleicht die Kunst. In allen diesen Dingen fehlen uns die nötigen Kenntnisse. Man muß daher wünschen, daß zunächst auf dem Gebiet der positiven Rassenhygiene nicht viel getan wird. Es ist aber nicht ausgeschlossen, daß die Vererbungswissenschaft und die Biochemie im Lauf der nächsten hundert Jahre so erhebliche Fortschritte machen, daß die Zucht einer Rasse ermöglicht wird, die jedermann als der jetzt bestehenden überlegen anerkennen muß.

Die Anwendung wissenschaftlicher Erkenntnisse dieser Art würde jedoch in bezug auf die Familie Umwälzungen erfordern, die radikaler wären als alle bisher in diesem Buch erwähnten. Wenn wissenschaftliche Zuchtmethoden konsequent durchgeführt werden, müßte man von jeder Generation etwa zwei bis drei Prozent der Männer und etwa fünfundzwanzig Prozent der Frauen zu Fortpflanzungszwecken aussondern. Man würde wahrscheinlich bei Eintritt der Pubertät eine Untersuchung durchführen, als deren Ergebnis alle durchgefallenen Kandidaten sterilisiert würden. Der Vater würde dann mit seiner Nachkommenschaft keine engere Verbindung haben, als sie gegenwärtig ein Bulle oder Hengst hat, und die Mutter wäre eine spezialisierte Fachkraft, die sich von anderen Frauen durch ihre Lebensweise unterscheidet. Ich will nicht behaupten, daß dieser Zustand eintreten wird, und noch viel weniger möchte ich sagen, daß ich ihn herbeiwünsche, denn ich gebe zu, daß ich ihn äußerst abstoßend finde. Wenn die Angelegenheit jedoch objektiv betrachtet wird, ergibt sich, daß ein solcher Plan bemerkenswerte Ergebnisse zeitigen kann. Nehmen wir beispielsweise an, daß er in Japan durchgeführt würde, und daß die meisten Japaner nach drei Generationen so klug wie Edison und so stark wie ein Ringkämpfer wären. Wenn die anderen Länder der Welt in der Zwischenzeit die Dinge weiterhin dem Wirken der Natur überlassen hätten, wären sie völlig außerstande, es in einem Krieg mit Japan aufzunehmen. Nachdem die Japaner einen solchen Höchststand von Fähigkeit erreicht hätten, würden sie zweifellos Mittel und Wege finden, die Männer anderer Völker als Soldaten zu verwenden. Sie würden sich für die Erringung des Sieges auf ihre wissenschaftlich untermauerte Technik verlassen und mit ziemlicher Sicherheit den gewünschten Erfolg haben. Unter einem solchen System wäre es sehr leicht, der Jugend blinde Ergebenheit an den Staat einzuflößen. Kann jemand sagen, daß eine derartige Entwicklung in der Zukunft unmöglich wäre?

Es gibt eine dritte Art von Rassenhygiene, die bei gewissen Vertretern der Politik und Presse sehr beliebt ist, und bei der die Betonung auf dem Wortteil „Rasse" liegt. Diese Richtung behauptet, daß eine Rasse oder ein Volk (selbstverständlich die, zu der der betreffende Rassenhygieniker gehört) allen anderen weit überlegen ist und ihre militärische Macht ausnutzen sollte, um die Zahl ihrer eigenen Mitglieder auf Kosten minderwertiger Rassen zu erhöhen. Das bemerkenswerteste Beispiel hierfür ist die nordische Propaganda in den Vereinigten Staaten, der es gelungen ist, gesetzliche Anerkennung in den Einwanderungsbestimmungen zu gewinnen. Diese Richtung der Rassenhygiene beruft sich auf das darwinistische Prinzip vom Überleben der lebenstüchtigen Exemplare; eigenartigerweise sind aber ihre eifrigsten Vertreter der Auffassung, daß das Lehren des Darwinismus verboten werden sollte. Die politische Propaganda, welche mit der Rassenhygiene in diesem Zusammenhang verknüpft ist, hat meist einen sehr unerfreulichen Charakter; aber übergehen wir das und untersuchen wir das Problem auf Wert oder Unwert.

In extremen Fällen besteht kaum ein Zweifel, daß eine Rasse der anderen überlegen ist. Nordamerika, Australien und Neuseeland tragen bestimmt mehr zur Zivilisation der Welt bei, als sie es tun würden, wenn sie noch von den Ureinwohnern bevölkert wären. Im großen und ganzen erscheint es berechtigt, die Neger als im Durchschnitt den Weißen unterlegen zu betrachten, obgleich sie für Arbeiten in den Tropen unentbehrlich sind, so daß ihre Ausrottung – abgesehen von Rücksichten der Humanität – höchst unerwünscht wäre. Wenn es aber an die Unterscheidung zwischen europäischen Volksstämmen geht, muß eine Menge minderwertiger Wissenschaft ins Feld geführt werden, um den politischen Vorurteilen den Rücken zu stärken. Auch sehe ich keinen triftigen Grund, die gelbe Rasse als auch nur im geringsten minderwertig im Vergleich mit unserem eigenen Edelstamm anzusehen. In allen solchen Fällen ist die

Rassenhygiene nur ein fadenscheiniger Vorwand für Chauvinismus.
Julius Wolf[47] gibt eine Tabelle der Geburtenüberschüsse auf tausend Köpfe der Bevölkerung in allen wichtigen Ländern, für die Statistiken vorliegen. Frankreich liegt am niedrigsten mit 1.3, dann kommt USA mit 4.0, gefolgt von Schweden mit 5.8, Britisch-Indien mit 5.9, Schweiz und England mit 6.2, Deutschland mit 7.8, Italien mit 10.9, Japan mit 14.6, Rußland mit 19.5 und Ekuador, das den Weltrekord hält, mit 23.1. China erscheint nicht in der Tabelle, da die Daten unbekannt sind. Wolf gelangt zu dem Schluß, daß der Westen vom Osten, das heißt von Rußland, China und Japan, überwältigt werden wird. Ich will nicht versuchen, seine Beweisführung dadurch zu widerlegen, daß ich mein Vertrauen auf Ekuador setze. Viel eher möchte ich auf seine bereits erwähnten Verhältniszahlen für die Geburtenziffern bei Armen und Reichen in London hinweisen, welche zeigen, daß erstere jetzt niedriger liegen, als letztere vor einigen Jahren waren. Obwohl mit einem größeren Zeitabstand, trifft das gleiche auf den Osten zu; je mehr er westlichen Einflüssen ausgesetzt ist, desto eher werden seine Geburtenziffern einer unvermeidlichen Abwärtsentwicklung anheimfallen. Ein Land kann sich nur durch Industrialisierung zu einer gewaltigen Militärmacht entwickeln, und Industrialismus bringt die Art von Mentalität mit sich, die zur Beschränkung der Familie führt. Wir müssen daher zu der Schlußfolgerung kommen, daß nicht nur die Vorherrschaft des Ostens, die westliche Chauvinisten nach dem Vorbild Kaiser Wilhelms II. zu fürchten vorgeben, kein so großes Unglück wäre, wenn sie zustande käme, sondern daß auch kein triftiger Grund für die Erwartung besteht, daß sie zustande kommen wird. Trotzdem werden Kriegshetzer wahrscheinlich dieses Schreckgespenst unter anderen weiter benutzen bis zu dem Zeitpunkt, wo eine internationale Stelle die erlaubte Vermehrungsquote für die Bevölkerung der verschiedenen Staaten zuweisen kann.

---

[47] *ebd.* S. 143–44.

Hier sehen wir uns wieder wie bei zwei früheren Gelegenheiten den Gefahren gegenüber, denen die Menschheit ausgesetzt ist, wenn die Wissenschaft Fortschritte macht, während die internationale Anarchie weiterbesteht. Die Wissenschaft versetzt uns in die Lage, unsere Ziele zu verwirklichen, und wenn unsere Ziele böse sind, ist das Ergebnis eine Katastrophe. Wenn die Welt mit Bosheit und Haß erfüllt bleibt, wird sie um so schrecklicher werden, je wissenschaftlicher sie eingestellt ist. Die Virulenz dieser Leidenschaften zu verringern, ist daher eine wesentliche Voraussetzung für den menschlichen Fortschritt. In sehr hohem Maße ist deren Existenz von einer falschen Sexualethik und einer schlechten Sexualerziehung verursacht worden. Besonders diese Tatsache macht die Reform der Geschlechtsmoral zu einem der lebenswichtigen Erfordernisse unserer Zeit.

Vom Standpunkt der Moral des einzelnen würde eine wissenschaftliche und von Aberglauben freie Sexualethik rassenhygienischen Überlegungen den ersten Platz einräumen. Das heißt, daß verantwortungsbewußte Männer und Frauen sich nicht auf die Zeugung von Kindern einlassen würden, ohne vorher sehr ernsthafte Erwägungen über den voraussichtlichen Wert ihrer Nachkommenschaft anzustellen, auch wenn die bestehenden Beschränkungen des Geschlechtsverkehrs noch so sehr gelockert werden. Die Empfängnisverhütung ist eine freiwillige Leistung der Elternschaft, das heißt sie ist nicht mehr das automatische Ergebnis des Geschlechtsverkehrs. Aus verschiedenen wirtschaftlichen Gründen, die wir in früheren Kapiteln betrachtet haben, ist es wahrscheinlich, daß der Vater in Zukunft geringere Bedeutung für die Erziehung und den Unterhalt der Kinder haben wird als in der Vergangenheit. Es wird daher keinen sehr zwingenden Grund für eine Frau geben, den Mann, welchen sie als Geliebten und Kameraden vorzieht, unbedingt zum Vater ihres Kindes zu wählen. Es wird vielleicht künftig den Frauen ohne wesentliche Opfer an persönlichem Glück ganz leicht möglich sein, die Väter ihrer Kinder nach rassenhygienischen Gesichtspunkten auszusuchen, während sie ihren innersten Gefühlen hinsichtlich gewöhnlicher Geschlechtsgemeinschaft freien Lauf lassen. Für Männer wäre es noch einfacher, die Mütter ihrer Kinder nach ihren Vorzügen als Elternteil auszuwählen. Wer mit mir der Meinung ist, daß das sexuelle Verhalten die Gemeinschaft nur insofern etwas angeht, als Kinder betroffen werden, muß aus dieser Voraussetzung eine doppelte Schlußfolgerung für die zukünftige Moral ziehen; einerseits muß Liebe, abgesehen von Kindern, frei sein, andererseits sollte die Zeugung von Kindern eine von moralischen Überlegungen viel sorgfältiger bestimmte Angelegenheit sein, als es gegenwärtig der Fall ist. Die betreffenden Überlegungen werden sich aber von den bislang anerkannten etwas unterscheiden. Um die Kinderzeugung in einem gegebenen Falle als mit dem Tugendbegriff im Einklang stehend anzusehen, wird es nicht mehr erforderlich sein, daß bestimmte Worte von einem Geistlichen ausgesprochen werden oder eine bestimmte Urkunde von einem Standesbeamten aufgesetzt wird, da keinerlei Beweise dafür vorliegen, daß derartige Vorgänge die Gesundheit oder Intelligenz der Nachkommenschaft beeinflussen. Allerdings wird als erforderlich angesehen werden, daß das betreffende Ehepaar durch sich selbst und durch die Erbmasse, welche die beiden Partner übertragen, wünschenswerte Nachkommenschaft erwarten lassen kann. Wenn die Wissenschaft in der Lage sein wird, sich über diese Frage mit größerer Bestimmtheit zu äußern, als es augenblicklich möglich ist, wird das Moralempfinden der Gemeinschaft vielleicht vom rassenhygienischen Gesichtspunkt aus höhere Ansprüche stellen. Dann sind Männer mit der besten Erbmasse wahrscheinlich als Vater sehr gesucht, während andere Männer, die zwar als Liebhaber durchaus annehmbar sein können, sich eine Ablehnung gefallen lassen müssen, wenn sie nach Vaterschaft streben. Die Einrichtung der Ehe in ihrer bisherigen Form hat alle derartigen Projekte als der menschlichen Natur zuwiderlaufend behandelt, so daß die praktischen Möglichkeiten der Rassenhygiene sehr beschränkt waren. Aber es besteht kein Grund zu der Annahme, daß die menschliche Natur in Zukunft ein ähnliches Hindernis aufrichten wird, da die Empfängnisverhütung die Zeugung von kinderlosen Geschlechtsbeziehungen trennt und die Väter wahrscheinlich künftig nicht das persönliche Verhältnis zu ihren Kindern haben, das sie in der Vergangenheit hatten. Der Ernst und das hohe gesellschaftliche Ziel, welches die Moralisten früherer Zeiten der Ehe zuschrieben, wird nur noch der Zeugung beigelegt werden, wenn die Welt in ihrer Ethik sich mehr von wissenschaftlichen Gesichtspunkten leiten läßt.

Obgleich die rassenhygienische Betrachtungsweise als persönliche Ethik bestimmter, ungewöhnlich wissenschaftlich eingestellter Menschen beginnen muß, ist doch anzunehmen, daß sie sich mehr und mehr verbreitet, bis sie schließlich im Gesetz verankert wird, voraussichtlich in der Form von Geldpreisen für erwünschte und Geldstrafen für unerwünschte Eltern.

Der Gedanke, der Wissenschaft eine Einmischung in unsere intimsten persönlichen Regungen zu gestatten, ist zweifellos abstoßend. Aber die damit verbundene Einmischung wäre viel geringer als die, welche man sich jahrhundertelang von der Religion gefallen ließ. Die Wissenschaft ist neu auf der Welt und hat noch nicht die auf Tradition und frühe Einflüsse begründete Autorität, welche die Religion über die meisten von uns hat; aber sie ist durchaus in der Lage, die gleiche Autorität zu erwerben und mit der gleichen Fügsamkeit hingenommen zu werden, die die Einstellung der Menschen gegenüber religiösen Vorschriften gekennzeichnet hat. Das Wohl der Nachwelt ist gewiß kein ausreichendes Motiv, um den Durchschnittsmenschen in leidenschaftlichen Augenblicken zu zügeln; wenn es jedoch zum Bestandteil der anerkannten positiven Moral würde und die Unterstützung nicht nur von Lob und Tadel, sondern auch von wirtschaftlichen Belohnungen und Strafen hätte, wird man darauf Rücksicht nehmen und kein gesitteter Mensch könnte es sich leisten, es einfach zu ignorieren. Religion hat es schon vor der Dämmerung der Geschichte gegeben, während Wissenschaft erst seit höchstens vier Jahrhunderten besteht. Wenn aber die Wissenschaft einmal alt und ehrwürdig geworden ist, wird sie unser Leben mindestens ebenso beherrschen, wie es die Religion getan hat. Ich kann mir eine Zeit vorstellen, wo alle, die die Freiheit des menschlichen Geistes schätzen, sich gegen eine wissenschaftliche Tyrannei auflehnen müssen. Wenn es eine Tyrannei geben muß, ist es jedenfalls besser, daß sie von der Wissenschaft ausgeübt wird.

Neunzehntes Kapitel

Sexualität und individuelles Wohlbefinden

In diesem Kapitel möchte ich in früheren Kapiteln gesagte Dinge rekapitulieren, die den Einfluß der Sexualität und der Geschlechtsmoral auf Glück und Wohlbefinden des Individuums betreffen. Hier beschäftigen uns nicht nur die Lebensperiode aktiver Sexualität oder tatsächliche Geschlechtsbeziehungen. Die Geschlechtsmoral wirkt sich auf Kindheit, Jugendzeit und sogar Greisenalter in allen möglichen guten und schlechten Richtungen aus, je nach den Umständen.
Die konventionelle Moral beginnt ihre Tätigkeit mit der Aufrichtung von Tabus in der Kindheit. In sehr frühem Alter wird dem Kind beigebracht, gewisse Körperteile nicht zu berühren, während Erwachsene anwesend sind. Man lehrt es zu flüstern, wenn es einen Exkretionswunsch äußert, und sich zur Durchführung der resultierenden Handlung zurückzuziehen. Gewisse Körperteile und gewisse Handlungen haben einen seltsamen, dem Kind nicht ohne weiteres verständlichen Charakter, so daß es sie in Geheimnis kleidet und ihnen sein besonderes Interesse zuwendet. Bestimmte geistige Probleme, wie zum Beispiel wo die kleinen Kinder herkommen, erfordern schweigendes Überlegen, da die von den Erwachsenen gegebenen Antworten ausweichend oder offensichtlich unwahr sind. Ich kenne keineswegs alte Männer, denen mit feierlichem Ernst gesagt wurde, wenn sie als Kinder bei der Berührung gewisser Körperteile angetroffen wurden: „Mir wäre es lieber, du wärest

tot, als daß du so etwas tust." Leider muß ich sagen, daß der Erfolg – nämlich im späteren Leben Tugendhaftigkeit zu erzeugen – nicht immer so gewesen ist, wie es sich der konventionelle Moralist wünscht. Nicht selten werden Drohungen gebraucht. Vielleicht nicht mehr so häufig wie früher wird einem Knaben mit Kastrieren gedroht, es wird aber immer noch für ganz in der Ordnung befunden, ihm mit Wahnsinn zu drohen. Im Staate New York ist es tatsächlich gesetzlich verboten, dem Knaben zu sagen, daß ein solches Risiko für ihn nicht besteht. Der Erfolg dieser Lehren ist, daß die meisten Kinder in ihren frühesten Jahren ein tiefsitzendes Schuld- und Angstgefühl haben, das mit sexuellen Dingen verknüpft ist. Diese Gedankenverbindung von Sexualität mit Schuld und Angst geht so tief, daß sie nahezu oder gänzlich unbewußt wird. Ich wünschte, es wäre möglich, bei Männern, die sich einbilden, von solchen Ammenmärchen frei zu sein, eine statistische Umfrage zu veranstalten, um festzustellen, ob sie genau so bereit wären, während eines Gewitters einen Ehebruch zu begehen wie zu einer beliebigen anderen Zeit. Ich glaube, daß neunzig Prozent im Innersten ihres Herzens fürchteten, daß sie, wenn sie es täten, vom Blitz getroffen würden.

Obgleich Sadismus und Masochismus in ihren milderen Formen normal sind, stehen sie in ihren bösartigen Äußerungen mit dem sexuellen Schuldgefühl in Zusammenhang. Ein Masochist ist ein Mensch, der sich seiner eigenen Schuld in sexueller Beziehung schärfstens bewußt ist. Der Sadist ist ein Mann, in dessen Bewußtsein mehr die Frau als Versucherin die Schuld trägt. Diese Auswirkungen im späteren Leben zeigen, wie tief der frühe, durch übertrieben strenge Morallehren in der Kindheit hervorgerufene Eindruck war. In dieser Beziehung werden Menschen, die mit der Kindererziehung und insbesondere mit der Betreuung von Kleinkindern zu tun haben, langsam aufgeklärter. Leider hat die Aufklärung die Gerichtssäle jedoch noch nicht erreicht.

Kindheit und Jugendzeit bilden einen Lebensabschnitt, wo Streiche und Ungezogenheit und verbotene Handlungen natürlich, spontan und keineswegs bedauerlich sind, solange sie nicht zu weit getrieben werden. Aber die Zuwiderhandlung gegen geschlechtliche Verbote wird von den Erwachsenen ganz anders behandelt als die Übertretung anderer Regeln. Infolgedessen hat das Kind das Gefühl, daß diese Dinge in eine ganz andere Kategorie gehören. Wenn ein Kind Obst aus der Speisekammer stiehlt, ist man vielleicht ärgerlich. Man schilt das Kind gründlich aus, empfindet aber kein moralisches Entsetzen und ruft im Kinde nicht das Gefühl wach, daß etwas Schreckliches passiert sei. Wenn jedoch eine altmodische Person das Kind beim Onanieren erwischt, wird ein Ton in ihrer Stimme sein, den das Kind in anderem Zusammenhang niemals hören wird. Dieser Ton erschreckt das Kind zutiefst, um so mehr, als es wahrscheinlich keine Möglichkeit sieht, die Handlung zu unterlassen, welche die Schelte herausgefordert hat. Durch den Ernst der Maßregelung beeindruckt, glaubt das Kind wirklich, daß das Onanieren so schlimm ist wie gesagt wird. Und trotzdem läßt es nicht davon ab. Auf diese Weise wird der Grund zu einer Morbidität gelegt, die voraussichtlich das ganze Leben lang dauert. Von seiner frühesten Jugend an betrachtet sich das Kind als Sünder. Es lernt dann bald, heimlich zu sündigen und sich halbwegs damit zu trösten, daß niemand von seiner Sünde weiß. Da es todunglücklich ist, sucht es sich an der Welt dadurch zu rächen, daß es denen zusetzt, die eine ähnliche Schuld weniger gut zu verbergen imstande waren. Wenn sich das Kind an den Betrug gewöhnt, hat es keine Hemmungen, auch im späteren Leben zu betrügen. So wird aus ihm ein krankhaft introvertierter Heuchler und Stänkerer, nur weil seine Eltern in ihrer Verbohrtheit versuchten, ihm ihre Auffassung von Tugend beizubringen.

Nicht Schuld und Scham und Furcht sollten das Leben der Kinder regieren. Kinder sollten glücklich und froh und spontan sein; sie sollten keine Angst vor ihren eigenen Trieben haben; sie sollten nicht vor der Erforschung natürlicher Dinge zurückschrecken; sie sollten ihr ganzes Triebleben nicht im Finstern verbergen; sie sollten nicht in den Tiefen ihres Unterbewußtseins Regungen begraben, die sie mit aller Gewalt nicht abtöten können. Wenn sie zu aufrechten Männern und Frauen heranwachsen sollen, offen und ehrlich im Geist, furchtlos im Umgang mit Menschen, tatkräftig im Handeln und tolerant im Denken, dann müssen wir sie ganz von Anbeginn an so erziehen, daß solche Resultate herauskommen können. Die Erziehung ist viel zu sehr der Dressur von Tanzbären nachgebildet. Jedermann weiß, wie Tanzbären dressiert werden. Man bringt sie auf einen heißen Fußboden, der sie zum Tanzen zwingt, weil sie sich ihre Zehen verbrennen, wenn sie den Boden ununterbrochen berühren. Währenddessen wird ihnen eine bestimmte Melodie vorgespielt. Nach einer gewissen Zeit genügt die Musik, sie ohne den heißen Fußboden zum Tanzen zu bringen. Genau so ist es bei Kindern. Während das Kind sich seines Geschlechtsorgans bewußt ist, wird es von den Erwachsenen gescholten. Letzten Endes bringt dieses Bewußtsein den Gedanken an die Schelte hervor und veranlaßt das Kind nach der Musik der Erwachsenen zu tanzen. Der Erfolg ist, daß jede Möglichkeit für ein gesundes und glückliches Geschlechtsleben zerstört wird.

Auf der nächsten Altersstufe, das heißt im Jugendalter, ist die von der konventionellen Behandlung der Sexualität verursachte Not noch größer als in der Kindheit. Viele Jungen haben keine Ahnung, was ihnen geschieht und sind deshalb zu Tode erschrocken, wenn sie zum ersten Male nächtliche Ejakulationen erleben. Sie empfinden plötzlich Regungen, von denen man ihnen gesagt hat, sie wären sehr, sehr schlecht. Diese Regungen sind so stark, daß sie wie eine Besessenheit wirken, Tag und Nacht. Bei Jungen guten Typs stellen sich zur gleichen Zeit Regungen einer gesteigerten Idealisierung von Schönheit, Dichtung und romantischer Liebe ein, an die völlig unabhängig von der Sexualität gedacht wird. Auf Grund der manichäischen Elemente in der christlichen Lehre bleiben die idealistischen und fleischlichen Regungen des Jugendalters bei uns meist gänzlich getrennt, wenn sie nicht gar im Gegensatz zueinander stehen. Hierzu möchte ich das Geständnis eines geistig sehr hochstehenden Freundes anführen, der sagt: „Meine eigene Jugend war, glaube ich, sehr typisch und zeigte diese Trennung recht auffällig. Ich las täglich stundenlang Shelley und wurde sentimental bei solchen Stellen wie:

> Die Sehnsucht der Motte nach dem Stern
> und der Nacht nach dem Morgen.

Und dann stieg ich plötzlich von diesen Höhen hernieder und versuchte, einen heimlichen Blick auf das Stubenmädchen beim Entkleiden zu werfen. Über diese Regung schämte ich mich mächtig; die andere Regung war natürlich irgendwie albern, denn ihr Idealismus war die Kehrseite einer dummen Angst vor der Sexualität."

Wie jeder weiß, ist das Jugendalter ein Lebensabschnitt, in dem nervöse Störungen sehr häufig auftreten und Menschen, die zu allen anderen Zeiten ausgeglichen sind, das gerade Gegenteil von ausgeglichen sein können. In ihrem Buch *Mündigkeit in Samoa* sagt Margaret Mead, daß Nervenstörungen auf der Insel unbekannt sind. Diese Tatsache führt sie auf die dort herrschende sexuelle Ungebundenheit zurück[48]. Diese sexuelle Ungebundenheit wird allerdings durch die Tätigkeit der Missionare etwas beschnitten. Einige von ihr befragte Mädchen lebten im Hause des Missionars. Ihre sexuelle Betätigung bestand in der Jugend entweder in Masturbation oder Homosexualität, während die nicht dort lebenden Mädchen sich auch heterosexuell betätigten. Unsere berühmtesten Knabeninternate sind in dieser Beziehung von dem Haus des samoanischen Missionars gar nicht so sehr verschieden. Während aber die seelische Wirkung dieser Betätigung in Samoa harmlos ist, kann sie bei einem englischen Schulbuben verheerende Wirkungen haben, weil er wahrscheinlich in seinem tiefsten Innern von der Richtigkeit der herkömmlichen Moralvorschriften überzeugt ist, während die Samoaner den Missionar nur als einen weißen Mann mit verdrehten Ideen betrachten, dem man seinen Willen lassen muß.

---

[48] *Coming of Age in Samoa,* S. 157.

Die meisten jungen Männer machen in ihren ersten erwachsenen Jahren gänzlich unnötige Verwirrungen und Schwierigkeiten in sexueller Hinsicht durch. Wenn ein junger Mann keusch bleibt, macht ihn die seelische Belastung der Selbstbeherrschung wahrscheinlich scheu und gehemmt, so daß er, wenn er schließlich heiratet, die Selbstbeherrschung der vergangenen Jahre nicht einreißen kann. Gelingt es ihm doch, so geschieht es in brutaler und plötzlicher Weise mit dem Ergebnis, daß er seine Frau als Liebhaber enttäuscht. Wenn er mit Prostituierten verkehrt, wird die Trennung zwischen der physischen und der idealistischen Seite der Liebe aus der Pubertätszeit zu einem Dauerzustand mit dem Resultat, daß alle seine späteren Beziehungen zu Frauen entweder platonisch oder nach seiner Auffassung entwürdigend sein müssen. Außerdem läuft er das schwere Risiko der Ansteckung mit einer venerischen Krankheit. Wenn er Verhältnisse mit Mädchen seiner eigenen Kreise hat, wird viel weniger Schaden angerichtet; aber selbst dann ist die Notwendigkeit der Verheimlichung nachteilig und stört die Entwicklung fester Beziehungen. Teils aus Snobismus, teils auf Grund der Anschauung, daß eine Ehe sofort Kinder hervorbringen sollte, ist es für einen Mann schwierig, jung zu heiraten. Wenn die Scheidung sehr erschwert ist, hat eine frühe Verheiratung außerdem die große Gefahr, daß zwei Menschen, die mit zwanzig Jahren gut zueinander passen, sich vielleicht mit 30 Jahren nicht mehr gut verstehen. Stabile Beziehungen mit einem Partner sind für viele Menschen schwierig, bevor sie nicht die Abwechslung kennengelernt haben. Wenn unsere Ansicht der Sexualität gesund wäre, würden wir es für richtig halten, daß Studenten allerdings kinderlose Eheverhältnisse auf Zeit eingingen. Auf diese Weise würden sie ihre sexuellen Komplexe los, die gegenwärtig ihre Arbeit stark beeinträchtigen. Sie würden das andere Geschlecht kennenlernen, was als Vorspiel zur ernsthaften Partnerschaft einer Ehe mit Kindern nur wünschenswert sein kann. Und sie hätten Gelegenheit, die Liebe ohne die Begleiterscheinungen der Unwahrhaftigkeit, Heimlichtuerei und Furcht vor Krankheit zu erleben, die heutzutage die Liebesabenteuer der Jugend vergiften.

Für die große Gruppe der Frauen, die nach Lage der Dinge ihr Leben lang unverheiratet bleiben müssen, ist die herkömmliche Moral schmerzlich und in den meisten Fällen sogar schädlich. Wie wir alle habe ich unverheiratete Frauen von strengster, konventioneller Tugend gekannt, die höchste Bewunderung in jeder Beziehung verdienen. Aber ich glaube, daß es in der Regel anders ist. Eine Frau, die auf sexuellem Gebiet keine Erfahrungen gehabt und die Erhaltung ihrer Tugend für wichtig gehalten hat, befindet sich in einer negativen, furchtbetonten Stellung dem Leben gegenüber. Sie wird daher in der Regel ängstlich, während sie gleichzeitig in instinktiver, unbewußter Eifersucht normale Menschen mit scheelen Augen ansieht und den Wunsch hat, denen zuzusetzen, die das genossen haben, was sie entbehren mußte. Geistige Scheu ist eine besonders häufige Begleiterscheinung der Altjüngferlichkeit. Ich neige sogar zu der Ansicht, daß die geistige Unterlegenheit der Frau, soweit sie besteht, in der Hauptsache auf die Beschränkung der Wißbegier zurückzuführen ist, welche sie sich durch Furcht vor der Sexualität auferlegt. Es gibt keinen guten Grund für das Unglück und die Verschwendung, die in der lebenslänglichen Jungfräulichkeit solcher Frauen liegen, denen es nicht gelingt, für sich allein einen Ehemann zu finden. An die augenblickliche Lage, in der dies notwendigerweise sehr häufig eintritt, hat man in der Frühzeit der Institution der Ehe nicht gedacht, da zu jener Zeit die Anzahl der Mitglieder beider Geschlechter ungefähr gleich war. Das Vorhandensein eines großen Frauenüberschusses in vielen Ländern liefert zweifellos ein sehr schwerwiegendes Argument zugunsten einer Berichtigung des herkömmlichen Moralgesetzes. Die Ehe als einziges von den gesellschaftlichen Konventionen geduldetes Ventil für den Geschlechtstrieb leidet selbst unter der Starrheit des Moralgesetzes. Die in der Kindheit erworbenen Komplexe, die Erlebnisse der Männer mit Prostituierten und der den jungen Mädchen zur Bewahrung ihrer Keuschheit eingeflößte Widerwille gegen die Sexualität, sie alle stehen dem Eheglück im Wege. Wenn die sexuellen Regungen eines wohlerzogenen Mädchens stark sind, wird sie bei der Liebeswerbung eines Mannes nicht zwischen wirklicher Kongenialität und bloßer geschlechtlicher Anziehungskraft unterscheiden können. Sie heiratet vielleicht den ersten Mann, der sie sexuell weckt, und erkennt zu spät, daß sie nichts mehr mit ihm gemein hat, wenn ihr erotischer Hunger gestillt ist. Bei der Erziehung der beiden ist alles getan worden, um sie unnötig scheu und ihn unnötig stürmisch in der sexuellen Annäherung zu machen. Keines von beiden hat die Kenntnis sexueller Dinge, die jedes von ihnen haben sollte; und sehr oft machen auf dieser Unkenntnis beruhende anfängliche Versager die Ehe für beide Teile dauernd sexuell unbefriedigend. Außerdem wird die geistige ebenso wie die körperliche Gemeinschaft erschwert. Eine Frau ist nicht an offenes Sprechen über sexuelle Dinge gewöhnt. Ein Mann ist auch nicht daran gewöhnt, außer im Umgang mit anderen Männern und Prostituierten. Im intimsten und lebenswichtigsten Bereich ihres gemeinsamen Lebens sind sie scheu, verlegen, sogar gänzlich schweigsam. Die Frau ist vielleicht unbefriedigt und hat schlaflose Nächte, ohne zu wissen, wonach sie sich sehnt. Der Mann hat vielleicht den zuerst flüchtigen Gedanken, den er sich sofort aus dem Kopfe schlägt, der aber allmählich immer eindringlicher wird: daß sogar Prostituierte freigebiger sind als seine rechtmäßig angetraute Gattin. Er ist möglicherweise im gleichen Augenblick durch ihre Gefühlskälte beleidigt, in dem sie darunter leidet, daß er es nicht versteht, ihre Gefühle zu entzünden. All dieses Unglück entsteht aus unserer Taktik des Schweigens und der Anständigkeit.

In allen diesen Beziehungen, von der Kindheit über Pubertät und Jugendalter und weiter in die Ehe hinein, hat man der veralteten Moral gestattet, die Liebe zu vergiften, sie mit Düsternis, Furcht, gegenseitigem Mißverstehen, Reue und Nervenbelastungen zu erfüllen und den körperlichen Geschlechtstrieb und den geistigen Eros in zwei Bezirke zu trennen, wobei der eine gemein und der andere steril gemacht wurde. So sollte das Leben nicht gelebt werden. Die animalische und die geistige Natur sollten nicht im Kampf miteinander liegen. Keine der beiden ist unvereinbar mit der anderen und keine kann ihre volle Erfüllung finden außer in Verbindung mit der anderen. Die Liebe von Mann und Frau ist in ihrer höchsten Vollendung frei und furchtlos und besteht zu gleichen Teilen aus Körper und Seele; ohne Angst vor Idealisierung, weil eine physische Grundlage da ist, und ohne Angst vor der physischen Grundlage, die vielleicht mit der Idealisierung in Konflikt kommen könnte. Die Liebe sollte ein Baum sein, dessen Wurzeln tief in der Erde stecken, dessen Zweige aber weit in den Himmel ragen. Aber die Liebe kann nicht wachsen und gedeihen, wenn sie von Tabus und abergläubischen Angstvorstellungen eingeengt und von vorwurfsvollen Worten und dem Schweigen des Grauens umgeben ist. Die Liebe von Mann und Frau und die Liebe von Eltern und Kindern sind die Kernpunkte unseres Gefühlslebens. Mit der Herabsetzung der einen hat die konventionelle Moral sich den Anschein gegeben, die andere zu erheben; tatsächlich aber ist die Liebe der Eltern zu ihren Kindern durch die Herabwürdigung der Liebe der Eltern untereinander beeinträchtigt worden. Kinder als Frucht der Freude und gegenseitiger Erfüllung können in einer Weise geliebt werden, die gesünder und robuster, mehr in Einklang mit den Wegen der Natur, unkomplizierter, unmittelbarer und animalischer, aber doch selbstloser und fruchtbringender ist, als es verhungerte und gierige Eltern können, die von den hilflosen Jungen einige Brocken der ihnen in der Ehe versagt gebliebenen Nahrung erbetteln und dadurch den kindlichen Geist verbilden und den Grund für die gleichen Leiden bei der nächsten Generation legen. Die Liebe zu fürchten bedeutet das Leben zu fürchten, und wer das Leben fürchtet, ist bereits zu drei Vierteln tot.

Zwanzigstes Kapitel

Die Stellung der Sexualität unter den menschlichen Werten

Ein Schriftsteller, der sich mit einem sexuellen Thema befaßt, läuft stets Gefahr, von Leuten, die glauben, solche Themen sollten nicht angeschnitten werden, übertriebener Versessenheit auf seinen Gegenstand bezichtigt zu werden. Man meint, er würde die Kritik prüder und lüsterner Menschen nur riskieren, wenn sein Interesse an den Dingen in einem völlig verkehrten Verhältnis zu ihrer Wichtigkeit stünde. Man vertritt diesen Standpunkt jedoch nur, wenn es sich um Autoren handelt, die für eine Änderung der konventionellen Ethik eintreten. Wer zur Verfolgung der Prostitution aufhetzt und Gesetze erläßt, die sich offiziell gegen den Mädchenhandel, in Wirklichkeit aber gegen freiwillige und anständige außereheliche Beziehungen richten, wer die Frauen wegen des Tragens kurzer Röcke oder des Gebrauchs von Lippenstiften schlecht macht und wer am Badestrand herumspioniert in der Hoffnung, unzureichende Badeanzüge zu entdecken – alle diese Leute werden nicht als Opfer sexueller Versessenheit angesehen. Und doch leiden sie wahrscheinlich mehr darunter als Schriftsteller, die für größere sexuelle Freiheit eintreten. Blinder moralischer Eifer ist im allgemeinen eine Reaktion gegen Lüsternheit, und ein Mensch, der diesen Eifer an den Tag legt, ist meist von unanständigen Gedanken erfüllt, und zwar von Gedanken, die nicht durch die bloße Tatsache ihres sexuellen Gehalts unanständig sind, sondern dadurch, daß die Moral den Betreffenden unfähig gemacht hat, über diese Dinge sauber und gesund zu denken. Ich pflichte der Kirche durchaus bei und bin ebenfalls der Meinung, daß Versessenheit auf sexuelle Dinge ungut ist, aber ich bin nicht der gleichen Auffassung wie die Kirche über das beste Verfahren, diesem Übelstand abzuhelfen. Es ist nur zu gut bekannt, daß der heilige Antonius von der Sexualität mehr besessen war als der schlimmste Lüstling aller Zeiten. Ich möchte keine Beispiele jüngeren Datums anführen, weil ich keinem Menschen zu nahe treten will. Die Sexualität ist ein natürliches Bedürfnis wie Essen und Trinken. Wir verurteilen den Völler und Säufer, weil in ihrem Falle ein Appetit, der einen durchaus berechtigten Platz im Leben einnimmt, einen übermäßigen Anteil an ihrem Denken und Fühlen an sich gerissen hat. Wir verurteilen einen Mann aber nicht wegen seiner normalen und gesunden Freude an einer vernünftigen Menge von Nahrung. Asketen haben das allerdings getan und gefordert, daß der Mensch seine Nahrungsaufnahme bis zu dem für die Erhaltung des Lebens notwendigen Minimum herabdrückt; aber dieser Standpunkt ist jetzt nicht mehr verbreitet und kann daher außer acht gelassen werden. Durch ihren Vorsatz, den Freuden des Geschlechtslebens aus dem Wege zu gehen, wurden sich die Puritaner der Tafelfreuden etwas mehr bewußt, als es die Leute vorher gewesen waren. So sagte im 17. Jahrhundert ein Gegner des Puritanismus:

> Willst du dich freun an tollen Nächten und Banketten,
> mußt du mit Frommen tafeln, dich mit Sündern betten.

Es scheint daher, daß es den Puritanern gelungen ist, den rein körperlichen Teil unseres Wesens zu unterdrücken, weil sie, was sie auf der einen Seite von der Sexualität abzogen, auf der anderen Seite bei der Nahrungsaufnahme wieder zufügten. Schlemmerei wird von der katholischen Kirche als eine der sieben Todsünden betrachtet, und die Schlemmer werden von Dante in einen der tiefsten Höllenkreise versetzt. Aber der Begriff dieser Sünde ist ziemlich dehnbar, weil sich schwer sagen läßt, wo ein berechtigtes Interesse an Speise und Trank aufhört und wo die Sündhaftigkeit anfängt. Ist es Sünde, etwas zu essen, was nicht nahrhaft ist? Wenn ja, dann riskieren wir mit jeder Salzmandel ewige Verdammnis. Solche Ansichten sind jedoch veraltet. Wir erkennen den Schlemmer auf den ersten Blick, und wenn er auch etwas verächtlich gemacht wird, so wird er doch nicht scharf verurteilt. Trotzdem ist übertriebene Versessenheit auf das Essen selten bei Menschen, die niemals Mangel gelitten haben. Die meisten Leute verzehren ihre Mahlzeit und denken dann bis zur nächsten an andere Dinge. Diejenigen aber, die sich einer asketischen Lebensauffassung verschrieben haben und sich nur ein Minimum von Nahrung gönnen, werden von Truggebilden üppiger Bankette und Träumen hämischer Teufel, die saftige Früchte vor sich hertragen, heimgesucht. Und im Eis festgefrorene Polarforscher, deren Speisezettel auf Walfischspeck zusammengeschrumpft ist, verbringen ihre Tage mit der Zusammenstellung des Diners, das sie nach ihrer Rückkehr im Carlton verspeisen werden.

Derartige Tatsachen lassen erkennen, daß die Sexualität, wenn sie nicht zu einer fixen Idee werden soll, von den Moralisten in dem Lichte gesehen werden müßte, in dem man Essen und Trinken sieht und nicht unter dem Gesichtspunkt, den die thebanischen Einsiedler der Nahrung gegenüber einnahmen. Es ist richtig, daß der Mensch ohne Geschlechtsbetätigung am Leben bleiben kann, während er das ohne Essen und Trinken nicht vermag, aber vom psychologischen Standpunkt entspricht das geschlechtliche Verlangen genau dem Verlangen nach Speise und Trank. Es wird durch Enthaltsamkeit außerordentlich gesteigert und durch Befriedigung vorübergehend gestillt. Solange es sehr drängend ist, verbannt es den Rest der Welt aus dem geistigen Blickfeld. Alle Anteilnahme an anderen Dingen schwindet für den Augenblick, und Handlungen können zustande kommen, die dem Mann, der sie sich zuschulden kommen ließ, nachher irrsinnig erscheinen. Wie beim Essen und Trinken wird das Verlangen überdies durch Verbot enorm angeregt. Ich habe Kinder erlebt, die beim Frühstück keinen Apfel essen wollten, sich dann aber unmittelbar in den Obstgarten schlichen, um einen zu stehlen, obwohl die Äpfel auf dem Tisch reif und die gestohlenen unreif waren. Man kann wohl kaum bestreiten, daß die Alkoholsucht bei wohlhabenden Amerikanern zur Zeit der Prohibition viel stärker war als vorher oder nachher.

Die christliche Lehre und deren moralischer Einfluß haben das Interesse an der Sexualität stark angeregt. Die Generation, welche als erste nicht mehr an die konventionelle Morallehre glaubt, wird daher die sexuelle Freiheit wohl in einem Maß auskosten, das weit über das hinausgeht, was von denen zu erwarten steht, deren Anschauungen auf diesem Gebiet weder positiv noch negativ von abergläubischen Belehrungen beeinflußt sind. Nur Freiheit kann übertriebene Versessenheit auf die Sexualität verhindern, aber selbst die Freiheit wird sich erst dann so auswirken, wenn sie zur Gewohnheit geworden ist und die Unterstützung einer weisen Erziehung in sexuellen Dingen gehabt hat. Ich möchte daher so nachdrücklich ich kann wiederholen, daß ich übertriebene Beschäftigung mit diesem Thema als ein Übel betrachte. Dieses Übel ist heutzutage sehr weit verbreitet, besonders in Amerika, wo ich es bei strengeren Moralisten besonders ausgeprägt finde, denn sie offenbaren es ganz deutlich durch ihre Bereitwilligkeit, Unwahrheiten über Leute zu glauben, welche sie als ihre Gegner ansehen. Der Schlemmer, der Lüstling und der Asket sind alles egozentrische Menschen, deren Horizont von ihren eigenen Trieben begrenzt ist, und zwar entweder durch Befriedigung oder Verzicht. Ein Mensch, der seelisch und körperlich gesund ist, konzentriert seine Interessen nicht so sehr auf das eigene Ich. Er schaut in die Welt hinaus, wo er Dinge genug findet, die seiner Beachtung wert sind. Übermäßige Beschäftigung mit dem Ich ist nicht, wie manche angenommen haben, ein natürlicher Zustand beim sündhaften Menschen. Sie ist eine Krankheit, die fast immer durch die Unterdrückung natürlicher Triebe hervorgerufen wird. Der Lüstling, der sich in Gedanken an sexuellen Genüssen weidet, ist im allgemeinen das Resultat irgendeiner Entbehrung, genau so wie ein Mann, der Nahrungsmittel hortet, gewöhnlich eine Hungersnot oder eine Zeit der Armut durchgemacht hat. Gesunde, extrovertierte Männer und Frauen können nicht durch Unterdrückung natürlicher Regungen entstehen, sondern nur durch die gleichmäßige Entwicklung aller Triebe, die für ein glückliches Leben wesentlich sind.

Ich sage nicht, daß es keine Moral und keine Selbstbeherrschung auf sexuellem Gebiet geben sollte, denn hier gilt das gleiche wie beim Essen, wo drei Gebote uns Beschränkungen auferlegen: nämlich Gesetz, Herkommen und Gesundheit. Wir betrachten es als unrecht, Nahrung zu stehlen, mehr als unseren Anteil bei einer gemeinsamen Mahlzeit zu nehmen und in einer Art und Weise zu essen, die uns voraussichtlich krank macht. Beschränkungen ähnlicher Art sind auf dem Gebiet des Geschlechtslebens erforderlich, sind aber hier viel komplexer und verlangen viel mehr Selbstbeherrschung. Da ein Mensch am anderen kein Eigentumsrecht haben sollte, ist übrigens das Analogon zum Diebstahl nicht der Ehebruch, sondern die Vergewaltigung, die selbstverständlich vom Gesetz verboten sein muß. Die Fragen, die in Verbindung mit der Gesundheit auftauchen, betreffen fast ausschließlich die Geschlechtskrankheiten, ein Thema, mit dem wir uns in Zusammenhang mit der Prostitution bereits beschäftigt haben. Das beste Mittel, mit diesem Übel fertig zu werden, ist ganz offensichtlich neben der Medizin die Verringerung der gewerbsmäßigen Prostitution. Diese Verringerung kann aber am besten durch größere Ungebundenheit der jungen Leute erreicht werden, die in letzter Zeit sehr zugenommen hat.

Eine umfassende Sexualethik kann den Geschlechtstrieb nicht bloß als einen natürlichen Hunger und eine mögliche Gefahrenquelle betrachten. Diese beiden Gesichtspunkte sind zwar wichtig, doch ist es noch wichtiger, sich darauf zu besinnen, daß die Sexualität im Zusammenhang mit einigen der höchsten Güter des menschlichen Lebens steht. Die drei Güter, die alle anderen weit überragen, sind lyrische Liebe, Eheglück und Kunst. Von der lyrischen Liebe und vom Eheglück haben wir bereits gesprochen. Manche Leute meinen, die Kunst hätte mit der Sexualität nichts zu tun, aber dieser Standpunkt hat jetzt weniger Anhänger als früher. Es ist ziemlich klar, daß eine psychologische Verbindung zwischen dem Impuls zu jeder Art von ästhetischer Schöpfung und der Liebeswerbung besteht. Diese Verbindung braucht nicht direkt und offensichtlich zu sein, ist aber nichtsdestoweniger sehr eng. Damit der sexuelle Impuls zu künstlerischem Ausdruck führen kann, müssen gewisse Vorausetzungen erfüllt sein. Künstlerische Begabung ist eine dieser Voraussetzungen, die aber anscheinend selbst innerhalb einer bestimmten Rasse zu gewissen Zeiten häufig, zu anderen aber selten ist. Hieraus läßt sich ohne weiteres schließen, daß die Umgebung, als Gegenpol zum angeborenen Talent, bei der Entwicklung des künstlerischen Impulses eine wichtige Rolle spielt. Dann muß eine gewisse Art von Freiheit gegeben sein, und zwar nicht im Blick auf die Belohnung des Künstlers; die Freiheit muß vielmehr darin bestehen, daß der Künstler nicht zu Gewohnheiten gezwungen oder veranlaßt wird, die aus ihm einen Philister machen. Als Julius II. Michelangelo einsperrte, beeinträchtigte er in keiner Weise die Art von Freiheit, die der Künstler braucht. Er sperrte ihn ein, weil er ihn für einen bedeutenden Mann hielt und duldete ihm gegenüber nicht die leiseste Kränkung durch Menschen von geringerem als päpstlichem Rang. Wenn aber ein Künstler gezwungen wird, vor reichen Gönnern und Stadträten Kotau zu machen und sein Werk ihren ästhetischen Maßstäben anzupassen, verliert er seine künstlerische Freiheit. Und wenn er aus Furcht vor gesellschaftlichen und wirtschaftlichen Sanktionen eine unerträglich gewordene Ehegemeinschaft fortführt, wird ihm die Energie genommen, die zu künstlerischer Schöpfung notwendig ist. Gesellschaften von konventioneller Tugendhaftigkeit haben große Kunst nie hervorgebracht. Große Kunst ist nur in Gemeinschaften geschaffen worden, welche sich aus Männern zusammensetzten, die man in Idaho sterilisieren würde. Amerika importiert gegenwärtig die Mehrzahl der künstlerischen Begabungen aus Europa, wo vorläufig die Freiheit noch ein allerdings kümmerliches Dasein fristet. Die Amerikanisierung Europas macht es jedoch notwendig, sich den Negern zuzuwenden. Allem Anschein nach wird die letzte Heimstätte der Kunst irgendwo am Oberlauf des Kongo, wenn nicht gar auf dem Hochland von Tibet liegen. Aber es kann nicht mehr lange dauern, bis die Kunst endgültig eingeht, da Amerika bereit ist, ausländische Künstler mit Belohnungen zu überschütten, die unweigerlich ihren künstlerischen Tod bedeuten müssen. In der Vergangenheit hatte die Kunst eine volkstümliche Grundlage, die wiederum von der Lebensfreude abhängig war. Die Lebensfreude hängt ihrerseits von einer gewissen Spontaneität in sexueller Hinsicht ab. Wenn die Sexualität verdrängt wird, bleibt nur die Arbeit übrig, und ein Evangelium der Arbeit um der Arbeit willen hat nie ein Werk vollbracht, das zu vollbringen sich lohnt.

Man erzähle mir nicht, es hätte jemand Statistiken über die Anzahl der Geschlechtsakte *per diem* (oder sollen wir besser *per noctem* sagen?) in den Vereinigten Staaten aufgestellt und diese sei mindestens so hoch pro Kopf der Bevölkerung wie in irgendeinem anderen Staat. Ich weiß nicht, ob das der Fall ist oder nicht, und ich habe nicht das geringste Interesse daran, es zu bestreiten. Einer der gefährlichsten Irrtümer der Moralisten alten Stils ist, die Sexualität auf den reinen Geschlechtsakt zu beschränken, um sie besser angreifen zu können. Ich habe weder von einem zivilisierten Menschen noch von einem Wilden jemals gehört, daß er in seinem Instinkt vom bloßen Geschlechtsakt befriedigt wäre. Wenn die Regung, die zum Geschlechtsakt führt, befriedigt werden soll, muß Liebeswerbung, muß Liebe und muß Kameradschaft da sein. Ohne diese mag wohl der körperliche Hunger für den Augenblick gestillt werden, aber der geistige Hunger bleibt ungestillt, und tiefe Befriedigung ist nicht zu erreichen. Die sexuelle Freiheit, die der Künstler braucht, ist die Freiheit zu lieben und nicht die grob sinnliche Freiheit, dem körperlichen Bedürfnis mit einer unbekannten Frau Erleichterung zu verschaffen. Und die Freiheit zu lieben ist gerade das, was der Moralist alten Stils vor allem nicht bewilligen möchte. Wenn die Kunst nach der Amerikanisierung der Welt wieder zu neuem Leben erwachen soll, muß Amerika sich wandeln, seine Moralisten müssen weniger moralisch und seine Immoralisten weniger immoralisch werden. Mit einem Wort: beide müssen die höheren Werte, die in der Sexualität liegen, schätzen und müssen die Möglichkeit erkennen, daß Freude wertvoller sein kann als ein Bankkonto. Nichts berührt den Reisenden in Amerika so unangenehm wie der Mangel an Freude. Das Vergnügen ist ausgelassen und bacchantisch, eine Angelegenheit momentanen Vergessens und nicht freudiger Selbstäußerung. Männer, deren Großväter in Dörfern des Balkans oder Polens nach der Musik des Dudelsacks getanzt haben, sitzen den ganzen Tag zwischen Schreibmaschinen und Telefonen an ihre Schreibtische gebannt, ernst, wichtig und wertlos. Wenn sie sich dann abends in Trinken und Lärmen einer ganz neuen Art flüchten, bilden sie sich ein, das Glück gefunden zu haben. Tatsächlich finden sie aber nur ein wildes und unvollkommenes Vergessen der hoffnungslosen Routine des Geldes, das wieder Geld erzeugt, und zu diesem Zwecke benutzen sie die Körper menschlicher Wesen, deren Seelen in die Sklaverei verkauft wurden.

Ich habe nicht die Absicht, zu behaupten, alles Gute im menschlichen Leben stehe mit der Sexualität in Verbindung, denn ich glaube es selbst keineswegs. Ich persönlich sehe keinen Zusammenhang zwischen Sexualität und angewandter und theoretischer Wissenschaft oder gewissen wichtigen gesellschaftlichen und politischen Betätigungen. Die Regungen, welche die komplizierten Wünsche des Erwachsenen hervorrufen, können unter wenigen einfachen Sammelbegriffen zusammengefaßt werden. Macht, Sexualität und Elternschaft scheinen mir die Quellen der meisten menschlichen Handlungen zu sein, abgesehen von dem, was zur Selbsterhaltung notwendig ist. Von diesen drei beginnt die Macht zuerst und endet zuletzt. Da das Kind wenig Macht hat, wird es von dem Wunsch beherrscht, mehr zu haben. Ein großer Prozentsatz seiner Handlungen entspringt diesem Wunsch. Sein anderer dominierender Wunsch ist die Eitelkeit – nämlich der Wunsch, gelobt zu werden, und die Furcht, getadelt oder übergangen zu werden. Es ist die Eitelkeit, die es zu einem Gesellschaftswesen macht und ihm die Tugenden mitgibt, die für das Leben in der Gemeinschaft erforderlich sind. Die Eitelkeit ist ein mit der Sexualität eng verknüpftes Motiv, obgleich es theoretisch von ihr trennbar ist. Soweit ich es erkennen kann, hat aber die Macht sehr wenig Zusammenhang mit der Sexualität, und es ist die Liebe zur Macht nicht minder als die Eitelkeit, die das Kind veranlaßt, seine Schularbeiten zu machen und seine

Muskeln zu stärken. Neugier und Wissensdrang müssen, meiner Ansicht nach, als Teile der Liebe zur Macht betrachtet werden. Wenn Wissen Macht bedeutet, ist die Liebe zum Wissen auch Liebe zur Macht. Die Wissenschaften, mit Ausnahme bestimmter Zweige der Biologie und Physiologie, müssen daher als außerhalb des Bereichs sexueller Empfindungen liegend angesehen werden. Da Kaiser Friedrich II. nicht mehr am Leben ist, muß diese Meinung mehr oder weniger hypothetisch bleiben. Wenn er noch lebte, würde er die Frage sicher dadurch entscheiden, daß er einen bedeutenden Mathematiker und einen bedeutenden Komponisten kastrieren ließe und die Wirkung auf ihre Arbeit beobachtete. Ich würde denken, daß die Wirkung im ersten Falle gleich Null und im zweiten beträchtlich wäre. Weil der Wissensdrang eins der wertvollsten Elemente der menschlichen Natur ist, unterliegt ein sehr wichtiges Betätigungsfeld nicht der Beherrschung durch die Sexualität, vorausgesetzt, daß unsere Ansicht richtig ist.

Die Macht ist auch das Grundmotiv für den größten Teil politischer Betätigung, wenn wir dieses Wort im weitesten Sinne auffassen. Ich möchte nicht sagen, daß ein großer Staatsmann dem öffentlichen Wohl gleichgültig gegenübersteht; im Gegenteil, ich halte ihn für einen Mann, dessen Vaterschaftsgefühl sehr ausgeprägt ist. Wenn er aber nicht auch in hohem Maße Liebe zur Macht empfindet, wird es ihm nicht gelingen, die Arbeitslast zu ertragen, die für den Erfolg einer politischen Tätigkeit erforderlich ist. Ich habe eine Menge hochgesinnter Politiker gekannt; wenn sie aber nicht eine gehörige Dosis persönlichen Ehrgeizes besassen, hatten sie selten die Energie, ihre guten Vorsätze zum Ziel zu führen. Bei einem bestimmten, kritischen Anlaß hielt Abraham Lincoln zwei widerspenstigen Senatoren eine Ansprache, die mit folgenden Worten begann und schloß: „Ich bin der Präsident der Vereinigten Staaten und mit großer Macht bekleidet.“ Es ist wohl kaum zu bezweifeln, daß er eine gewisse Freude daran hatte, dies ausdrücklich festzustellen. In der gesamten Politik, gleichgültig ob sie gute oder schlechte Absichten verfolgt, sind die beiden Haupttriebkräfte

das wirtschaftliche Motiv und die Liebe zur Macht. Jeder Versuch, die Politik nach Freudschen Grundsätzen zu interpretieren, ist nach meiner Überzeugung verfehlt.
Wenn unsere Ausführungen richtig sind, wurden also die meisten großen Männer mit Ausnahme von Künstlern zu ihren bedeutenden Taten durch Kräfte angetrieben, die mit der Sexualität nichts zu tun hatten. Wenn derartige Taten auch in Zukunft geleistet und in ihren bescheideneren Formen allgemein werden sollen, darf die Sexualität den Rest des Gefühlslebens und der Leidenschaft eines Mannes nicht übertönen. Der Wunsch, die Welt zu verstehen und der Wunsch, sie zu verbessern, sind die beiden großen Motoren des Fortschritts, ohne die die menschliche Gesellschaft stillstehen oder rückwärtsschreiten würde. Vielleicht würde ein gar zu vollkommenes Glück den Wissensdrang und den Reformtrieb abklingen lassen. Als Cobden[49] John Bright[50] für die Freihandelsbewegung zu gewinnen suchte, gründete er seinen persönlichen Appell auf Brights Trauer um seine kürzlich verstorbene Frau. Vielleicht hätte Bright ohne diesen eigenen Schmerz nicht so viel Verständnis für die Sorgen anderer Menschen aufgebracht. Viele Männer sind durch Verzweiflung über die Wirklichkeit zur Verfolgung abstrakter Gedankengänge getrieben worden. Für einen Mann von genügend großer Energie kann der Schmerz ein wertvoller Ansporn sein, und ich leugne nicht, daß wir uns, wenn wir alle vollkommen glücklich wären, nicht bemühen würden, noch glücklicher zu werden. Aber ich kann mich nicht mit der Ansicht einverstanden erklären, daß es zur Pflicht des Menschen gehört, anderen Schmerz zuzufügen nur auf die schwache Möglichkeit hin, daß er vielleicht reiche Früchte trägt. In 99 von 100 Fällen erweist sich Schmerz nur als niederdrückend. Im hundertsten Falle ist es besser, sich auf die natürlichen Erschütterungen zu verlassen, denen die menschliche Natur ausgesetzt ist. Solange es den Tod gibt, wird es Leid geben, und solange es Leid gibt, gehört es nicht zu den Pflichten der Menschen, es zu vergrößern.

[49] Richard Cobden, englischer Politiker (1804–65).
[50] John Bright, englischer Politiker (1811–89).

Einundzwanzigstes Kapitel

Schluß

Im Verlauf unserer Betrachtung sind wir zu gewissen, teils historischen, teils ethischen Schlußfolgerungen gekommen. Historisch haben wir festgestellt, daß die Geschlechtsmoral bei zivilisierten Gesellschaften aus zwei gänzlich verschiedenen Quellen entstanden ist, und zwar einerseits aus dem Wunsch nach einwandfrei gesicherter Vaterschaft und andererseits aus der asketischen Auffassung, daß die Sexualität etwas Böses ist, soweit sie nicht für die Fortpflanzung notwendig ist. Die Moral hatte in vorchristlicher Zeit und im Fernen Osten bis auf den heutigen Tag nur die zuerst genannte Quelle mit Ausnahme von Indien und Persien, das heißt der Zentren, von denen sich die Askese ausgebreitet zu haben scheint. Der Wunsch, sich der Vaterschaft zu vergewissern, besteht natürlich nicht bei jenen rückständigen Völkern, denen die Mitwirkung des Vaters bei der Zeugung unbekannt ist. Obgleich dort die männliche Eifersucht der weiblichen Ausschweifung gewisse Beschränkungen auferlegt, sind die Frauen im ganzen viel freier als bei frühen patriarchalischen Gesellschaften. Es ist klar, daß es im Übergangsstadium beträchtliche Schwierigkeiten gegeben haben muß, und daß die Beschränkungen der weiblichen Freiheit fraglos von Männern für erforderlich gehalten wurden, die ein Interesse daran hatten, die Väter ihrer eigenen Kinder zu sein. Auf dieser Kulturstufe existierte die Geschlechtsmoral nur für die Frauen. Ein Mann durfte mit einer verheirateten Frau keinen Ehebruch begehen, war aber im übrigen frei.

Mit dem Christentum tritt als neues Motiv die Vermeidung der Sünde auf, und der Moralbegriff wird theoretisch der gleiche für Männer und für Frauen, obgleich die Schwierigkeit, ihm bei Männern Geltung zu verschaffen, praktisch zu größerer Duldsamkeit gegenüber den männlichen als den weiblichen Verfehlungen geführt hat. Die frühe Geschlechtsmoral hatte einen ausgesprochen biologischen Zweck, nämlich zu gewährleisten, daß die Kinder während der ersten Jahre den Schutz nicht nur eines, sondern zweier Elternteile hatten. Dieser Zweck wurde vom Christentum in der Theorie, nicht jedoch in der Praxis außer acht gelassen.

In verhältnismäßig neuer Zeit haben sich Anzeichen eingestellt, daß sowohl die christlichen wie die vorchristlichen Bestandteile der Geschlechtsmoral eine Wandlung durchmachen. Der christliche Bestandteil hat nicht mehr die frühere Gewalt über die Menschen wegen des Verfalls der religiösen Orthodoxie und der zurückgehenden Intensität der Gläubigkeit selbst bei denen, die noch gläubig sind. Obgleich das Unterbewußtsein der in diesem Jahrhundert geborenen Männer und Frauen vielleicht die alte Einstellung noch bewahrt, so glauben diese Menschen doch zum größten Teil nicht mehr bewußt, daß die Unzucht als solche eine Sünde ist. Die vorchristlichen Elemente in der Sexualethik haben durch einen Umstand bereits eine Wandlung erfahren und sind im Begriff, sich noch durch einen weiteren zu verändern. Der erste dieser Umstände ist das Aufkommen empfängnisverhütender Mittel, die es in immer stärkerem Maße ermöglichen, zu verhindern, daß der Geschlechtsverkehr zur Schwangerschaft führt, und daher unverheiratete Frauen in die Lage versetzen, überhaupt keine Kinder zu bekommen, und verheiratete Frauen, Kinder nur von ihren Ehemännern zu bekommen, ohne daß die einen keusch und die anderen treu zu sein brauchen. Diese Entwicklung ist noch nicht abgeschlossen, weil die Verhütungsmittel bisher nicht absolut zuverlässig sind, aber man kann, glaube ich, erwarten, daß dies über kurz oder lang der Fall sein wird. Damit wäre die Sicherung der Vaterschaft möglich, ohne die unbedingte Forderung, daß eine Frau keinen außerehelichen Geschlechtsverkehr haben dürfe. Man kann zwar sagen, daß die Frauen ihre Ehemänner in dieser Beziehung betrügen könnten, aber schließlich haben die Frauen ihre Männer von Urzeiten an betrügen können, und das Motiv für die Hintergehung ist viel weniger stark, wenn es sich nur um die Feststellung handelt, wer der Vater sein soll, als wenn es um die Frage geht, ob man mit einem leidenschaftlich geliebten

Menschen geschlechtlich verkehren soll. Man kann deshalb annehmen, daß Vaterschaftsbetrug, wenn er auch gelegentlich noch vorkommt, viel seltener ist als der Betrug mit Ehebruch in vergangenen Zeiten gewesen war. Es ist auch durchaus nicht unmöglich, daß sich die Eifersucht der Ehemänner durch eine neue Konvention an die veränderte Lage anpaßt und nur dann auftritt, wenn die Frauen beabsichtigen, einen anderen Mann zum Vater ihrer Kinder zu machen. Im Orient haben die Männer den Eunuchen stets Freiheiten gestattet, welche die meisten europäischen Ehemänner nicht dulden würden. Diese Duldsamkeit hatte ihren Grund darin, daß diese Freiheiten die Vaterschaft nicht in Zweifel zogen. Die gleiche Art von Duldsamkeit kann leicht auf die Freiheiten in Verbindung mit dem Gebrauch von Verhütungsmitteln ausgedehnt werden.

Die Zwei-Elternfamilie kann daher in Zukunft fortbestehen, ohne daß an die Enthaltsamkeit der Frauen so große Anforderungen gestellt werden wie in der Vergangenheit. Ein zweiter Umstand, der den Wandlungsprozeß der Geschlechtsmoral mitbedingt, hat voraussichtlich weiterreichende Auswirkungen. Dies ist die wachsende Beteiligung des Staates am Unterhalt und an der Erziehung der Kinder. Dieser Umstand wirkt sich vorläufig im wesentlichen auf die Arbeiterklasse aus, die aber schließlich den Großteil der Bevölkerung ausmacht. Es ist aber nicht ausgeschlossen, daß die Ersetzung des Vaters durch den Staat, die bei den Arbeitern allmählich Platz greift, sich letzten Endes auf die ganze Bevölkerung ausdehnt. Bei Tierfamilien wie bei der menschlichen Familie bestand die Rolle des Vaters darin, für Schutz und Unterhalt zu sorgen. Bei zivilisierten Gemeinschaften sorgt jedoch die Polizei für Schutz, und es kommt vielleicht dahin, daß der Staat den Unterhalt, jedenfalls für den ärmeren Teil der Bevölkerung, gänzlich übernimmt. Wenn es dahin käme, würde der Vater aufhören, einem sinnfälligen Zweck zu dienen. Was die Mutter angeht, so gibt es zwei Möglichkeiten. Sie kann entweder ihrer normalen Tätigkeit nachgehen und ihre Kinder in Anstalten versorgen lassen; oder sie kann, wenn das Gesetz es so bestimmt, vom

Staat für die Betreuung ihrer Kinder, solange sie noch klein sind, entlohnt werden. Wenn der letztgenannte Weg eingeschlagen wird, kann dieses Verfahren eine Zeitlang dazu benutzt werden, der herkömmlichen Moral den Rücken zu stärken, da man einer nicht tugendhaften Frau die Zahlung verweigern kann. Wenn man ihr aber den Lohn entzieht, ist sie nur zum Unterhalt ihrer Kinder in der Lage, wenn sie zur Arbeit geht, und man muß daher ihre Kinder in eine Anstalt geben. Es ist also wahrscheinlich, daß der Einfluß wirtschaftlicher Kräfte zur Ausschaltung des Vaters und in beträchtlichem Umfange sogar der Mutter bei der Betreuung solcher Kinder führen wird, deren Eltern nicht reich sind. Wenn es dahin kommt, werden alle traditionellen Gründe für die traditionelle Moralauffassung verschwunden sein, und man wird neue Gründe für eine neue Moralauffassung finden müssen.

Wenn der Zusammenbruch der Familie tatsächlich eintritt, wird dies nach meiner Meinung kein Anlaß zu großer Freude sein. Die Elternliebe ist wichtig für Kinder, und wenn Anstalten in großem Ausmaße vorhanden sind, werden sie sicher sehr offiziell und streng sein. Die Gleichförmigkeit wird erschreckende Formen annehmen, wenn der differenzierende Einfluß der verschiedenen häuslichen Milieus ausgeschaltet wird. Wenn nicht vorher eine internationale Regierung zustande kommt, wird den Kindern der verschiedenen Länder eine bösartige Form von Patriotismus beigebracht werden, die mit ziemlicher Sicherheit dahin führen wird, daß sie sich als Erwachsene gegenseitig ausrotten. Eine internationale Regierung ist also für die Regelung der Bevölkerungszahl unbedingt notwendig. Wenn es eine solche Regierung nicht gibt, haben die Nationalisten einen Grund, die Bevölkerungszunahme über das erforderliche Maß hinaus zu fördern. Infolge der Fortschritte auf dem Gebiet der Medizin und Hygiene bleibt dann als einzige Methode zur Beseitigung des Überschusses nur noch der Krieg.

Während die soziologischen Fragen oft schwierig und kompliziert sind, liegen die persönlichen Probleme meiner Meinung nach ganz einfach. Die Lehre, daß an der Sexualität etwas

Sündhaftes sei, hat dem Charakter des einzelnen unaussprechlichen Schaden zugefügt, und zwar einen Schaden, der in früher Kindheit beginnt und das ganze Leben hindurch anhält. Indem sie die geschlechtliche Liebe in ein Gefängnis sperrte, hat die konventionelle Moral viel dazu beigetragen, alle anderen Formen gütiger Empfindungen einzukerkern, und die Menschen weniger großzügig und freundlich, dafür aber selbstsüchtiger und grausamer zu machen. Wie auch die Sexualethik aussehen mag, die schließlich Geltung erlangt: sie muß frei von Aberglauben sein und klare und beweisbare Gründe zu ihren Gunsten haben. Die Sexualität kann ebensowenig auf eine Ethik verzichten wie das Geschäftsleben oder der Sport oder die wissenschaftliche Forschung oder irgendein anderer Zweig menschlichen Tuns. Sie kann aber auf eine Ethik verzichten, die ausschließlich auf uralten Verboten beruht, wie sie ungebildete Menschen in einer von der unsrigen gänzlich verschiedenen Gesellschaft aufgestellt haben. In der Sexualität wird unsere Ethik wie in der Wirtschaft und in der Politik noch immer von Angstvorstellungen beherrscht, denen moderne Entdeckungen jede Vernunftbasis entzogen haben. Jedenfalls geht der Vorteil, den man aus diesen Entdeckungen ziehen kann, größtenteils durch mangelnde psychologische Anpassung an diese Erkenntnisse verloren.

Es ist richtig, daß der Übergang vom alten zum neuen System wie alle Übergänge seine unverkennbaren Schwierigkeiten hat. Die Verfechter einer ethischen Neuerung werden wie Sokrates unweigerlich bezichtigt, Verführer der Jugend zu sein; dieser Vorwurf ist auch nicht immer ganz unberechtigt, selbst wenn die von ihnen verkündete neue Ethik bei vollständiger Übernahme ihrer Ideen ein schöneres Leben zur Folge hätte als die alte Ethik, die sie zu reformieren suchen. Jeder Kenner des mohammedanischen Orients bestätigt, daß ein Mensch, der es nicht mehr für nötig hält, fünfmal am Tage zu beten, auch andere Moralvorschriften nicht mehr beachtet, die wir für wichtiger halten. Wer irgendeine Änderung der Geschlechtsmoral vorschlägt, ist der falschen Auslegung seiner Absichten besonders ausgesetzt, und ich bin mir selbst völlig bewußt, Dinge gesagt zu haben, die manche Leser vielleicht falsch ausgelegt haben.

Das Hauptprinzip, in dem sich die neue Moral von der traditionellen Ethik des Puritanismus unterscheidet, ist folgendes: Wir glauben, der Instinkt sollte gebildet und nicht verbildet werden. In dieser allgemeinen Formulierung wird dieser Standpunkt wahrscheinlich bei modernen Männern und Frauen breiteste Anerkennung finden. Er erhält aber erst dann seine völlige Gültigkeit, wenn er mit all seinen Folgen anerkannt und von den ersten Jahren angewandt wird. Wenn der Instinkt in frühester Kindheit mehr verbildet als gebildet wird, kann es sein, daß er in gewissem Umfange das ganze spätere Leben hindurch verbildet bleiben muß, weil er als Resultat der Verbildung in den ersten Jahren höchst unerwünschte Formen angenommen hat. Die von mir vertretene Moral besteht nicht einfach darin, zu Erwachsenen und Jugendlichen zu sagen: „Folgt euren Trieben und tut, was ihr wollt." Das Leben muß eine konsequente Linie haben. Das erfordert ständige Bemühungen zur Erreichung von Zielen, die keine unmittelbaren Vorteile einbringen und nicht immer verlockend sind. Das erfordert ferner Rücksichtnahme auf andere und eine gewisse Norm von Anständigkeit. Ich betrachte jedoch die Selbstbeherrschung nicht als Selbstzweck und würde es für günstig halten, wenn unsere Institutionen und moralischen Konventionen von der Selbstbeherrschung ein Minimum und nicht ein Maximum verlangten. Die Anwendung der Selbstbeherrschung läßt sich mit der Betätigung der Bremsen bei einem Eisenbahnzuge vergleichen. Sie erweist sich als nützlich, wenn man feststellt, daß man die falsche Richtung eingeschlagen hat, aber nur als schädlich, wenn die Richtung stimmt. Niemand würde behaupten, daß ein Zug immer mit angezogenen Bremsen fahren sollte, und doch hat die Gewohnheit mühsamer Selbstbeherrschung einen sehr ähnlichen nachteiligen Einfluß auf die Kräfte, die für nutzbringende Betätigung zur Verfügung stehen. Die Selbstbeherrschung bewirkt, daß diese Kräfte größtenteils von innerer Reibung anstatt von äußerer Betätigung aufgezehrt werden; und aus diesem Grunde ist die Selbstbeherrschung stets unrentabel, wenn auch manchmal notwendig.

Das Maß von Selbstbeherrschung, welches das Leben erfordert, hängt von der frühen Behandlung des Instinktes ab. Instinkte, wie sie beim Kind vorhanden sind, können nützliche oder schädliche Handlungen auslösen, genau wie der Dampf einer Lokomotive sie ihrem Bestimmungsort zuführen oder auf ein Nebengleis fahren lassen kann, wo sie durch ein Unglück zu Bruch geht. Aufgabe der Erziehung ist es, den Instinkt in Bahnen zu lenken, wo er nützliche anstatt schädliche Betätigungen entfaltet. Wenn diese Aufgabe in frühen Jahren in ausreichendem Maße erfüllt wurde, wird ein Mann oder eine Frau in der Regel ein nützliches Leben führen können, ohne strenge Selbstbeherrschung anwenden zu müssen, es sei denn in einigen seltenen Krisen. Wenn allerdings die frühe Erziehung nur in einer Verbildung des Instinktes bestanden hat, werden die Handlungen, zu denen der Instinkt im späteren Leben treibt, zum Teil schädlich sein, und sie müssen daher durch Selbstbeherrschung dauernd bezähmt werden.

Diese allgemeinen Betrachtungen lassen sich besonders zwingend auf den Geschlechtstrieb anwenden, weil dieser erstens sehr stark ist und weil zweitens die herkömmliche Moral diesem Trieb ihre ganz spezielle Aufmerksamkeit zugewandt hat. Die meisten traditionellen Moralisten scheinen anzunehmen, daß unser Geschlechtstrieb oberflächlich, zügellos und roh werden würde, wenn er nicht ganz energisch eingeschränkt wird. Ich glaube, daß diese Ansicht aus der Beobachtung von Menschen hervorgegangen ist, die ihre üblichen Hemmungen in ihren ersten Kinderjahren erworben und später versucht haben, sie zu ignorieren. Aber bei solchen Menschen sind die frühen Verbote noch wirksam, selbst wenn es ihnen nicht gelingt, sich durchzusetzen. Das sogenannte Gewissen, das heißt die nicht verstandesmäßige und mehr oder weniger unbewußte Anerkennung in früher Jugend gelernter Gebote, erzeugt beim Menschen noch immer das Gefühl, daß alles, was die Konventionen verbieten, schlecht sei. Und dieses Gefühl kann trotz gegenteiliger, verstandesmäßiger Überzeugungen anhalten. Es verursacht daher eine Spaltung der Persönlichkeit in sich selbst, so daß Instinkt und Verstand nicht mehr Hand in Hand miteinander gehen, sondern der Instinkt bedeutungslos und der Verstand blutleer wird.

In der modernen Welt begegnet man verschiedenen Graden der Auflehnung gegen die Lehren der konventionellen Moral. Die häufigste von allen ist die Auflehnung des Menschen, der die ethische Richtigkeit der in der Jugend anerzogenen Moral verstandesmäßig anerkennt, aber mit mehr oder weniger eingebildetem Bedauern zugibt, nicht heroisch genug zu sein, um sich in der Lebensführung daran zu halten. Für einen solchen Menschen gibt es wenig zu sagen. Er täte besser daran, entweder seine Handlungsweise oder seine Anschauungen zu ändern, um sie in Übereinstimmung miteinander zu bringen. Dann kommt der Mensch, dessen Bewußtsein viele in der Kinderstube gelernte Dinge zwar verstandesmäßig ablehnt, dessen Unterbewußtsein sie aber noch völlig beibehalten hat. Ein solcher Mensch ändert die Richtung seines Verhaltens plötzlich unter dem Druck einer starken Gefühlsregung, insbesondere der Angst. Eine schwere Krankheit oder ein Erdbeben kann ihn zur Reue bewegen und ihn veranlassen, seine verstandesmäßigen Überzeugungen als Folge des Aufwallens infantiler Vorstellungen aufzugeben. Selbst zu normalen Zeiten wird sein Verhalten gehemmt sein, und diese Hemmungen können unliebsame Formen annehmen. Sie halten ihn zwar nicht von einer Handlungsweise ab, die von der herkömmlichen Moral verurteilt wird, verhindern aber, daß seine Handlungen von ganzem Herzen kommen und nehmen ihnen damit einige der wesentlichen Inhalte, die ihnen Wert gegeben hätten. Der Ersatz des alten Moralkodex durch einen neuen kann nur dann völlig befriedigend sein, wenn der neue von der ganzen Persönlichkeit und nicht nur von der Oberflächenschicht anerkannt wird, die unser bewußtes Denken ausmacht. Für die meisten Menschen ist das sehr schwer, wenn sie ihre ganze Jugendzeit hindurch dem Einfluß der alten Moral ausgesetzt waren. Man kann daher eine neue Moral erst dann richtig beurteilen, wenn sie in der Kindererziehung angewandt worden ist.

Eine Geschlechtsmoral muß von bestimmten allgemeinen Prinzipien ausgehen, hinsichtlich derer vielleicht in recht breitem Ausmaße Einverständnis herrscht, obgleich die Ansichten über die daraus zu ziehenden Konsequenzen weit auseinandergehen. In erster Linie muß erreicht werden, daß zwischen Mann und Frau so viel wie möglich von der tiefen, ernsten Liebe aufblüht, welche die gesamte Persönlichkeit beider Menschen umfaßt und zu einer Verschmelzung führt, durch die jeder von ihnen bereichert und gesteigert wird. Ferner ist wichtig, daß die Kinder körperlich und seelisch gut betreut werden. Keins dieser Prinzipien kann an und für sich als irgendwie anstößig bezeichnet werden, aber gerade als Konsequenz dieser beiden Prinzipien möchte ich gewisse Berichtigungen der konventionellen Moralvorschriften vorschlagen. Beim gegenwärtigen Stand der Dinge sind die meisten Männer und Frauen nicht fähig, in die Ehe eine so großzügige und von ganzem Herzen kommende Liebe hineinzutragen, wie sie es könnten, wenn ihre Kinderzeit nicht so stark von Tabus eingeengt gewesen wäre. Es fehlt ihnen entweder die nötige Erfahrung oder sie haben ihre Erfahrungen auf heimliche und unerfreuliche Weise erworben. Da die Eifersucht von den Moralisten gebilligt wird, fühlen sie sich außerdem berechtigt, sich gegenseitig in einem Gefängnis zu halten. Es ist natürlich ideal, wenn Mann und Frau so völlig ineinander aufgehen, daß die Versuchung der Untreue an keinen von ihnen herantritt. Es ist jedoch nicht ideal, wenn etwaige Untreue als etwas Entsetzliches behandelt wird, insbesondere wenn man so weit geht, jede Freundschaft mit Angehörigen des anderen Geschlechts unmöglich zu machen. Ein Leben der Erfüllung kann nicht auf Furcht, Verboten und gegenseitiger Freiheitsberaubung aufgebaut werden. Wenn Treue ohne all das erreicht werden kann, so ist es gut; wenn aber all das erforderlich ist, hat man wahrscheinlich einen zu hohen Preis bezahlt, und ein bißchen gegenseitige Duldsamkeit gegenüber gelegentlichen Entgleisungen wäre sicher besser. Es kann kein Zweifel darüber bestehen, daß beiderseitige Eifersucht vielfach in einer Ehe sogar bei physischer Treue mehr Unheil anrichtet, als es der Fall wäre, wenn mehr Vertrauen auf die letzten Endes ausschlaggebende Stärke einer tiefen und dauernden Neigung vorhanden wäre.

Die Verpflichtungen der Eltern ihren Kindern gegenüber werden bedeutend leichter genommen, als ich es bei vielen Leuten für richtig halte, die sich als tugendhaft betrachten. Sobald Kinder vorhanden sind, ist es unter dem gegenwärtigen System der Zwei-Elternfamilie die Pflicht beider Ehepartner, alles nur irgend Mögliche zu tun, um harmonische Beziehungen aufrecht zu erhalten, selbst wenn dies beträchtliche Selbstbeherrschung erfordert. Aber die erforderliche Beherrschung besteht nicht nur in der Bezähmung jeder Regung zur Untreue, wie Moralisten alten Stils vorgeben. Es ist genau so wichtig, Regungen der Eifersucht, Übellaunigkeit, Herrschsucht und so fort zu bezähmen. Fraglos sind ernstliche Unstimmigkeiten zwischen den Eltern eine sehr häufige Ursache von Nervenstörungen bei Kindern. Man sollte daher sein Möglichstes tun, um solche Unstimmigkeiten zu vermeiden. Wenn aber ein oder beide Partner nicht genügend Selbstbeherrschung aufbringen, um zu verhindern, daß der Krach den Kindern bekannt wird, ist es bestimmt besser, die Ehe aufzulösen. Es ist keineswegs richtig, daß die Auflösung einer Ehe unweigerlich vom Standpunkt der Kinder das Schlimmste ist, was geschehen kann. Im Gegenteil, es ist nicht halb so schlimm wie das Erlebnis erhobener Stimmen, wütender Anschuldigungen und vielleicht sogar Tätlichkeiten, dem Kinder in schlechten Familien ausgesetzt sind.

Man darf nicht annehmen, daß das Ziel eines vernünftigen Vertretens größerer Freiheit sofort erreicht werden kann, indem man Erwachsene oder gar Jugendliche, die nach den alten, strengen, beschränkenden Grundsätzen erzogen wurden, den alleinigen Einflüsterungen der verstümmelten Triebe überläßt, denn das ist alles, was ihnen der Moralist gelassen hat. Dies ist eine dringend notwendige Zwischenstufe, weil sie sonst ihre

Kinder so schlecht erziehen, wie sie selbst erzogen wurden. Aber es ist nur eine Zwischenstufe. Vernünftige Freiheit muß von Kindesbeinen an erlernt werden, da sonst die einzig mögliche Freiheit eine leichtsinnige, oberflächliche Freiheit sein wird und nicht eine Freiheit der ganzen Persönlichkeit. Leichtsinnige Regungen führen zu physischen Exzessen, während der Geist in Fesseln bleibt. Ein von Anfang an richtig gebildeter Instinkt kann etwas viel Besseres hervorbringen als die Resultate einer vom calvinistischen Glauben an die Erbsünde beeinflußten Erziehung; wenn man aber einer solchen Erziehung erst einmal gestattet hat, ihr böses Werk zu tun, ist es außerordentlich schwierig, die Wirkungen in späteren Jahren wieder rückgängig zu machen. Eine der größten Wohltaten, welche die Welt der Psychoanalyse verdankt, ist ihre Entdeckung der nachteiligen Wirkungen von Verboten und Drohungen in früher Kindheit; diese Wirkungen wieder aufzuheben kann die lange Zeit und die ganze Technik einer psychoanalytischen Behandlung erfordern. Das trifft nicht nur auf offensichtliche Neurotiker zu, die jedem erkennbare Schäden davongetragen haben, sondern auch auf die meisten anscheinend normalen Menschen. Ich glaube, daß neun von zehn Personen, die in ihren Kinderjahren nach herkömmlichen Grundsätzen erzogen wurden, in gewissem Grade einer anständigen und vernünftigen Einstellung gegenüber der Ehe und der Sexualität im allgemeinen unfähig geworden sind. Die Einstellung und das Verhalten, welche ich als die besten ansehe, sind diesen Leuten unmöglich gemacht worden. Das einzige Gute, was man tun kann, ist, sie über den erlittenen Schaden aufzuklären und sie dazu zu bestimmen, ihre Kinder nicht in gleicher Weise zu verstümmeln wie sie selbst verstümmelt wurden.

Die Lehre, die ich predigen möchte, ist keine Lehre der Hemmungslosigkeit. Sie erfordert fast so viel Selbstbeherrschung wie die konventionelle Lehre. Aber die Selbstbeherrschung wird mehr darauf verwendet werden, sich der Einmischung in die Freiheit anderer zu enthalten, als die eigene Freiheit zu beschränken. Man kann, glaube ich, hoffen, daß diese Achtung vor der Persönlichkeit und der Freiheit anderer bei richtiger Erziehung von Anfang an verhältnismäßig leicht fällt. Aber für diejenigen von uns, die in dem Glauben erzogen wurden, daß sie ein Recht haben, im Namen der Tugend gegen die Handlungen anderer ein Veto einzulegen, wird es fraglos nicht einfach sein, sich diese angenehme Form der Verfolgung zu versagen. Vielleicht ist es sogar unmöglich. Daraus kann aber nicht geschlossen werden, das es für diejenigen unmöglich ist, denen von Anbeginn eine weniger beengende Moral beigebracht wurde. Das Wesen einer guten Ehe ist die Achtung vor der Persönlichkeit des anderen, gepaart mit der tiefen körperlichen, geistigen und seelischen Intimität, die aus der echten Liebe zwischen Mann und Frau das fruchtbarste alles menschlichen Erlebens macht. Wie alles, was groß und kostbar ist, erfordert eine solche Liebe ihre eigene Moral. Häufig läßt es sich auch nicht vermeiden, ein kleines Opfer um der großen Sache willen zu bringen; aber ein solches Opfer muß freiwillig sein, denn wenn es das nicht ist, zerstört es gerade die Grundfeste der Liebe, um deretwillen es gebracht wurde.

VERLAG DARMSTÄDTER BLÄTTER, Haubachweg 5, 6100 Darmstadt

Edward R. Harrison: KOSMOLOGIE — Die Wissenschaft vom Universum
(a. d. Amerikan. H. + G. Schwarz, Cambridge, 1981) 650 S. Abb. Tabellen, umfangreiche neueste Literaturangaben, brosch. DM 88,-, ISBN 3-87139-078-X. „Das Buch ist eine kulturelle Parforceleistung höchster Brillanz; wer sich die Zeit nimmt, es aktiv zu lesen, wird durch eine tiefe innere Bereicherung belohnt" Neue Zürcher Zgt.

Anatol Rapoport BEDEUTUNGSLEHRE / Eine semantische Kritik
533 S. Ln. 35,-; brosch. 28,50 ISBN 3-87139-018-6 (Ln); 3-87139-019-4 (brosch.)

Der Mensch und seine Sprache / Symbol und Bedeutung / Von der Bedeutung zum Wissen / Vom Wissen zur Verantwortung

---

Anatol Rapoport PHILOSOPHIE HEUTE UND MORGEN / Einführung ins operationale Denken, 454 S. brosch. DM 25,- 2. Auflage ISBN 3-87139-035-6

Inhalt: **I. Operationales Wissen** / Das Problem der Definition, -der Wirklichkeit, der Nachprüfbarkeit, der Deduktion, der Kausalität / Gedankensysteme. **II. Operationale Ethik:** Haben wir die freie Wahl? / Ziele und Mittel / Typen der Wertsysteme / Operationale Ethik / Individuum und Gesellschaft / Kommunikation, Macht und Revolutionen **III. Die Grenzen:** Quantifizierung / Die Quantifizierung der Gültigkeit, Richtigkeit und Kausalität / Die Quantifizierung der Ordnung, des Lebens und der Ethik / Die extensionale Verständigung / Metaphern und Modelle / Die Aufgabe des Philosophen

---

Bertrand Russell EHE UND MORAL. 2. Aufl., 5 Abb. 220 S. brosch. DM 14,80
Einleitung Kenneth Blackwell, Kanada, viele Aufl. in England & USA. Der große englische Philosoph und Nobelpreisträger fordert die Anpassung längst überholter moralischer und rechtlicher Grundsätze an die veränderten Lebensformen des heutigen Kulturmenschen, zu dessen Glück es einer neuen Auffassung von der Ehe bedarf. ISBN 3-87139-082-8

Bertrand Russell sagt seine Meinung — Eine Stimme moderner Aufklärung
228 S. kt. DM 16,80, ISBN 3-87139-034-8. 13 Dialoge mit Woodrow Wyatt im BBC über: Zukunft der Menschheit / Freiheit des Einzelnen / Fanatismus und Toleranz / Kontrolle der Macht / Kommunismus und Kapitalismus / Atomkrieg und Pazifismus / Einfluß der Religion / Moralische Tabus / Weg zum Glück / Wert der Philosophie. B. R. war „Einer der brillantesten Sprecher der vernünftigen Denkweise und Menschlichkeit und ein furchtloser Kämpfer für freie Rede und freies Denken im Westen" — aus der Begründung des Nobelpreises im Jahre 1951 für Bertrand Russell.

Lao Tse, Tao Te King, übertragen von Reinhold Knick, **Chang Tung-Sun,** Chinesen denken anders: Ältestes und modernes chinesisches Denken. 15 Abb. 130 S. kt. DM 12,80
ISBN 3-87139-048-8

Chung Cheok Tow, Chinesisches Schattenboxen / Anleitung zum Shao-lin, dreisprachige deutsch-französisch-englische Ausgabe, 3. Aufl. 171 S. kt. DM 25,- ISBN 3-87139-017-8

Modern Guide to Synonyms and related words, edited by **S. I. Hayakawa,** amerikanisch-englisches Synonymen-Wörterbuch, 726 S. Leinen DM 68,- ISBN 3-87139-007-0. Sechstausend Synonyme des klassischen Englisch, des literarischen Amerikanisch und der Umgangssprache beider Länder werden voneinander abgegrenzt, definiert und an Beispielen erläutert; auch Slang und mundartliche Ausdrücke sind berücksichtigt.

Willis W. Harman, Gangbare Wege in die Zukunft? Zur transindustriellen Gesellschaft, Vorwort **Robert Jungk.** 240 S. kt. DM 25,- ISBN 3-87139-047-X

Inhalt: Die Methoden zur Erforschung von Zukünften / Steht eine Umwandlung bevor? / Das Wachstumsdilemma / Das Dilemma des Stellenwerts der Arbeit / Das globale Verteilungsdilemma / Das sich wandelnde Bild vom Menschen / Die transindustrielle Ära / Strategien für eine lebenswerte Zukunft

---

Paul Goodman, Aufwachsen im Widerspruch / Über die Entfremdung der Jugend in der verwalteten Welt. 238 S. Ln. DM 25,- ISBN 3-87139-010-0; kt. DM 20,- ISBN 3-87139-011-9. Vorwort Hartmut von Hentig. „Die beste Analyse der geistigen Leere unseres technischen Paradieses, die mir bekannt ist". Sir Herbert Read.

VERLAG DARMSTÄDTER BLÄTTER, Haubachweg 5, 6100 Darmstadt
Reihe Konfliktforschung

Bd. 1 Konfliktforschung
Jerome D. Frank, Muß Krieg sein? Psychologische Aspekte von Krieg und Frieden
491 S. Ln. DM 25,- ISBN 3-87139-005-4 kt. DM 20,- ISBN 3-87139-006-2. Anhang: John Somerville: Die Demokratie und das Problem des Friedens. Aus dem Vorwort von Senator J. William **Fulbright**: „Nur wenn wir unser Verhalten verstehen, haben wir die Hoffnung, es so zu lenken, daß der Fortbestand der Menschheit gewährleistet wird."

Bd. 2 Konfliktforschung
Robert Kennedy, Dreizehn Tage / Wie die Welt beinahe unterging (Kubakrise 1962)
2. Auflage 1982, 364 S. kt. DM 20,-, ISBN 3-87139-076-3, mit zwei Beiträgen von **Anatol Rapoport**: „Kubakrise — die letzte Konfrontation?" und „Clausewitz - auch heute noch?", sowie Kommentar von **John Somerville**. „Das wichtigste zeitgeschichtliche Dokument". 3. Auflage 1983

Bd. 3 Konfliktforschung
John Somerville, Durchbruch zum Frieden / Eine amerikanische Gesellschaftskritik
272 S. Ln. DM 20,- ISBN 3-87139-021-6; kart. DM 14,80 ISBN 3-87139-020-8. Aus d. Vorwort v. **Eugen Kogon**: „Die Hauptschwierigkeit, die im Wege steht, ist das Denken nur in den Erfahrungen von vormals bis gestern; nicht den Mut zu haben, sich aus altgewohnten Vorstellungen zu befreien, sich den grandiosen Möglichkeiten zu erschließen, die wir heute haben".

Bd. 4 Konfliktforschung
Anatol Rapoport KÄMPFE, SPIELE UND DEBATTEN / Drei Konfliktmodelle
448 S. brosch. DM 35,- ISBN 3-87139-038-0
Inhalt: Die Blindheit der Massen / Die Logik der Strategie / Die Ethik von Debatten / Die Debatte: Gründe für den Kollektivismus / Gründe für den Individualismus

Eine wissenschaftlich begründete Methode, mit der wir menschliche Konflikte in allen ihren Formen verstehen — und vielleicht auch beherrschen – können." Als Mathematiker, Biophysiker, Philosoph und Soziologe hat Anatol Rapoport eine ausgezeichnete allgemeinverständliche Einführung in den weiten neuen Bereich der systematischen Untersuchung von Konfliktsituationen — von Streitigkeiten bis zur Entscheidung über Krieg und Frieden — geschrieben . . . Ein ernstzunehmender Beitrag ebenso wie eine Höchstleistung an klarer und sinnvoller Kommunikation" **Karl W. Deutsch**, Yale Review

---

Bd. 5 Konfliktforschung
Anatol Rapoport KONFLIKT IN DER VOM MENSCHEN GEMACHTEN UMWELT
352 S. brosch. DM 25,-, 2. Aufl. ISBN 3-87139-032-1

Inhalt: **I. Systeme in der Umwelt:** Der sogenannte Existenzkampf / Systeme im Gleichgewichtszustand / Vom Tropismus zum Verhalten / Lernen / Vom Zeichen zum Symbol / Die symbolische Umwelt / Evolution und Überleben / Der Fortschrittsgedanke / Ein Tag im Leben von Herrn A und Z. **II. Die Ursachen und Strukturen von Konflikten:** Der sogenannte Aggressionsinstinkt / Umwelttheorien der Aggression / Systemtheorien: Hobbes, Hegel, Clausewitz, Marx und Lenin, Richardson und Kahn / Eine Systematik von Konflikten / Endogene Konflikte / Verinnerlichung von Konflikten / Professionalisierung von Konflikten / Konfliktlösung / Ausblicke

---

Bd. 6 Konfliktforschung
Georg Friedrich Nicolai, Die Biologie des Krieges; Betrachtungen eines Naturforschers / Den Deutschen zur Besinnung; Nachdruck der 1. Originalausgabe (2. Aufl.) Zürich 1919 (Druckplatten 1915 in Deutschland beschlagnahmt), 3. unveränderte Auflage 1982, Geleitwort von **Romain Rolland**, Teil I: Kritische Entwicklungsgeschichte des Krieges, Teil II: Die Überwindung des Krieges (in einem Band), 604 Seiten, kart. DM 55,-, ISBN 3-87139-069-0

Bd. 7 Konfliktforschung
Hochschule und Rüstung: ein Beitrag von Wissenschaftlern der Technischen Hochschule Darmstadt zur („Nach"-) Rüstungsdebatte; aus der THD-Initiative für Abrüstung / hrsg. von **Armin Burkhardt**. — Darmstadt. ISBN 3-87139-078-8, 253 S. DM 12,80